绿色经济视角下能源高质量发展路径探索

王美惠　简华球　杨　婕◎著

中国华侨出版社

·北京·

图书在版编目（CIP）数据

绿色经济视角下能源高质量发展路径探索 / 王美惠，简华球，杨婕著. -- 北京：中国华侨出版社，2024.

11. -- ISBN 978-7-5113-9414-9

Ⅰ. F426.2

中国国家版本馆CIP数据核字第2024NL6476号

绿色经济视角下能源高质量发展路径探索

著　　者：王美惠　简华球　杨　婕

责任编辑：刘继秀

封面设计：徐晓薇

开　　本：710mm×1000mm　1/16 开　印张：13.75　字数：214 千字

印　　刷：北京四海锦诚印刷技术有限公司

版　　次：2025 年 3 月第 1 版

印　　次：2025 年 3 月第 1 次印刷

书　　号：ISBN 978-7-5113-9414-9

定　　价：68.00 元

中国华侨出版社　北京市朝阳区西坝河东里 77 号楼底商 5 号　邮编：100028

发行部：(010) 88893001　　　传　真：(010) 62707370

如果发现印装质量问题，影响阅读，请与印刷厂联系调换。

前　言

　　在当前全球经济发展面临资源环境压力加剧、可持续发展成为共识的背景下，绿色经济理念逐渐兴起，推动着能源领域朝着高质量发展迈进。绿色经济强调经济发展与生态保护的平衡，注重资源高效利用、污染排放控制和清洁能源的推广，已成为经济增长与生态文明建设的主导方向。能源作为经济发展的支柱，对绿色经济的发展起着至关重要的支撑作用。尤其是在碳中和目标的驱动下，如何实现能源的高质量发展，以满足经济社会发展的需求，同时最大限度地减少环境影响，已成为各国政府和学术界高度关注的议题。首先，当前在实现可持续发展和绿色经济转型的道路上，能源高质量发展已成为各国推进经济结构调整、提升资源利用效率的核心议题。绿色经济的理念注重资源的高效配置、污染的有效控制和生态环境的协同保护。其次，近年来全球新能源开发与应用进展显著，太阳能、风能等可再生能源在能源结构中占比持续提升。特别是在碳中和目标的驱动下，各国纷纷加强政策引导，推动清洁能源替代传统化石能源。与此同时，能源高质量发展还需要解决技术升级和体制改革的问题。最后，能源高质量发展面临的挑战也不容忽视，包括新旧能源转换的过渡成本高、储能技术尚不成熟、政策配套不完善等问题。要解决这些问题，需要各方协作，加强科技创新和政策保障，进一步推动能源的绿色高效转型，最终实现经济发展和生态保护的协同共赢，为构建绿色经济体系奠定坚实的基础。

　　本书致力于系统分析和探讨绿色经济视角下能源高质量发展的各个方面，内容涵盖绿色经济与能源发展、能源资源、能源技术、国家能源战略，能源高质量发展的技术以及能源高质量发展的未来格局。第一章从理论层面出发，对绿色经济理念、能源与经济发展、能源高质量发展进行分析，奠定了全书的理论基础。第二章聚焦能源资源现状和发展，梳理了能源与常规能源，新能源的资源现状及能源资源的发展趋势，以帮助读者了解能源资源的总体格局及其在绿色经济中的发展潜力。第三章着重分析能源技术的高质量发展重点，包括能源技术的发展动态及趋势、能源技术发展的战略需求、能源技术革命的核心使命。第四章专注于国家能源战略及高质量发展的路径，从能源消费优化、供给安全，技术创新，体制改革到全方位合作，为政策制定者和产业决策提供了全方位的视角。第五章围绕分布式能源体系的储能技术、清洁能源的燃料电池技术分布式能源系统的智能集成与构建展开论述。第六章探究能源互联网的未来发展格局，分析能源互联网的体系设计与构建、运营管理与策略、发展形态及路径，旨在为读者展现一个更加清洁、高效、智能的能源未来。

本书旨在为政策制定者、企业管理者、研究人员以及关心能源高质量发展的读者提供深入的理论指导与实践参考。能源高质量发展不仅是实现经济绿色转型的需求，更是全球可持续发展的关键。希望本书的探讨能为绿色经济视角下能源高质量发展路径提供启发，助力能源高质量的发展与进步，并期待与能源工作者共同携手，共同推动能源高质量的持续发展与繁荣。

目　　录

第一章 绿色经济与能源发展概论

第一节 绿色经济理念

绿色经济是以节约能源资源为目标、以生态科技为基础、以市场为导向、以新能源革命为依托的经济发展模式，其宗旨是经济发展必须与自然环境、人类社会的发展相协调，其核心是人力资本、生态资本、人造资本、社会资本存量不断增加，实现绿色国内生产总值的稳步增长。绿色经济正在以其强大的力量推动全球经济发展方式转变，发达国家纷纷通过发展绿色经济寻求经济增长的新途径。[①]

绿色经济是绿色发展的经济内容，生态文明的经济建设就是实现经济的绿色化。从微观看，发展绿色经济就是要加速淘汰落后产能和工艺，用技术创新和工艺创新促进绿色企业的发展，增加绿色产品的有效供给，同时大力提倡绿色生活，形成资源节约、环境友好的绿色生活方式和绿色消费模式；从中观看，发展绿色经济就是要使部门经济、地区经济、集团经济绿色化，通过产业结构、技术结构、规模结构的绿色化，实现产业的绿色升级、分类和分布，探索绿色经济结构的演化规律，揭示经济与自然、社会之间的绿色联系；从宏观看，发展绿色经济就是要不断降低国民经济中能源资源消耗多、环境污染重的行业比重，推动整个宏观经济的绿色化进程。

一、绿色经济的价值观

不同文明时代有相应的价值观，它是物质世界长期发展的产物，也是社会不断演进的结果。在工业文明时代，对绝大多数商品价值的衡量，是遵循"劳动价值论"的，商品价值量的大小取决于生产该商品的社会必要劳动时间。生态文明时代，绿色经济的价值标尺是多元的，其基本准则仍然是"劳动价值理论"。与

---

① 郭昭君，陈浩. 中国绿色经济发展必要性探析 [J]. 江苏省社会主义学院学报，2013 (5)：69.

工业文明时代的"劳动价值论"相比，其"劳动价值"中包含着更多的"知识价值"，在传统的"劳动价值论"基础上，加上"知识价值论"；特殊商品的价值，因其稀缺性和人们对其的喜好，遵循"效用价值论"；由于全球信息高速公路建成，不同的信息会产生不同的增值效应，因而极大地影响商品价格的形成，"信息价值论"随之出现；自然资源，包含土地资源、森林资源、水资源、矿山资源、海洋资源、环境资源等，由于对人类生存起到决定性作用，其价值被重新定位。

二、绿色经济的原则

（一）和谐性原则

和谐是不同事物之间相同相成、相辅相成、相反相成、互助合作、互利互惠、互促互补的关系。在"自然—社会—经济"系统以及各个系统内部分系统中，有各自的结构、功能和发展规律，各自的存在和发展又受其他系统结构、功能的制约。自然系统合理、经济系统有利、社会系统有效是"自然—社会—经济"系统合理的目标。如果不能做到天和（人与大自然及万物的和谐）、人和（人际和谐和社会和谐）、心和（身与心、我与非我、心灵与宇宙的和谐），"自然—社会—经济"这个复合生态系统中的平衡就会被打破。

经济系统是"自然—社会—经济"系统的一个部分，但其在生态系统中的作用不可低估。经济系统不和谐，就会导致自然环境日益恶化和社会环境越来越复杂。因此，必须进行必要的调整，坚持经济的和谐发展，才能使环境得到有效恢复、社会得到持续发展。

（二）共生性原则

"自然—社会—经济"是一个复合生态系统，共生不仅是生物演化的机制，还是经济发展的机制。

在大自然中，不存在任何生物独占世界的现象，地球上的生物是相互依存的，只有通过不同物种之间的互惠互利和生态位互补，才能发挥整个生态系统的效益。尽管人类是自然界中的高级生物，但和其他物种一样，都是地球生态系统的一个组成部分，人类和自然是内在统一的一个整体，人类、自然和其他生物都应该得到相同的尊重和关怀。在经济系统中，同样存在共生关系，经济组织之间会以同类资源共享或异类资源互补形成共生体，从而提高资源的配置效率。

人类社会的生产与生活消费所需的低熵物质和能量依赖于自然环境的供给，同时剩余高熵物质和能量又还给自然界。在自然循环中，通过各种物理、化学和生物的过程影响自然环境的变化，稳定的经济发展需要有持续的自然资源以及得到良好的社会环境和生态环境的支撑。

（三）发展性原则

地球表层的变化直接影响人类文明的发展走向。发展是事物由小到大、简单到复杂、低级到高级的量和质的变化，人类的进化只能依赖"自然—社会—经济"系统的持续发展。

建立一个能够持续、协调发展的生态环境经济系统，使其既能保护人类经济活动免受环境因素的负面影响，也要保护环境免受人类经济活动的负面影响；既妥善处理经济发展与环境质量的矛盾，又寻找相对的平衡；既保证当前经济的增长，又为长远发展提供基础并创造一个更为美好的环境，这是发展的要义之所在。由于人类是全球系统进化的客体同时又是进化的主体，协调人与自然的机制，达成生命进化与意识进化的统一，才能保证人类社会的发展进步。

三、绿色经济的理论基础

绿色经济的思想渊源是中国传统文化中的生态意识和现代可持续发展思想，绿色经济的理论基础是生态文明观。中国传统文化有着极其深厚的生态文化积淀，为生态文明提供了丰富的精神资源，道家、儒家、佛家、墨家等传统文化中朴素的生态理念在当代极具历史继承性；现代可持续发展思想为经济发展跳出工业文明的框架打下了基础。

生态文明观是指人类处理人与自然关系以及由此引发的人与人的关系、自然界生物之间的关系、人与人工自然的关系以及人的身与心（我与非我、心灵与宇宙）的关系的基本立场、观点和方法，它是一种超越工业文明观、具有建设性的人类生存与发展意识的理念和发展观；它跨越自然地理区域、社会文化模式，从现代科技的整体性出发，以人类与生物圈的共存为价值取向发展生产力，从人类自我中心转向人类社会与自然界相互作用为中心建立生态化的生产关系。作为一种内涵具有多样性文明的新理念，生态文明观是一种新的生存意识与发展意识的文明观念，它继承和发扬农业文明与工业文明的长处，以人类与自然相互作用为中心，以信息文明为管理手段，强调自然界是人类生存与发展的基础，人类社会在这个理念下与自然界发生相互作用、共同发展，两者必须协调，人类的经济社会才能持续发展。

人类与生存环境的共同进化就是生态文明，威胁其共同进化的就是生态愚昧，只有在最少耗费物质能量和充分利用信息进行管理的情况下，才能确保社会的持续发展，即社会化的人、联合起来的生产者将合理地调节他们和自然之间的物质变换，将其置于他们的共同控制之下，而不让它作为盲目的力量来统治自己。

生态文明观强调地球，甚至包括整个宇宙是一个有机的生命体，生态文明观主要包含五层含义：①正确处理人与自然的关系；②正确处理人与人的关系；③正确处理自然界生物之间的关系；④正确处理人与人工自然的关系；⑤正确处理人的身与心、我与非我、心灵与宇宙的关系，这五个方面是相互联系、辩证统一的。

第二节　能源与经济发展

能源是人类发展、社会进步的物质基础，是社会经济活动的主要原料供给。人类文明不断进步，能源与经济之间的联系越来越密不可分，经济发展对能源的依赖日益加重，能源逐渐成为支撑工业生产发展壮大的重要物质，并成为判断一国经济是否健康以及能否持续发展的重要指标。能源对经济的影响主要体现在两个方面：①从需求的角度看，能源消费推动了经济的发展，社会生产、经济发展都需要投入一定的能源生产要素，没有能源就不可能形成现实的生产力，能源供需问题与经济发展是密不可分的；②经济水平的提高对能源消费结构也可以起到优化作用，进一步提升人类对能源的利用水平。

一、能源消费与经济发展

能源消费与经济发展呈相辅相成、互相制约的关系。从促进需求的角度来说，能源消费会推动经济的发展，反过来经济的进步需要与之相匹配的能源，对能源利用也会提出更高的要求，间接推动开发利用能源的技术水平的提高，同时为新技术的研发利用奠定了经济基础。然而，人类生产技术有限，对发展过程中的环境污染、资源浪费的问题束手无策，这在一定程度上会部分抵消经济发展的成果。

（一）经济增长对能源消费的影响

1. 经济增长促进能源需求的增加

（1）经济增长为生产和消费活动带来了全面扩张。在经济繁荣时期，工业生产、交通运输、建筑施工等各个领域的活动都显著增加，伴随而来的就是对能源的需求量不断上升。生产规模的扩大和新兴产业的兴起，必然使能源的消费总量随之增加。随着企业和家庭的能源需求多样化，能源的供求关系也越发复杂，这种复杂性促使了能源需求的持续攀升。

（2）经济增长促进了居民生活水平的提高。随着经济的持续发展，个人和家庭的可支配收入普遍增加，消费者对能源的需求也随之增强。人们在日常生活中对于电力、热能和交通燃料等能源形式的需求不断增加，促进了能源消费结构的变化，这种生活水平的提高，不仅增加了对基础能源需求的量，还推动了对高效、清洁能源的需求，形成了更为多样化的能源需求格局。

（3）经济增长带来了科技进步与创新，推动了新型能源技术的研发与应用。随着新技术的不断涌现，能源的开发与利用方式日益丰富，尤其是可再生能源领域的迅速发展，使得能源的需求模式发生了显著变化。科技的进步使得能源的获取、存储和使用效率大幅提升，进一步激发了社会对能源的需求。因此，科技进步与经济增长形成了良性的互动关系，助力了能源需求的增长。

（4）经济增长促使政府和政策制定者更加重视能源战略与规划。在经济快速发展的背景下，国家和地区为了保障能源供应的安全与稳定，通常会加大对能源基础设施的投资，并优化能源的供应链管理，这种政策导向不仅直接提升了能源供应的能力，还间接地促进了对能源需求的预判和引导，从而形成了稳定而持续的能源消费趋势。

2. 经济增长为能源发展提供保证

（1）经济增长提供了必需的资金保障。在经济繁荣的时期，企业和政府的财政状况相对良好，能够在能源项目上进行更大规模的投资，这种投资不仅包括传统能源的开发，如水电和核电，还包括可再生能源技术的研发与应用。资金的充足使得企业能够承担高风险、高回报的技术创新，从而促进新技术的开发与应用。因此，经济增长直接影响了能源技术的研发能力，为实现可持续能源开发提供了重要保障。

（2）经济增长创造了良好的市场环境。在经济繁荣的背景下，市场需求旺盛，能源消费不断扩大。企业在此环境中获得了更为广阔的市场空间，能够通过提升能源开发效率和技术水平来满足不断增长的市场需求，市场需求推动了企业在能源开发技术上的投资，促进了新型能源技术的快速迭代和更新，从而在一定程度上降低了对传统能源的依赖。

（3）经济增长促进了政策环境的改善。经济的持续发展往往伴随着政府对能源政策的优化和调整。政府在应对日益增长的能源需求时，会加大对能源开发和技术创新的支持力度，包括资金补助、税收优惠、研发奖励等政策措施，这些政策不仅为企业提供了经济上的激励，还营造了良好的创新氛围，使得企业在技术开发和应用中更加积极主动。

（4）经济增长促进了国际合作与技术交流。在全球化的背景下，各国之间的经济联系日益紧密，能源作为战略性资源，其开发与利用愈加依赖于国际合作。经济增长使得各国在技术交流、资源共享方面的合作变得更加频繁，促使先进的能源技术得以迅速传播和应用。通过这种合作，国家能够借鉴他国在能源开发方面的成功经验，加速自身能源技术的提升和产业的发展。

3. 经济增长促进能源利用水平的提高

（1）经济增长带来了丰厚的投资环境，这为能源利用技术的研究和开发提供了强有力的支持。资金的充足使得各类研究机构和企业能够在能源利用技术上进行更为深入地探索，包括新型能源材料的研发、高效能设备的设计以及节能技术的应用等。大量资金的投入促进了科研团队的组建，鼓励了科研人员的创新思维，最终推动了新的能源利用技术的突破与实现。

（2）经济增长促进了技术的快速转化与推广。在经济快速发展的背景下，市场需求不断上升，企业迫切需要提高能源利用效率以降低生产成本、提升竞争力，在这种需求驱动下，许多新技术得以迅速应用于实际生产和生活中，从而显著提高了能源利用水平。高效能源利用技术的商业化进程加速，使得更为环保和节能的解决方案能够更广泛地被社会接受和应用。

（3）经济增长促进了政策环境的优化，为能源利用的提升提供了良好的制度保障。在经济繁荣的背景下，国家往往会加强对能源利用效率的重视，通过制定相应的政策和法规来鼓励和支持企业采用先进的能源利用技术，这些政策包括税收减免、财政补贴以及技术创新奖励等，这些措施有效激励了企业在能源利用方面的投资与创新，使其能够更积极地寻求提升能源效率的方法。

（4）经济增长促进了国际的合作与交流，为能源利用技术的进步创造了良好的外部环境。在全球化日益加深的今天，各国在能源领域的合作变得尤为重要，经济的增长使得各国能够在技术、资金和经验上进行更广泛的交流与合作，这种跨国界的技术共享与合作，有助于更快地推动先进能源利用技术的传播和实施，促进各国能源利用水平的整体提升。

（二）能源消费对经济增长的影响

1. 能源消费推动生产发展

（1）能源消费的增长为生产过程提供了强有力的支持。在现代经济体系中，能源是驱动各类生产活动的核心动力。工业生产、农业发展及服务业的繁荣均依赖于稳定的能源供应。随着科技进步，能源使用的效率不断提升，传统的资源密集型生产模式逐渐向更为高效和可持续的方向转变，这一转变不仅提高了生产效率，还降低了生产成本，为企业创造了更大的经济效益。

（2）能源消费的多元化与创新能力的提升密切相关。随着对可再生能源的关注度日益上升，新能源的开发与应用为传统产业注入了新的活力，风能、太阳能等清洁能源的广泛应用，不仅减轻了对化石能源的依赖，还推动了相关技术的发展，这种技术的进步，进一步促进了产业链的延伸与完善，使得生产活动更加灵活和适应市场需求。能源的可持续利用促进了绿色经济的发展，推动了生产方式的转型升级，符合现代社会对环保和可持续发展的要求。

（3）能源消费的变革对国际竞争力的提升起着至关重要的作用。在全球化背景下，国家间的经济竞争日趋激烈，能源的获取和利用效率直接影响一个国家在国际市场中的地位。具备先进能源消费模式的国家，能够在技术创新、产品质量以及生产效率等方面占据优势，进而提升其全球竞争力。有效的能源政策与管理体系可以为国家的生产发展创造良好的外部环境，从而促进社会经济的全面繁荣。

2. 能源消费推动经济规模的增长

（1）能源消费直接影响生产效率的提升。经济规模的增长通常伴随着生产能力的扩大，而这一切都依赖于充足且高效的能源供应。在生产过程中，能源的有效利用可以提高单位产品的产出率，降低生产成本，这种高效率的生产模式不仅能满足市场对产品日益增长的需求，还能为企业创造更高的经济收益，从而进一步推动整体经济规模的扩张。特别是在大规模工业生产中，稳定的能源供应和高效的能源消费模式是实现规模经济的重要保障。

（2）能源消费的增长能够优化资源配置，推动经济结构的转型与升级。随着经济的发展，能源消费的结构发生了显著变化，从而带动了生产要素的优化配置。调整能源消费结构，能够有效降低对传统资源的依赖，推动绿色能源和可再生能源的发展，这不仅提升了经济的可持续性，还促进了相关产业的迅速发展，这种产业结构的优化有助于经济规模的持续增长，因为新的产业领域通常会创造出更多的就业机会和经济活动。

（3）能源消费对技术进步起到了促进作用。技术的创新和应用在很大程度上依赖于能源的可获得性和利用效率。高水平的能源消费能够为科技研发提供必要的物质基础，推动新技术的开发和应用，从而提高生产力和经济规模。随着技术的不断进步，生产流程的优化与自动化程度的提高，企业能够实现更高的产出和更低的边际成本，最终推动经济规模进一步扩大。

（4）经济规模的增长反过来影响能源消费的模式和水平。经济的繁荣通常伴随着对能源的更高需求，促进了对能源资源的开发与利用，这种相互作用关系在一定程度上形成了良性循环，推动了经济与能源之间的协调发展。因此，政策制定者在制定经济发展战略时，必须重视能源消费的优化与管理，确保能源供应与经济增长的协调性，以促进经济规模的持续扩大。

3. 能源消费推动技术进步

（1）能源消费的增加促使技术研发的必要性愈加明显。在现代经济体系中，能源的有效利用已成为提升生产效率的关键。企业为了应对日益增长的能源需求和市场竞争压力，积极开展技术创新，寻求更加高效、环保的能源使用方式，在这一过程中，技术的突破往往是解决能源消费问题的重要手段。例如，通过新材料的研发和先进工艺的应用，企业能够在不增加能源消耗的前提下，提高产品的生产效率和质量，这种以能源消费为导向的技术创新，不仅推动了生产工艺的改进，还在一定程度上促进了整个行业的发展。

（2）能源消费的多样化为技术进步提供了丰富的土壤。随着可再生能源的兴起，风能、太阳能等新型能源的开发利用已成为全球关注的焦点。能源消费结构的转型，促使研究者和企业在新技术领域加大投入，以适应这一新的市场需求。此时，技术创新不仅限于传统能源的高效利用，更扩展到新型能源的开发与应用。各类新技术的涌现，如智能电网、储能技术等，为可再生能源的整合与利用提供了保障，推动了能源消费向更高效、更清洁的方向发展。

（3）技术进步在能源开发与利用过程中起到了关键的推动作用。随着科学技术的不断进步，能源开发与利用的效率得到了显著提升，从而促进了更大规模的能源消费。例如，随着提取和转换技术的改进，传统化石能源的利用效率不断提高，资源的开发成本显著降低。与此同时，新的能源转化技术的研发，使得原本难以利用的能源资源逐渐进入市场，为能源消费的扩大奠定了基础，这种技术与能源消费之间的良性循环，推动了各行业的技术进步。

（4）政策与市场环境在技术进步与能源消费之间形成了重要的互动关系。合理的能源政策能够引导资源的合理配置，激励企业进行技术创新，从而促进新技术的快速推广与应用。政策环境的优化为技术研发提供了良好的外部条件，使得企业在技术创新方面更具积极性，这种良好的政策与市场互动关系，为能源消费与技术进步之间的进一步融合提供了保障。

4. 能源消费推动生活水平的提高

在当今社会，家庭生活几乎无处不在地依赖于各种能源的供应。从取暖、制冷到烹饪、照明，能源的使用为人们的日常生活提供了必要的保障。现代家庭的舒适度与便利性在很大程度上取决于能源消费的水平。例如，集中供暖和空气调节系统的普及，使得人们能够在不同季节保持适宜的居住环境。此外，能源的便利性还体现在交通方式的多样化上，电动交通工具的普及既提升了出行效率，又改善了人们的生活品质。可见，能源消费的增加直接提升了人们的生活舒适度和便利性，促进了生活水平的整体提高。

能源消费的增长推动了产品的丰富和多样化，直接影响了消费模式和生活方式的转变。随着工业化进程的推进，能源的有效利用促进了各类商品的生产和供应，满足了消费者日益增长的需求，在这一过程中，产品种类的增加和技术的革新使得生活用品、电子产品等消费品变得更加丰富与多样，这种多样化的消费选择不仅提高了人们的生活水平，更改善了生活质量。例如，家用电器的普及使得人们的生活更加便捷，降低了家庭劳动强度，节省了时间，提升了生活的效率与质量。同时，能源消费与新兴科技的结合推动了智能家居的快速发展，使得生活更加智能化、便捷化，进一步满足了人们对高品质生活的追求。

可再生能源的广泛应用不仅有助于环境保护，还为人们提供了更加可持续的生活方式。随着清洁能源的推广，居民在享受现代生活便利的同时，也逐渐意识到环保的重要性，这种对可持续生活方式的追求，使得人们的生活水平在物质富裕的基础上，更加注重精神与环境的和谐共生，推动了生活质量的全面提升。

二、能源转型与国际经济

能源是推动人类文明发展进步的重要物质基础，与人类社会的发展息息相关。仅从产业革命、经济发展等角度阐释能源转型的巨大贡献远远不够。从国际关系的角度看，两次能源转型还成就了两个世界霸主，这不是一种历史的巧合，能源不仅是重要的经济资源，更是非常重要的战略资源，是国家权力的重要组成部分。

国际经济在能源转型进程中扮演着重要角色。一方面，全球能源市场的变化，尤其是石油和天然气价格的波动，直接影响了国际贸易和投资格局，能源转型促进了可再生能源技术的全球扩散，带动了国际的技术合作与资金流动；另一方面，不同国家的能源转型进展不均衡，引发了国际竞争和经济利益的再分配，一些资源丰富的国家可能面临传统能源出口减少的经济冲击，而那些率先进行能源结构优化的国家则可能在国际竞争中占据优势。

能源转型加速了全球经济治理模式的变化。为了应对全球能源转型的挑战，国际社会需要加强政策协调，推动绿色技术创新和知识共享，同时应加强气候变化治理机制，尤其是发展中国家在能源转型中的利益平衡与公平过渡。

三、能源价格与经济发展

能源价格是调节能源资源配置最重要的市场机制，但由于能源的基础性，决定能源价格的因素除供需外，还存在大量的经济、社会、政治、军事以及自然因素，尤其是随着能源金融化发展，能源价格的波动越来越表现出金融时间序列复杂的特征，有时甚至完全脱离供需基本面，这也使得能源价格对能源市场的调节作用大为减弱。

能源作为一种基本生产要素，其价格波动通过价格链极易产生成本推动型通货膨胀，进而对宏观经济的各个方面产生影响。能源价格对通货膨胀以及宏观经济的影响机制非常复杂，在不同时期、不同国家，其影响是不一样的。一般来说，发展中国家经济增长以能源大量投入的粗放式增长为主，比较容易受到能源价格波动的影响，抵御能源价格波动风险的能力相对较弱；发达国家由于能源强度较发展中国家小，经济增长对能源的依赖程度相对较低，抵御能源价格波动风险的能力则相对较强。因此，研究能源价格波动对通货膨胀以及其他宏观经济的影响，对我国具有重要意义。

经济系统中各部门之间具有密切联系，构成一个复杂系统。如果将国际能源价格作为一国经济系统的一个外生变量，该外生变量的变化将对一国经济系统产生冲击，这个冲击首先会影响与能源密切相关部门的生产，然后通过产业链影响能源产业的下游产品部门的生产，最后对经济系统的各项宏观经济指标产生影响，其影响大小受各行业的主要原材料在产业链上距离能源的远近、相互间的关联性等因素制约，影响程度存在差异。

能源价格对能源市场运作效率及宏观经济两方面具有重要作用，所以必须规范能源价格形成机制，使能源价格更加充分地反映能源资源价值，更好地调节能源供需，减少能源价格的不合理波动，避免能源价格频繁剧烈波动对经济增长和居民生活产生的不利影响。

四、经济发展和能源消耗

进入21世纪，我国的政治、经济、社会、文化、人民生活等各方面得到了快速健康的发展，经济实力大幅提升，经济效益明显提升，人民生活水平明显提高。但是，仍然存在一系列的问题，在经济上的表现为：经济实力虽然显著增强，但生产力水平总体上还不高，长期形成的结构性矛盾和粗放型增长方式尚未得到根本改变；经济增长的资源环境代价过大，高耗能、低效率的能源消费方式造成了对能源的巨大浪费，而能源消费造成的某些环境破坏甚至是不可逆的。

科学发展观的基本要求是全面协调可持续，根本方法是统筹兼顾。可持续发展就是指既满足现代人的需求，也不损害后代人满足需求的能力的发展。换言之，就是指经济、社会、资源和环境保护协调发展，它们是一个密不可分的系统，既要达到发展经济的目的，又要保护好人类赖以生存的大气、淡水、海洋、土地和森林等自然资源和环境，使子孙后代能够永续发展和安居乐业。坚持全面协调可持续发展，就需要坚持生产发展、生活富裕、生态良好的文明发展道路，建设资源节约型、环境友好型社会，实现速度和结构、质量、效益相统一，经济发展与人口、资源、环境相协调，使人民在良好生态环境中生产生活，实现经济社会永续发展。坚持统筹兼顾，就需要统筹城乡发展、区域发展、经济社会发展、人与自然和谐发展、国内发展和对外开放，统筹中央和地方关系，统筹个人利益和集体利益、局部利益和整体利益、当前利益和长远利益，充分调动各方面积极性。

就我国目前经济、能源和环境三者的关系来看，能源的有限性、环境的恶化与经济增长之间的矛盾已使我国调整能源消费结构和产业结构及经济增长模式成为必要。如果不尽快扭转目前大量开采和使用国内资源，并造成严重环境污染的局面，不仅会使我国国民经济的持续稳定发展受到环境污染、动力不足等不利条件的严重制约，还会影响子孙后代对资源的可持续利用，损害子孙后代的长远利益。针对我国经济发展和能源消耗的特点，要从以下方面着手解决目前的矛盾。

（一）增强环境保护意识，提高环保水平

国家如果还继续走"先污染，后治理"的发展道路，结构性污染会成为产业结构的主要矛盾，而且治理成本也会非常高。国家制定相应的环境税收政策，根据资源使用者的污染物排放量、排放方式和排放位置等主要因素，以环境税和污染税等方式提高其资源外部成本，通过经济手段刺激企业提高生产率和污染物治理程度，刺激消费者改变消费模式。对因从事环境保护活动而造成利润损失的产业，要制定优惠政策和补偿机制，促使环境资源的配置朝着有利于产业结构调整的方向发展。

（二）改变能源消费结构

我国正在逐步调整以煤为主、立足国内的能源发展政策，转变为多种能源并举、因地制宜、内外并重的能源发展政策。建立多元化的能源结构战略，就要将煤炭使用的社会成本、环境成本、生态成本计入煤炭使用价格中，利用市场手段引导社会合理使用煤炭，鼓励企业主动使用替代能源，并大力开发新能源、可再生能源，优化能源消费结构。

（三）改变经济增长方式，加快发展第三产业

我国必须调整产业政策，转变高耗能传统发展模式，使经济结构、体制改革和环境保护紧密结合。趁产业规划和结构调整之际，按照环境保护法的要求，对

现存的高消耗、高污染工业结构采取限制发展的政策；合理调整第一、第二和第三产业结构比例，提高基础产业在整个产业结构中的比重，加强环境保护和基础设施建设，提高可持续发展能力，加速发展第三产业，特别是发展低能耗的第三产业，促进结构节能、降耗和治污。

（四）推行清洁生产工艺，实现两个根本性的转变

针对我国资源利用率低的现状，必须尽快转变经济增长方式，变粗放型为集约型。积极推行清洁生产工艺，从根本上解决生产污染问题。加强清洁生产技术和科研成果的推广和使用，将其及时转化为现实的污染治理能力。此外，还要积极培育和扶持环境保护产业这个新经济增长点，将其作为调整结构性污染的突破口。大力扶持和发展我国的绿色科技产业，使其成为我国经济发展新的增长点。加强环境科学领域的基础研究，加大清洁生产技术、污染治理技术和环境管理的研究与开发力度。

第三节 能源高质量发展的解读

一、能源高质量发展的内涵解读

（一）能源高质量发展是绿色低碳的发展

能源高质量发展是经济高质量发展中的重要一环，对实现"双碳"目标以及应对气候变化具有重要意义。[①] 我国经济快速发展的同时积累了大量资源生态环境问题，能源活动也造成了过多的碳排放和二氧化硫等废气排放，成为制约我国经济可持续发展的明显短板。我国应坚持在保护中发展、在发展中保护。树立人与自然和谐共生理念，重点控制化石能源消费，加快提高清洁能源和非化石能源

---

① 连樱洹，林向义，罗洪云. 中国能源高质量发展的空间溢出效应及驱动因素 [J/OL]. 环境科学，1-15 (2024-08-20).

消费比重，降低二氧化碳及其他污染物排放量，减少对生态环境的破坏，实现绿色高质量发展。

（二）能源高质量发展是安全可靠的发展

能源安全关系我国国家繁荣、人民生活稳定和社会的长治久安。当前，我国石油和天然气仍保持较高的对外依存度，能源安全面临挑战。但我国科学的政策决策，不仅使油气、煤炭、电力供应保障有力，且价格保持稳定。我国应守住能源自给的战略底线，大力推动可再生能源替代，保障国家能源安全。我国能源发展进入了新时代，应立足新发展阶段，全面贯彻新发展理念，走新时代能源高质量发展道路。

（三）能源高质量发展是节能高效的发展

节能是我国的一项基本国策，也是推动高质量发展的着力点。随着我国经济社会的不断发展，能源需求将持续增长。我国只有不断提高能源利用效率，进一步强化节能提高能效，才能满足现阶段我国能源增长的需求。同时，我国正处于能源转型变革的关键时期，只有不断突破节能提效技术、强化污染治理，才能加速推动能源绿色转型，形成优美的生态环境，提升人民群众的生活幸福感。

（四）能源高质量发展是科技创新的发展

创新是引领发展的动力源泉，科学技术的创新驱动着我国经济的大幅增长，也是最合理地促进我国经济持续健康发展的方式。近年来，我国愈加重视能源领域科技创新发展，不断加大能源领域创新投入。我国加速迭代可再生能源技术，大规模建设新型电力系统，积极发展核电，大力推动能源产业与信息技术融合。我国始终把能源科技创新摆在首位，以科技创新驱动能源事业高质量发展。

二、能源高质量发展的理论基石

（一）外部性理论

长期以来，外部性被认为是经济学文献中最复杂的概念之一，主要有两种观点：①从产生外部性主体的角度进行定义，认为那些生产或消费行为在对自身以外的其他团体产生影响时，并没有为此付出相应的成本的现象就是外部性；②从外部性的承受者角度考虑问题，认为外部性是经济主体的某一种行为的一些收益或成本，是行为主体在做出决策时不将其考虑在内的一种现象，也就是行为主体无偿获得某些收益，或对某些成本没有付出相应的代价。

外部性学派的认识论基础是：迄今为止，由于人们将自然界看作可免费享用的"公共物品"，没有认识到自然资源的经济价值，并且没有在经济生活中将自然界的投入从经济核算系统中剔除出去，从而导致了环境不断恶化，造成了人类社会发展的不可持续。煤炭、石油等传统能源在使用过程中会产生废水、废气、废渣等污染，而其中所含有的化学物质会降低土壤质量，对人类的生产生活造成一定的影响，这就体现了传统能源的负外部效应。相较于传统能源，新能源具备绿色低碳的特点，有显著的正外部效应。

（二）创新发展理论

科技创新支撑引领高质量发展。要想实现能源领域的高质量发展，离不开科技创新提供的强大动力。在当前能源转型的背景下，更加需要可再生能源、核能等新型能源技术来驱动能源绿色发展。我国应不断扩大非化石能源比重，持续完善创新能源基础设施，突破关键核心技术、补齐技术短板，才能有效支撑能源高质量发展。创新对能源高质量发展具有重要的驱动作用，创新理论对其有重要的理论支撑作用。

1912 年在约瑟夫·熊彼特《经济发展理论》中，出现了以"创新"概念区别于主流经济学的经济理论，并在 1939 年正式提出了一套系统性的创新理论体系。"创新理论"的最大特色，就是强调生产技术的革新和生产方法的变革在资本主义经济发展过程中的至高无上的作用。

创新发展理论是能源高质量发展的重要理论基础和理论支撑，创新理论正在不断激励能源领域向更高质量的方向发展，同时也为产业转型提供方向。我国是煤炭消费大国，以煤为主的能源消费结构没有变，创新理论不仅揭示了中国当前谋求煤炭产业转型的本质和动力，还为产业转型提供了基本方向。只有在能源领域深入贯彻创新理论、加大创新投入，才能加快实现我国能源领域的高质量发展。

（三）可持续发展理论

在全球经济追求快速发展及在城市化、人口、资源等所形成的环境压力下，产生了环境污染、资源浪费等严重问题。随后世界各国对自然环境保护问题的研究逐步深入，也是在这样的背景下，可持续发展理论受到广泛关注。能源的开发和利用过程中都会产生一定的环境污染，会改变原有的自然环境或产生大量的废弃物。随着经济的快速发展，工业化、城镇化的进程加快，带来了大量的能源消耗，这样发展下去会对生态环境造成极大的破坏。因此，各国致力于开发可再生能源，以此实现真正的可持续发展。由此可见，可持续发展与高质量发展是相辅相成的，不能一味地追求"速度"，保持"质量"才能保证发展的长久性、可持续性。

可持续发展理论是指既满足当代人的需要，又不对后代人满足其需要的能力构成危害的发展。可持续发展理论既表现在对"人与自然"之间关系的认识，也表现在对"人与人"之间关系的认识。人与自然之间应协同进化、人与人之间也应和谐发展，这样人类社会才能得以延续。如果人们能够自主约束自身行为，在进行行为决策时考虑到可持续发展问题、考虑到未来人类的生存与发展，尽量避免对生态环境造成破坏，同时积极寻求新能源，才能实现人与自然和谐发展，并最终实现生态环境和能源的可持续发展。

第二章　能源资源的现状与发展

第一节　能源与常规能源概览

一、能源的概念及分类

（一）能源的概念

能源又称能量资源或能源资源，是指可产生各种能量（如热能、电能、光能和机械能等）或可做功的物质的统称。能源也指能够直接取得或者通过加工、转换而取得有用能的各种资源，包括煤炭、原油、天然气、煤层气、水能、核能、风能、太阳能、地热能、生物质能等一次能源和电力、热力、成品油等二次能源，以及其他新能源和可再生能源。

能源是人类文明发展的物质基础。在某种意义上讲，人类社会的发展离不开优质能源的出现和先进能源技术的使用。在当今世界，能源的发展和能源与环境之间的关系，是全世界、全人类共同关心的问题，也是我国社会经济发展的重要问题。

（二）能源的分类

能源种类繁多，而且经过人类不断地开发与研究，更多新型能源已经开始能够满足人类的需求。根据不同的分类方式，能源可分为不同的类型，主要有以下分类方法：

1. 按照能源自身的性质分类

按照能源自身性质分类，可分为燃料型能源和非燃料型能源。燃料型能源包括煤炭、石油、天然气、泥炭、木材等，人类利用自己体力以外的能源是从用火开始的，最早使用的燃料是木材，以后发展为各种化石燃料，如煤炭、石油、天然气等，如今人类正在研究如何合理、有效地利用太阳能、地热能、风能、潮汐能等新能源；非燃料型能源包括水能、风能、地热能、海洋能等。

2. 按照能源获得的方法分类

按照能源获得的方法分类，可分为一次能源和二次能源。一次能源，即天然能源，指在自然界现成存在的能源，如煤炭、石油、天然气、水能等，一次能源又分为可再生能源（水能、风能及生物质能）和非再生能源（煤炭、石油、天然气、核能等），其中煤炭、石油和天然气这三种能源是一次能源的核心，它们是全球能源的基础，除此以外，太阳能、风能、地热能、海洋能、生物能等可再生能源也被包括在一次能源的范围内；二次能源是指由一次能源直接或间接转换成其他种类和形式的能量资源，如电力、煤气、汽油、柴油、焦炭、洁净煤、激光和沼气等。

3. 按照能源的开发程度分类

按照能源的开发程度分类，可分为常规能源和新能源。常规能源是指利用技术成熟、使用比较普遍的能源，包括一次能源中可再生的水力资源和不可再生的煤炭、石油、天然气等资源；新能源一般是指在新技术基础上加以开发利用的可再生能源。新能源是相对于常规能源而言的，包括太阳能、风能、地热能、海洋能、生物能、氢能以及用于核能发电的核燃料等能源。

4. 按照能源能否短时间再生分类

按照能源能否短时间再生分类，可分为可再生能源和非再生能源。可再生能源是指可以不断得到补充或能在较短周期内再产生的能源，风能、水能、海洋能、潮汐能、太阳能和生物质能等都是可再生能源，核能也是可再生能源，它的新发展将使核燃料循环且具有增殖的性质，是未来能源系统的支柱之一；非再生能源是指不能不断得到补充或不能在较短周期内再产生的能源，煤、石油和天然气等是非再生能源。

二、常规能源的主要类型

常规能源是指已能大规模生产和广泛利用的一次能源，又称传统能源。常规能源主要有水能、化石能源和核裂变能。

（一）水能

水能是一种可再生能源，水能主要用于水力发电。水力发电将水的势能和动能转换成电能。以水力发电的工厂称为水力发电厂，简称水电厂，又称水电站。水的落差在重力作用下形成动能，从河流或水库等高位水源处向低位处引水，利用水的压力或者流速冲击水轮机，使之旋转，从而将水能转化为机械能，再由水轮机带动发电机旋转，切割磁力线产生交流电。水力发电的优点是成本低、可连续再生、无污染，缺点是分布受水文、气候、地貌等自然条件的限制大。

在 19 世纪末期，人们学会将水能转换为电能。早期的水电站规模非常小，只为电站附近的居民服务。随着输电网的发展及输电能力的不断提高，水力发电逐渐向大型化方向发展，并从这种大规模的发展中获得了益处。

水能资源最显著的特点是可再生、无污染。开发水能对江河的综合治理和综合利用具有积极作用，对促进国民经济发展，改善能源消费结构，缓解由于消耗煤炭、石油资源所带来的环境污染有重要意义，因此世界各国都把开发水能放在能源发展战略的优先地位。

我国水力资源地域分布极其不均，较集中地分布在大江大河干流，便于建立水电基地实行战略性集中开发。我国水力资源富集于金沙江、雅砻江、大渡河、澜沧江、乌江、长江上游、南盘江红水河、黄河上游、湘西、福建、浙江、江西、东北、黄河北干流以及怒江等水电基地。

（二）化石能源

化石能源是一种碳氢化合物或其衍生物，也是指以石油、天然气、煤为代表的含碳能源。化石能源利用主要是基于碳氧化为 CO_2（也包括氢氧化为水）的化学放热反应。化石能源由古代生物的化石沉积而来，是一次能源，其不完全燃烧后，会散发出有毒的气体。即便如此，化石能源仍是人类必不可少的燃料。化石能源是目前全球消耗的最主要能源，随着人类的不断开采，化石能源的枯竭是不可避免的，而且，由于化石能源的使用过程中会新增大量温室气体 CO_2 和一些有污染的烟气，因此威胁着全球的生态环境。常规的化石能源如下：

1. 煤

煤是埋藏在地下的古代植物经历了复杂的生物化学和物理化学变化逐渐形成的固体可燃性矿物。煤炭被人们誉为"黑色的金子""工业的食粮"，它是 18 世纪以来人类世界使用的主要能源之一。进入 21 世纪以来，煤炭的价值虽然大不如前，但毕竟目前和未来很长的一段时间之内还是人类的生产生活不可缺少的能量来源之一。煤炭的供应关系我国的工业乃至整个社会方方面面的发展的稳定，煤炭的供应安全问题也是我国能源安全中最重要的一环。煤炭是地球上蕴藏量最丰富，分布地域最广的化石燃料。构成煤炭有机质的元素主要有碳、氢、氧、氮和硫等。此外，还有极少量的磷、氟、氯和砷等元素。煤炭燃烧时绝大部分的硫被氧化成二氧化硫，随烟气排放，污染大气，危害动、植物生长及人类健康，腐蚀金属设备。当含硫多的煤用于冶金炼焦时，还影响焦炭和钢铁的质量。因此，"硫分"含量是评价煤质的重要指标之一。

煤中的有机质在一定温度和条件下，受热分解后产生的可燃气体，被称为"挥发分"，它是由各种碳氢化合物、氢气、一氧化碳等组成的混合气体。挥发分也是主要的煤质指标，在确定煤炭的加工利用途径和工艺条件时，挥发分有重要的参考作用。煤化程度低的煤，挥发分较多。如果燃烧条件不适当，挥发分高的煤燃烧时易产生未燃尽的碳粒，俗称"黑烟"，并产生更多的一氧化碳、多环芳烃类、醛类等污染物，热效率降低。因此，要根据煤的挥发分选择适当的燃烧条件和设备。

煤中的无机物质含量很少，主要有水分和矿物质，它们的存在降低了煤的质量和利用价值。矿物质是煤炭的主要杂质，如硫化物、硫酸盐、碳酸盐等，其中大部分属于有害成分。"水分"对煤炭的加工利用有很大影响。水分在燃烧时变成蒸汽要吸热，因而降低了煤的发热量。煤炭中的水分可分为外在水分和内在水分，一般将内在水分作为评定煤质的指标。煤化程度越低，煤的内部表面积越大，水分含量越高。

"灰分"是煤炭完全燃烧后剩下的固体残渣，是重要的煤质指标。灰分主要来自煤炭中不可燃烧的矿物质。矿物质燃烧灰化时要吸收热量，大量排渣要带走热量，因而灰分含量越高，煤炭燃烧的热效率越低；灰分含量越高，煤炭燃烧产生的灰渣越多，排放的飞灰也越多。一般地，优质煤和洗精煤的灰分含量相对较低。

虽然煤炭的重要地位已被石油所替代，但在相当长的一段时间内，由于石油的日渐枯竭，它必然走向衰败，而煤炭因储量巨大，加之科学技术的飞速发展，煤炭气化等新技术日趋成熟，煤炭资源也将日益重要。

（1）煤的形成。煤炭是千百万年来植物的枝叶和根茎，在地面上堆积而成的一层极厚的黑色的腐殖质，由于地壳的变动不断地埋入地下，长期与空气隔绝，并在高温、高压下，经过一系列复杂的物理化学变化等因素，形成黑色可燃沉积岩，这就是煤炭的形成过程。

一座煤矿的煤层厚薄与该地区的地壳下降速度及植物遗骸堆积的多少有关。地壳下降的速度快，植物遗骸堆积得厚，这座煤矿的煤层就厚；反之，地壳下降的速度缓慢，植物遗骸堆积得薄，这座煤矿的煤层就薄。地壳的构造运动使原来水平的煤层发生褶皱和断裂，有一些煤层埋到地下更深的地方，有的又被排挤到地表，甚至露出地面，就比较容易被人们发现。还有一些煤层相对比较薄，而且面积也不大，故没有开采价值。

煤炭是植物的残骸经过一系列的演变形成的，只要仔细观察一下煤块，就可以看到有植物的叶和根茎的痕迹；如果把煤切成薄片放到显微镜下观察，就能发现非常清楚的植物组织和构造，而且有时在煤层里还保存着像树干一类的东西，有的煤层里还包裹着完整的昆虫化石。

在地表常温、常压下，由堆积在停滞水体中的植物遗体经泥炭化作用或腐泥化作用，转变成泥炭或腐泥。泥炭或腐泥被埋藏后，由于盆地基底下降而沉至地下深部，经成岩作用而转变成褐煤。随着温度和压力逐渐增高，再经变质作用转变成烟煤至无烟煤。泥炭化作用是指高等植物遗体在沼泽中堆积经生物化学变化转变成泥炭的过程。腐泥化作用是指低等生物遗体在沼泽中经生物化学变化转变成腐泥的过程。腐泥是一种富含水和沥青质的淤泥状物质。而冰川过程可能有助于成煤植物遗体汇集和保存。

（2）煤的分类。煤炭是世界上分布最广阔的化石资源，主要分为烟煤、无烟煤、次烟煤和褐煤四类。根据成煤的原始物质和条件不同，自然界的煤可分为三大类，即腐殖煤、残植煤和腐泥煤。

国标把煤分为三大类，即无烟煤、烟煤和褐煤，共 29 个小类。无烟煤分为 3 个小类，数码为 01、02、03，数码中的"0"表示无烟煤，个位数表示煤化程度，数字越小表示煤化程度越高；烟煤分为 12 个煤炭类别，24 个小类，数码中的十位数（1~4）表示煤化程度，数字越小表示煤化程度越高，个位数（1~6）表示黏结性，数字越大表示黏结性越强；褐煤分为 2 个小类，数码为 51、52，数码中的"5"表示褐煤，个位数表示煤化程度，数字越小表示煤化程度越低。

在各类煤的数码编号中，十位数字代表挥发分的大小，如无烟煤的挥发分最小，十位数字为 0，褐煤的挥发分最大，十位数字为 5，烟煤的十位数字介于 1~4 之间；个位数字对烟煤类来说，是用来表征其黏结性或结焦性好坏的，如个位数字越大，表征其黏结性越强。例如，个位数字为 6 的烟煤类，都是胶质层最大厚度 Y 值大于 25mm 的肥煤或气肥煤类；个位数为 1 的烟煤类，都是一些没有黏结性的煤，如贫煤、不黏煤和长烟煤；个位数字为 2~5 的烟煤，它们的黏结性随着数码的增大而增强。

（3）煤的性质。煤一般呈褐色或者黑色，随煤化程度的提高而颜色逐渐加深，一般呈沥青、玻璃和金刚光泽。煤化程度越高，光泽越强；矿物质含量越多，光泽越暗；风、氧化程度越深，光泽越暗，直到完全消失。将煤研成粉末的颜色或煤在抹上釉的瓷板上刻画时留下的痕迹一般呈浅棕色或黑色。一般地，煤化程度越高，颜色越深。

煤的硬度与煤化程度有关。褐煤和焦煤的硬度最小，为 2~2.5；无烟煤的硬度最大，接近 4。成煤的原始物质、煤岩成分、煤化程度等都对煤的脆度有影响。在不同变质程度的煤中，长焰煤和气煤的脆度较小，肥煤、焦煤和瘦煤的脆度最大，无烟煤的脆度最小。

煤的导电性与煤化程度密切相关。褐煤由于孔隙度大而电阻率低，而烟煤是不良导体，由褐煤向烟煤过渡时，电阻率剧增，但瘦煤阶段电阻率又开始降低，无烟煤阶段急剧降低，因而无烟煤具有良好的导电性。一般烟煤的电阻率随灰分的增高而降低，而无烟煤则相反，随灰分增高而增高。若煤层中含有大量黄铁矿时，也会使无烟煤电阻率降低。各种煤岩组分中，精煤的电阻率比丝煤高。氧化煤的电阻率明显下降。

煤中有机质是复杂的高分子有机化合物，主要由碳、氢、氧、氮、硫和磷等元素组成，而碳、氢、氧三者总和约占有机质的95%以上。煤中的无机质也含有少量的碳、氢、氧、硫等元素。碳是煤中最重要的组分，其含量随煤化程度的加深而增高。泥炭中碳含量为50%~60%，褐煤为60%~70%，烟煤为74%~92%，无烟煤为90%~98%。煤中硫是最有害的化学成分。煤燃烧时，其中硫生成SO_2，腐蚀金属设备，污染环境。煤中硫的含量可分为5级：高硫煤，大于4%；富硫煤，为2.5%~4%；中硫煤，为1.5%~2.5%；低硫煤，为1.0%~1.5%；特低硫煤，小于或等于1%。

2. 石油

石油作为地质勘探的主要对象之一，是一种黏稠的深褐色液体，它被称为"工业的血液"。地壳上层部分地区有石油储存。石油主要成分是各种烷烃、环烷烃、芳香烃的混合物。石油主要被用来作为燃油和汽油，也是许多化学工业产品的原料，如溶液、化肥、杀虫剂和塑料等。

（1）石油的形成原因。

第一，生物成油理论。在地球不断演化的漫长历史过程中，有一些"特殊"时期，如古生代和中生代，大量的植物和动物死亡后，构成其身体的有机物质不断分解，与泥沙或碳酸质沉淀物等物质混合组成沉积层。由于沉积物不断地堆积加厚，温度和压力上升，随着这种过程的不断进行，沉积层变为沉积岩，进而形成沉积盆地，这就为石油的生成提供了基本的地质环境。石油是由史前的海洋动物和藻类尸体变化形成的，经过漫长的地质年代，这些有机物与淤泥混合，被埋在厚厚的沉积岩下。在地下的高温和高压下它们逐渐转化，形成蜡状的油页岩，后来退化成液态和气态的碳氢化合物。由于这些碳氢化合物比附近的岩石轻，它们向上渗透到附近的岩层中，直到渗透到上面紧密无法渗透的、本身多孔的岩层中，这样聚集到一起的石油形成油田。通过钻井和泵取，人们可以从油田中获得石油。

第二，非生物成油理论。在地壳内已经有许多碳，有些碳自然地以碳氢化合物的形式存在。碳氢化合物比岩石空隙中的水轻，因此沿岩石缝隙向上渗透。石油中的生物标志物是居住在岩石中的、喜热的微生物导致的，与石油本身无关。

（2）石油的分类。人们习惯上把未经加工处理的石油称为原油，原油按组成可分为石蜡基原油、环烷基原油和中间基原油三类，按硫含量可分为低硫原油、含硫原油和高硫原油三类，按 API 度可分为超轻原油、轻质原油、中质原油、重质原油和超重原油五类。

石油经过加工提炼，可以得到的产品大致可分为十类：①燃料类，汽油、喷气燃料、煤油、柴油、重油等；②溶剂油类，石油醚、抽提溶剂油、橡胶溶剂油、溶剂煤油等；③润滑油类，喷气机润滑油、汽油机油、柴油机油、汽轮机油、冷冻机油、气缸油、机械油、仪表油等；④电器用油类，变压器油、油开关用油、电容器油等；⑤液压油类，航空液压油、锭子油等；⑥润滑脂类，钙基润滑脂、钠基润滑脂、铝基润滑脂、钡基润滑脂、精密仪表脂等；⑦石蜡类，石蜡、高熔点石蜡、工业用石蜡、提纯地蜡等；⑧沥青类，道路石油沥青、建筑石油沥青、专用石油沥青等；⑨石油苯类，甲苯、苯、二甲苯等；⑩其他真空泵油、扩散泵油、防锈脂、石油焦、石油酸等。

（3）石油的性质。石油的性质因产地而异，密度为 $0.8 \sim 1.0 g/cm^3$，黏度范围很宽，凝固点差别很大（$30 \sim 60℃$），沸点范围为常温到 $500℃$ 以上，可溶于多种有机溶剂，不溶于水，但可与水形成乳状液。不过，不同油田的石油成分和外貌区别很大。

原油的颜色非常丰富，有深红、金黄、墨绿、黑、褐红至透明。原油的颜色是由它本身所含胶质、沥青质的含量决定的，含量越高颜色越深。我国重庆黄瓜山和华北大港油田有的井产无色石油，克拉玛依石油呈褐色至黑色，大庆、胜利、玉门石油均为黑色。

石油的成分主要有油质、胶质、沥青质。石油是由碳氢化合物为主混合而成的，具有特殊气味的、有色的可燃性油质液体。石油以氢与碳构成的烃类为主要成分。构成石油的化学物质用蒸馏能分解。原油作为加工的产品，有煤油、苯、汽油、石蜡、沥青等。分子量最小的四种烃，全都是煤气。

石油由不同的碳氢化合物混合组成，组成石油的化学元素主要是碳、氢，其余为硫、氮、氧及微量金属元素（镍、钒、铁、锑等）。烃类构成了石油的主要组成部分。各种烃类按其结构分为烷烃、环烷烃、芳香烃。一般天然石油不含烯烃，而二次加工产物中常含有数量不等的烯烃和炔烃。含硫、氧、氮的化合物对石油产品有害，在石油加工中应尽量除去。

石油主要被用作燃油和汽油，燃油和汽油组成世界上最重要的二次能源之一。石油也是许多化学工业产品如溶剂、化肥、杀虫剂和塑料等的原料。实际上，石油是一种不可再生原料。

3. 天然气

天然气是指自然界中天然存在的一切气体，包括大气圈、水圈和岩石圈中各种自然过程形成的气体（包括油田气、气田气、泥火山气、页岩气、煤层气和生物成因气等）。人们长期以来通用的"天然气"的定义，是从能量角度出发的狭义定义，是指天然蕴藏于地层中的烃类和非烃类气体的混合物。在石油地质学中，通常指油田气和气田气，其组成以烃类为主，并含有非烃气体。

（1）天然气的形成原因。天然气的成因是多种多样的，天然气的形成贯穿成岩、深成、后成直至变质作用的始终。各种类型的有机质都可形成天然气，腐泥型有机质则既生油又生气，腐殖型有机质主要生成气态烃。

第一，生物成因。成岩作用（阶段）早期，在浅层生物化学作用带内，沉积有机质经微生物的群体发酵和合成作用形成的天然气称为生物成因气。生物成因气出现在埋藏浅、时代新和演化程度低的岩层中，以含甲烷气为主。生物成因气形成的前提条件是丰富的有机质和强还原环境。

最有利于生气的有机母质是草本腐殖型腐泥腐殖型，这些有机质大多分布于陆源物质供应丰富的三角洲和沼泽湖滨带，通常含陆源有机质的砂泥岩系列最有利。硫酸岩层中难以形成大量生物成因气的原因，是硫酸对产甲烷菌有明显的抑制作用，H_2优先还原SO^{2-}为S^{2-}，形成金属硫化物或H_2S等，因此CO_2不能被H_2还原为CH_4。

甲烷菌的生长需要合适的地化环境，主要包括：①足够强的还原条件，一般氧化——还原电位小于-300mV为宜（地层水中的氧和SO^{2-}依次全部被还原以后，才会大量繁殖）；②对pH值要求以靠近中性为宜，一般为6.0~8.0，最佳值为7.2~7.6；③甲烷菌生长温度为 $0~75℃$，最佳值为 $37~42℃$。没有这些外部条件，甲烷菌就不能大量繁殖，也就不能形成大量甲烷气。

第二，有机成因。油型气，沉积有机质特别是腐泥型有机质在热降解成油过程中，与石油一起形成的天然气，或者是在后成作用阶段由有机质和早期形成的液态石油热裂解形成的天然气称为油型气，包括湿气（石油伴生气）、凝析气和裂解气。

天然气的形成也具有明显的垂直分带性。在剖面最上部（成岩阶段）是生物成因气，在深成阶段后期是低分子量气态烃，即湿气，以及高温高压使轻质液态烃逆蒸发形成的凝析气。在剖面下部，由于温度上升，生成的石油裂解为小分子的轻烃直至甲烷，有机质也进一步生成气体，以甲烷为主的石油裂解气是生气序列的最后产物，通常将这一阶段称为干气带。由石油伴生气→凝析气→干气，甲烷含量逐渐增多。

煤层气，煤系有机质（包括煤层和煤系地层中的分散有机质）热演化生成的天然气称为煤层气。煤田开采中，经常出现大量瓦斯涌出的现象。煤层气是一种多成分的混合气体，其中烃类气体以甲烷为主，重烃气含量少，一般为干气，但也可能有湿气，甚至凝析气。

煤的挥发分随煤化作用增强而明显降低，由褐煤→烟煤→无烟煤，挥发分大约由 50% 降到 5%，这些挥发分主要以 CH_4、CO_2、H_2O、N_2、NH_3 等气态产物的形式逸出，是形成煤层气的基础，煤化作用中析出的主要挥发性产物。

从形成煤层气的角度出发，应该注意在煤化作用过程中成煤物质的四次较为明显的变化：①长焰煤开始阶段；②肥煤阶段；③烟煤→无烟煤阶段；④无烟煤→变质无烟煤阶段，在这四次跃变中，导致煤质变化最为明显的是第一、第二次跃变。煤化跃变不仅表现为煤的质变，而且每次跃变都相应地成为一次成气（甲烷）高峰。

页岩气，页岩气是指赋存于富有机质泥页岩及其夹层中，以吸附和游离状态为主要存在方式的非常规天然气，成分以甲烷为主，是一种清洁、高效的能源资源和化工原料。它生成于有机成因的各种阶段，主体位于暗色泥页岩或高碳泥页岩中。页岩气主体上以游离相态（大约50%）存在于裂缝、孔隙及其他储集空间，以吸附状态存在于干酪根、黏土颗粒及孔隙表面，极少量以溶解状态储存于干酪根、沥青质及石油中。页岩气生成之后，在源岩层内的就近聚集，表现为典型页岩气的开采的原地成藏模式，与油页岩、油砂、地沥青等差别较大。页岩既是天然气生成的源岩，也是聚集和保存天然气的储层和盖层。因此，有机质含量高的黑色页岩、高碳泥岩等常是最好的页岩气发育条件。

第三，无机成因。地球上的所有元素都无一例外地经历了类似太阳上的核聚变的过程。当碳元素由一些较轻的元素核聚变形成后的一定时期里，它与原始大气里的氢元素反应生成甲烷。地球深部岩浆活动产生的气体、变质岩产生的气体和宇宙空间分布的可燃气体，以及岩石无机盐类分解产生的气体，都属于无机成因气或非生物成因气。它属于干气，以甲烷为主，有时含 CO_2、N_2、He 及 H_2S、汞蒸气等，甚至以它们的某一种为主，形成具有工业意义的非烃气藏。

（2）天然气的分类。根据开采和形成的方式不同，天然气可分为 5 种：①纯天然气，从地下开采出来的气田气为纯天然气，其甲烷含量在 90% 以上；②石油伴生气，伴随石油开采一块出来的气体称为石油伴生气，低热值为 37.66 ~ 46.02MJ/m³；③矿井瓦斯，开采煤炭时采集的矿井气；④煤层气，从井下煤层抽出的矿井气；⑤凝析气田气，含石油轻质馏分的气体。

为方便运输，天然气经过加工还可形成以下形式：

第一，压缩天然气。将天然气压缩增压至 200kg/cm² 时，天然气体积缩小到 1/200，并储入容器中，便于汽车运输，经济运输半径以 150km ~ 200km 为妥。压缩天然气可用于民用及作为汽车清洁燃料。

第二，液化天然气。天然气经过深冷液化，在 -160℃ 的情况下就变成液体成为液化天然气，用液化甲烷船及专用汽车运输。

（3）天然气的性质。天然气是存在于地下岩石储集层中以烃为主体的混合气体的统称，比空气轻，具有无色、无味、无毒的特性。天然气主要成分为烷烃，其中甲烷占绝大多数，另有少量的乙烷、丙烷和丁烷，此外一般有硫化氢、二氧化碳、氮气、水蒸气和少量一氧化碳及微量的稀有气体，如氦和氩等。在开始输送之前，为有助于泄漏检测，还要用硫醇、四氢噻吩等给天然气添加气味。天然气蕴藏在地下多孔隙岩层中，包括油田气、气田气、煤层气、页岩气、泥火山气和生物成因气等，也有少量出于煤层。它是优质燃料和化工原料。

天然气不溶于水，密度为 0.7174kg/m³，相对密度约为 0.5548，燃点为 650℃，爆炸极限体积分数为 5%。在标准状况下，甲烷、丁烷以气体状态存在，戊烷以上为液体。甲烷是最短和最轻的烃分子。

天然气每立方米燃烧热值为 33~36MJ。每千克液化气燃烧热值为 46MJ。气态液化气的比重为 2.5kg/m³。每立方米液化气燃烧热值为 105MJ。每瓶液化气质量为 14.5kg，总计燃烧热值 668MJ，相当于 20m³ 天然气的燃烧热值。

（4）天然气资源分布。中国煤炭资源丰富，聚煤盆地发育，现已发现有煤层气聚集的有华北、鄂尔多斯、四川、台湾东海、莺歌海和琼东南等盆地。因此，我国天然气资源主要分布在以下区域。

第一，东部，就是东海盆地，那里已经展现出天然气开发的曙光。

第二，南部，就是莺歌海和琼东南及云贵地区，那里也已展现出大气区的雄姿。

第三，西部，就是新疆的塔里木盆地、吐哈盆地、准噶尔盆地和青海的柴达木盆地，在那古丝绸之路的西端，石油、天然气会战的鼓声越擂越响，它们不但将成为中国石油战略接替的重要地区，而且天然气开发之火也已熊熊燃起，燎原之势不可阻挡。

第四，北部，就是东北、华北的广大地区，在那里有着众多的大油田、老油田，它们在未来高科技的推动下，不但能保持油气稳产，还有可能攀登新的高峰。

第五，中部，就是鄂尔多斯盆地和四川盆地。鄂尔多斯盆地的天然气勘探战场越扩越大，探明储量年年剧增，开发工程正在展开；四川盆地是中国天然气生产的主力地区，又有新的发现、大的突破，天然气的发展将进入一个全新的阶段，再上一个新台阶。

（三）核裂变能

核能是人类历史上的一项伟大发现。核能（或称原子能）是通过核反应从原子核释放的能量，核能可通过三种核反应之一释放：核裂变，一个原子核分裂成几个原子核的变化，原子弹、裂变核电站或核能发电厂的能量来源就是核裂变；核聚变，较轻的原子核聚合在一起释放结合能；核衰变原子核自发衰变过程中释放能量。

目前的核电站是利用核裂变发电，其中铀裂变在核电厂中最常见。核能应用作为缓和世界能源危机的一种经济有效的措施有许多优点，其中一个原因是核燃料具有许多优点，如体积小而能量大，核能比化学能大几百万倍。而且，由于核燃料的运输量小，所以核电站可建在最需要的工业区附近。核电站的基本建设投资一般是同等火电站的一倍半到两倍，但它的核燃料费用却要比煤便宜得多，运行维修费用也比火电站少。如果掌握了核聚变反应技术，使用海水作燃料，则更是取之不尽，用之方便。另一个原因是污染少。火电站不断地向大气里排放二氧化硫和氧化氮等有害物质，同时煤里的少量铀、钛和镭等放射性物质，也会随着烟尘飘落到火电站的周围，污染环境。而核电站设置了层层屏障，基本上不排放污染环境的物质，即使放射性污染也比煤电站少得多。

1. 核裂变能的分类

（1）核反应堆中的裂变能。这是最为广泛应用的核裂变能形式，主要用于发电。核反应堆利用重元素的裂变反应，将裂变过程中释放的巨大热能转化为电能。根据反应堆的设计和功能，核反应堆可进一步细分为不同类型。压水堆和沸水堆是目前最常见的核电站类型，依赖于慢中子引发的可控裂变链式反应；而快中子反应堆则使用未慢化的快速中子，在更高效的裂变条件下运作，具有资源利用率更高、潜在废物更少的优势。

（2）核武器中的裂变能。核裂变不仅用于和平目的，还被应用于军事领域，即核武器。核裂变武器通过在极短时间内引发不可控的链式裂变反应，瞬间释放出巨大的能量，这类反应不同于核反应堆中的可控裂变，而是通过快速聚集足够多的裂变物质并激发其快速裂变，从而产生巨大的爆炸威力。核裂变武器的核心是如何在短时间内实现超临界质量，使裂变反应迅速失控并释放出强大的爆炸能量。

2. 核裂变能的性质

（1）高能量密度。相比于传统的化石燃料，核裂变过程中每单位质量的燃料释放的能量是石油、煤炭等燃烧过程中释放能量的百万倍。因此，核裂变能为能源密集型行业提供了极为高效的能源供应能力，特别是在核电站领域，核裂变能作为稳定的基荷能源，能够持续、长时间地发电。

（2）链式反应。在核裂变过程中，裂变不仅释放能量，还会产生中子，这些中子可以进一步引发更多的原子核裂变，形成自我维持的链式反应。这种反应在核电站中通过精密控制来维持可控的能量输出，通过使用慢化剂（如轻水或重水）来减缓中子的速度，使它们更容易被其他原子核吸收，从而维持稳定的反应过程。

（3）安全性问题。虽然核能是一种清洁、低碳的能源形式，但由于其潜在的高危性，安全事故的后果极为严重。因此，核裂变能的安全控制、事故防范与应急处理能力一直是核能领域中备受关注的问题，各国在发展核能的过程中不断完善相关技术和法规，以确保核反应堆的安全运行。

3. 核能发电的优点

（1）核能发电不像化石燃料发电那样排放巨量的污染物质到大气中，因此核能发电不会造成空气污染。

（2）核能发电不会产生加重地球温室效应的二氧化碳。

（3）核能发电所使用的铀燃料，除了发电，暂时没有其他的用途。

（4）核燃料能量密度比化石燃料高几百万倍，故核能电厂所使用的燃料体积小，运输与储存都很方便。

（5）核能发电的成本中，燃料费用所占的比例较低，核能发电的成本较不易受到国际经济形势影响，故发电成本较其他发电方法稳定。

（6）核能发电实际上是比较安全的电力生产方式。

第二节　新能源的资源现状及分析

一、常见的新能源类型

新能源是指在新技术基础上加以开发利用的可再生能源。新能源重点开发太阳能、风能、生物质能、潮汐能、地热能、氢能和核聚变能。相对于传统能源，新能源普遍具有污染少、储量大的特点，对于解决当今世界严重的环境污染问题和资源（特别是化石能源）枯竭问题具有重要意义。同时，由于很多新能源分布均匀，对于解决由能源引发的战争也有着重要意义：新能源基本可再生；无污染，对环境友好；减少了废气的排放，减缓了地球温室的作用，洁净了空气；但部分能源间断式供应，波动性大，对持续供能不利；除水电外，可再生能源的开发利用成本较化石能源高。常见的新能源如下。

（一）风能

风能是因空气流做功而提供给人类的一种可利用的能量，属于可再生能源，也是太阳能的一种转化形式。空气流具有的动能称为风能。空气流速越高，动能越大。人们可以用风车把风的动能转化为旋转的动作去推动发电机，以产生电力，方法是透过传动轴，将转子（由以空气动力推动的扇叶组成）的旋转动力传送至发电机。

1. 风能的优点

风能的优点主要包括：①风能为洁净的能量来源；②风能设施日趋进步，大量生产成本降低，在适当地点，风力发电成本已低于其他发电机；③风能设施多为不立体化设施，可保护陆地和生态；④风力发电是可再生能源；⑤风力发电节能环保。

2. 风能的分布

我国位于亚洲大陆东部，濒临太平洋，季风强盛，内陆还有许多山系，地形复杂，加之青藏高原耸立在我国西部，改变了海陆影响所引起的气压分布和大气环流，增加了我国季风的复杂性。冬季风来自西伯利亚和蒙古高原等中高纬度的内陆，那里空气十分严寒，干燥冷空气积累到一定程度，在有利高空环流引导下，就会暴发南下，俗称寒潮，在此频频南下的强冷空气控制和影响下，形成寒冷干燥的西北风侵袭我国北方各省（自治区、直辖市）。每年冬季总有多次大幅度降温的强冷空气南下，主要影响我国西北、东北和华北，直到次年春夏之交才消失。夏季风是来自太平洋的东南风、印度洋和南海的西南风，东南季风影响遍及我国东半壁，西南季风则影响西南各省和南部沿海，但风速远不及东南季风大。热带风暴是太平洋西部和南海热带海洋上形成的空气涡旋，是破坏力极大的海洋风暴，每年夏秋两季频繁侵袭我国，登陆我国南海之滨和东南沿海，热带风暴也能在上海以北登陆，但次数很少。

3. 风能的利用形式与技术

（1）风能利用形式。风能的利用形式主要是将大气运动时所具有的动能转化为其他形式的能量。风就是水平运动的空气，空气产生运动，主要是由于地球上各纬度所接受的太阳辐射强度不同而形成的。在赤道和低纬度地区，太阳高度角大，日照时间长，太阳辐射强度强，地面和大气接收的热量多、温度较高；在高纬度地区，太阳高度角小，日照时间短，地面和大气接收的热量小，温度低。这种高纬度与低纬度之间的温度差异，形成了中国南北之间的气压梯度，使空气作水平运动。

（2）风能利用的主要技术。

第一，水平轴风电机组技术。由于水平轴风电机组具有风能转换效率高、转轴较短，在大型风电机组上更凸显了经济性等优点，它成为世界风电发展的主流机型。同期发展的垂直轴风电机组，由于转轴过长、风能转换效率不高，启动、停机和变桨困难等问题，目前市场份额很小、应用数量有限，但由于它的全风向对风和变速装置及发电机可以置于风轮下方（或地面）等优点，国际上的相关研究和开发也在不断进行，并取得了一定进展。

第二，变桨变速、功率调节技术得到广泛采用。由于变桨距功率调节方式具有载荷控制平稳、安全和高效等优点，近年来它在大型风电机组上得到了广泛采用。

第三，直驱式、全功率变流技术得到迅速发展。无齿轮箱的直驱方式能有效地减少齿轮箱问题造成的机组故障，可有效提高系统的运行可靠性和寿命，减少维护成本，因而得到了市场的青睐，其市场份额不断扩大。

第四，新型垂直轴风力发电机。它采取了完全不同的设计理念，并采用了新型结构和材料，达到微风启动、无噪声、抗台风、不受风向影响等优良性能，可以大量用于别墅、多层及高层建筑、路灯等中小型应用场合。以它为主建立的风光互补发电系统，具有电力输出稳定、经济性高、对环境影响小等优点，也解决了太阳能发展中对电网的冲击等影响。

（二）太阳能

太阳能一般指太阳光的辐射能量，在太阳内部进行的由"氢"聚变成"氦"的原子核反应，不停地释放出巨大的能量，并不断向宇宙空间辐射能量。太阳能的主要利用形式有太阳能的光热转换、光电转换以及光化学转换三种主要方式。太阳能是地球上许多能量的来源，如风能、化学能、水的势能等都是由太阳能产生或转化成的能量形式。利用太阳能的方法主要包括：①太阳能电池，通过光电转换把太阳光中包含的能量转化为电能；②太阳能热水器，利用太阳光的热量加热水，并利用热水发电等。太阳能清洁环保，无任何污染，利用价值高，这些优点决定了其在能源更替中的不可取代的地位。太阳能利用有以下两种形式。

1. 太阳能光伏

通常说的太阳能发电指的是太阳能光伏发电，简称"光电"。光伏发电是利用半导体界面的光生伏打效应而将光能直接转变为电能的一种技术，这种技术的关键元件是太阳能电池。在我国，太阳能光伏发电是当前最重要的一种发电形式，它既是一种环境友好型的能源，又是一种碳中和的重要发展项目，有着比较广泛的发展前景。[①] 太阳能电池经过串联后进行封装保护可形成大面积的太阳电池组件，再配合上功率控制器等部件就形成了光伏发电装置。

光伏发电技术可以用于任何需要电源的场合，上至航天器，下至家用电源，大到兆瓦级电站，小到玩具，光伏电源无处不在。太阳能光伏发电的最基本元件是太阳能电池（片），有单晶硅、多晶硅、非晶硅和薄膜电池等。其中，单晶硅和多晶硅电池用量最大，非晶硅电池用于一些小系统和计算器辅助电源等。光伏发电产品主要用于三大方面：①无电场合提供电源；②太阳能日用电子产品，如各类太阳能充电器、太阳能路灯和太阳能草地各种灯具等；③并网发电，这在发

---

① 杨千福，张士刚，耿刚，等. 太阳能光伏发电系统中的问题与应对措施 [J]. 新疆有色金属，2024，47（4）：87.

达国家已经大面积推广实施。

太阳能光伏发电系统分为独立光伏系统和并网光伏系统。独立光伏电站包括边远地区的村庄供电系统，太阳能户用电源系统，通信信号电源、阴极保护、太阳能路灯等各种带有蓄电池的可以独立运行的光伏发电系统。并网光伏发电系统是与电网相连并向电网输送电力的光伏发电系统，可以分为带蓄电池的和不带蓄电池的并网发电系统。带有蓄电池的并网发电系统具有可调度性，可以根据需要并入或退出电网，还具有备用电源的功能，当电网因故障停电时可紧急供电。带有蓄电池的光伏并网发电系统常常安装在居民建筑上；不带蓄电池的并网发电系统不具备可调度性和备用电源的功能，因而一般安装在较大型的系统上。

太阳能光伏板组件是一种暴露在阳光下便会产生直流电的发电装置，由几乎全部以半导体材料（如硅）制成的薄身固体光伏电池组成。由于没有活动的部分，故可以长时间操作而不会造成任何损耗。简单的光伏电池可为手表及计算机提供能源，较复杂的光伏系统可为房屋照明，并为电网供电。光伏板组件可以制成不同形状，而组件又可连接，以产生更多电力。天台及建筑物表面均会使用光伏板组件，甚至被用作窗户、天窗或遮蔽装置的一部分，这些光伏设施通常被称为附设于建筑物的光伏系统。

2. 太阳能光热

太阳能光热是指太阳辐射的热能。光热利用，除太阳能热水器外，还有太阳房、太阳灶、太阳能温室、太阳能干燥系统、太阳能土壤消毒杀菌技术等。

太阳能光热发电是太阳能热利用的一个重要方面。太阳能光热发电是指利用大规模阵列抛物或碟形镜面收集太阳热能，通过换热装置提供蒸汽，结合传统汽轮发电机的工艺，从而达到发电的目的。采用太阳能光热发电技术，可以降低太阳能发电的成本。而且，这种形式的太阳能利用还有一个其他形式的太阳能转换所无法比拟的优势，即太阳能烧热的水可以储存在巨大的容器中，在太阳落山后几个小时仍然能够带动汽轮发电。

太阳能光热发电的原理是通过反射镜将太阳光汇集到太阳能收集装置，利用太阳能加热收集装置内的传热介质（液体或气体），再加热水形成蒸汽带动或者直接带动发电机发电。一般来说，太阳能光热发电形式有槽式、塔式、碟式（盘式）、菲涅耳式四种系统。槽式太阳能热发电系统全称为槽式抛物面反射镜太阳能热发电系统，是将多个槽型抛物面聚光集热器经过串并联的排列，加热工质，产生过热蒸汽，驱动汽轮机发电机组发电；塔式太阳能热发电系统是在空旷的地面上建立一高大的中央吸收塔，塔顶上安装固定一个吸收器，塔的周围安装一定数量的定日镜，先通过定日镜将太阳光聚集到塔顶的接收器的腔体内产生高温，再将通过吸收器的工质加热并产生高温蒸汽，推动汽轮机进行发电；碟式太阳能热发电系统是世界上最早出现的太阳能动力系统，是由许多镜子组成的抛物面反射镜组成，接收在抛物面的焦点上，接收器内的传热工质被加热到750℃左右，驱动发动机进行发电；菲涅耳式太阳能热发电系统工作原理类似槽式光热发电，只是采用菲涅耳结构的聚光镜来替代剖面镜，这使得它的成本相对来说低廉，但效率也相应降低。

（三）海洋能

海洋能是一种蕴藏在海洋中的可再生能源，包括潮汐能、波浪引起的机械能和热能。海洋能同时也涉及一个更广的范畴，包括海面上空的风能、海水表面的太阳能和海里的生物质能。中国拥有的岛屿大多远离陆地，因而缺少能源供应。因此，要实现我国海岸和海岛经济的可持续发展，必须大力发展我国的海洋能资源。

1. 海洋能的特点

（1）海洋能在海洋总水体中的蕴藏量巨大，而单位体积、单位面积、单位长度所拥有的能量较小。换言之，要想得到大能量，就得从大量的海水中获得。

（2）海洋能具有可再生性。海洋能源于太阳辐射能与天体间的万有引力，只要太阳、月球等天体与地球共存，这种能源就会再生，就会取之不尽，用之不竭。

（3）海洋能有较稳定与不稳定能源之分。较稳定的为海水温差能、海水盐度差能和海流能；不稳定能源分为变化有规律与变化无规律两种。属于不稳定但变化有规律的有潮汐能与潮流能。人们根据潮汐、潮流变化规律，编制出各地逐日逐时的潮汐与潮流预报，预测未来各个时间的潮汐大小与潮流强弱。潮汐电站与潮流电站可根据预报表安排发电运行。既不稳定又无规律的是波浪能。

（4）海洋能属于清洁能源，也就是海洋能一旦开发后，其本身对环境污染影响很小。

（5）海洋能指蕴藏于海水中的各种可再生能源，包括潮汐能、波浪能、海流能、海水温差能、海水盐度差能等，这些能源都具有可再生性和不污染环境等优点，是一项急需开发利用的具有战略意义的新能源。

2. 海洋能量形式

（1）潮汐能。潮汐能指在涨潮和落潮过程中产生的势能。潮汐能的强度与潮头数量和落差有关，潮汐能主要用于发电。

（2）波浪能。波浪能指蕴藏在海面波浪中的动能和势能。波浪能主要用于发电，同时也可用于输送和抽运水、供暖、海水脱盐和制造氢气。

（3）海水温差能。海水温差能是指海洋表层海水和深层海水之间水温差的热能，是海洋能的一种重要形式。低纬度的海面水温较高，因与深层冷水存在温度差，而储存着温差热能，其能量与温差的大小和水量成正比。

（4）盐差能。盐差能是指海水和淡水之间或两种含盐浓度不同的海水之间的化学电位差能，是以化学能形态出现的海洋能，主要存在于河海交汇处。同时，淡水资源丰富地区的盐湖和地下盐矿也可以利用盐差能。盐差能是海洋能中能量密度最大的一种可再生能源。

（5）海流能。海流能是指海水流动的动能，主要是指海底水道和海峡中较为稳定的流动以及由于潮汐引起的有规律的海水流动所产生的能量，是另一种以动能形态出现的海洋能。

（6）海风能。近海风能是地球表面大量空气流动所产生的动能。风力在海洋上比在陆地上更加强劲，方向也更加单一。风能发电的原理是风力作用在叶轮上，将动能转换成机械能，从而推动叶轮旋转，再通过增速机将旋转的速度提升，来促使发电机发电。

（四）地热能

地热能是由地壳抽取的天然热能，这种能量来自地球内部的熔岩，并以热力形式存在，是引致火山爆发及地震的能量。地球内部的温度高达 7000℃，而在 80~100 英里（1 英里 = 1609.34 米）的深度处，温度会降至 650~1200℃。透过地下水的流动和熔岩涌至离地面 1km~5km 的地壳，热力得以被转送至较接近地面的地方。高温的熔岩将附近的地下水加热，这些加热了的水最终会渗出地面。在各种可再生能源的应用中，地热能显得较为低调，人们更多地关注来自太空的太阳能量，却忽略了地球本身赋予人类的丰富资源，地热能将有可能成为未来能源的重要组成部分。运用地热能最简单和最合乎成本效益的方法，就是直接取用这些热源，并抽取其能量。相对于太阳能和风能的不稳定性，地热能是较为可靠的可再生能源，这让人们相信地热能可以作为煤炭、天然气和核能的最佳替代能源。

地热能大部分是来自地球深处的可再生性热能，它起源于地球的熔融岩浆和放射性物质的衰变；还有一小部分能量来自太阳，表面地热能大部分来自太阳。地下水的深处循环和来自极深处的岩浆侵入到地壳后，把热量从地下深处带至近表层，其储量比人们所利用能量的总量多很多，大部分集中分布在构造板块边缘一带，该区域也是火山和地震多发区，它不但是无污染的清洁能源，而且如果热量提取速度不超过补充的速度，那么热能就是可再生的。

1. 地热能的资源分布

地热能集中分布在构造板块边缘一带，该区域也是火山和地震多发区。世界地热资源主要分布于五个地热带：①环太平洋地热带，世界最大的太平洋板块与美洲、欧亚、印度板块的碰撞边界；②地中海、喜马拉雅地热带，欧亚板块与非洲、印度板块的碰撞边界，从意大利直至中国的滇藏；③大西洋中脊地热带，大西洋板块的开裂部位，包括冰岛和亚速尔群岛的一些地热田；④红海、亚丁湾、东非大裂谷地热带，包括肯尼亚、乌干达、刚果（金）、埃塞俄比亚、吉布提等国的地热田；⑤其他地热区，除板块边界形成的地热带外，在板块内部靠近边界的部位，在一定的地质条件下也有高热流区，可以蕴藏一些中低温地热，如中亚、东欧地区的一些地热田和中国的胶东半岛、辽东半岛及华北平原的地热田。

2. 地热能的可利用范围

地热能的利用可分为地热发电、供暖等，而对于不同温度的地热流体可能利用的范围包括：①200～400℃的地热流体可用于直接发电及综合利用；②150～200℃的地热流体可用于双循环发电、制冷、工业干燥、工业热加工；③100～150℃的地热流体可用于双循环发电、供暖、制冷、工业干燥、脱水加工、回收盐类、制作罐头食品；④50～100℃的地热流体可用于供暖、温室、家庭用热水、工业干燥；⑤20～50℃的地热流体可用于沐浴、水产养殖、饲养牲畜、土壤加温、脱水加工。

3. 地热的利用形式

许多国家为了提高地热利用率，而采用梯级开发和综合利用的办法，如热电联产联供、热电冷三联产、先供暖后养殖等。我国地热的重要利用形式如下：

（1）地热发电。地热发电是地热利用的最重要方式，高温地热流体应用于发电。地热发电的原理是利用蒸汽的热能在汽轮机中转变为机械能，然后带动发电机发电，地热发电不需要消耗燃料，它所用的能源就是地热能，地热发电的过程，就是把地下热能首先转变为机械能，再把机械能转变为电能的过程。要利用地下热能，就需要有"载热体"把地下的热能带到地面上来。地热电站利用的载热体主要是地下的天然蒸汽和热水，按照载热体类型、温度、压力和其他特性的不同，可把地热发电的方式划分为蒸汽型地热发电和热水型地热发电两大类。

第一，蒸汽型地热发电。蒸汽型地热发电是把蒸汽田中的干蒸汽直接引入汽轮发电机组发电，但在引入发电机组前应把蒸汽中所含的岩屑和水滴分离出去，这种发电方式最为简单，但干蒸汽地热资源十分有限，且多存于较深的地层，开采技术难度大，蒸汽型地热发电主要有背压式和凝汽式两种发电系统。

第二，热水型地热发电。热水型地热发电是地热发电的主要方式，热水型地热电站有两种循环系统：①闪蒸系统，当高压热水从热水井中抽至地面，压力降低部分热水会沸腾并"闪蒸"成蒸汽，蒸汽送至汽轮机做功，分离后的热水可继续利用后排出，再回注入地层；②双循环系统，地热水先流经热交换器，将地热能传给另一种低沸点的工作流体，使之沸腾而产生蒸汽，蒸汽进入汽轮机做功后进入凝汽器，再通过热交换器而完成发电循环，地热水则从热交换器回注入地层。

（2）地热供暖。将地热能直接用于采暖、供热和供热水是仅次于地热发电的地热利用方式，这种利用方式简单、经济性好，备受各国重视，特别是位于高寒地区的西方国家，其中冰岛开发利用得最好。此外，利用地热给工厂供热，如用作干燥谷物和食品的热源，用作硅藻土生产、木材、造纸、制革、纺织、酿酒、制糖等生产过程的热源也十分有前途。我国利用地热供暖和供热水发展也非常迅速，这两种利用方式在京津地区已成为地热利用中最普遍的方式。

（3）地热务农。地热在农业中的应用范围十分广阔，主要包括：①利用温度适宜的地热水灌溉农田，可使农作物早熟增产；②利用地热水养鱼，在28℃水温下可加速鱼的育肥，提高鱼的出产率；③利用地热建造温室，育秧、种菜和养花；④利用地热给沼气池加温，提高沼气的产量等。

（4）地热疗养。地热在疗养领域的应用非常有前景，热矿水被视为一种宝贵的资源，世界各国都很珍惜。由于地热水从很深的地下提取到地面，除温度较高外，常含有一些特殊的化学元素，从而使它具有一定的医疗效果。例如：①含碳酸的矿泉水供饮用，可调节胃酸、平衡人体酸碱度；②含铁的矿泉水饮用后，可改善缺铁性贫血症；③氢泉、硫水氢泉洗浴可改善神经衰弱和关节炎、皮肤病等。由于温泉的疗养作用及伴随温泉出现的特殊的地质、地貌条件，温泉常常成为旅游胜地，吸引大批疗养者和旅游者。我国利用地热疗养的历史悠久，含有各种矿物元素的温泉众多，因此充分发挥地热的疗养作用，发展温泉疗养行业是大有可为的。

未来随着与地热利用相关的高新技术的发展，将使人们能更精确地查明更多的地热资源，钻更深的钻井将地热从地层深处取出，因此地热利用也必将进入一个飞速发展的阶段。

（五）核聚变能

核聚变又称核融合、融合反应、聚变反应或热核反应，是指轻原子核（如氘和氚）结合成较重原子核（如氦）时放出巨大能量。例如，两个氢的原子核相碰，可以形成一个原子核并释放出能量，这就是聚变反应，在这种反应中所释放的能量就是聚变能，聚变能是核能利用的又一重要途径。

核聚变能是一种取之不尽用之不竭的人类未来理想的清洁能源，尚未实现商业应用，还处在开发利用的研究阶段。[①] 核聚变能是当前很有前途的新能源。参与核反应的氢原子核，如氢（气）、氘、氚、锂等，从热运动获得必要的动能而引起的聚变反应。要使这些原子核之间发生聚变，必须使它们接近到飞米级，要达到这个距离，就要使核具有很大的动能，以克服电荷间极大的斥力，要使核具有足够的动能，必须把它们加热到很高的温度（几百万摄氏度以上）。热核反应是氢弹爆炸的基础，可在瞬间产生大量热能，但尚无法加以利用。聚变反应堆一旦成功，则可能为人类提供最清洁且取之不尽的能源。

冷核聚变是指在相对低温（甚至常温）下进行的核聚变反应，这种情况是针对自然界已知存在的热核聚变（恒星内部热核反应）而提出的一种概念性"假设"，这种设想将极大地降低反应要求，只要能够在较低温度下让核外电子摆脱原子核的束缚，或者在较高温度下用高强度、高密度磁场阻挡中子或者让中子定向输出，就可以使用更普通、更简单的设备产生可控冷核聚变反应，同时也使聚核反应更安全。

核聚变的优势主要包括：①核聚变释放的能量比核裂变更大；②无高端核废料，不会对环境构成大的污染；③燃料供应充足，地球上重氢有 10 万亿吨（每升海水中含 30mg 氘，而 30mg 氘聚变产生的能量相当于 300L 汽油）。

（六）生物质能

生物质是指利用大气、水、土地等通过光合作用而产生的各种有机体，即一切有生命的可以生长的有机物质通称为生物质，它包括植物、动物和微生物。生物质的概念有广义和狭义之分：广义的生物质包括所有的植物、微生物以及以植物、微生物为食物的动物及其生产的废弃物，有代表性的生物质如农作物、农作物废弃物、木材、木材废弃物和动物粪便；狭义的生物质主要是指农林业生产过程中除粮食、果实以外的秸秆、树木等木质纤维素、农产品加工业下脚料、农林废弃物及畜牧业生产过程中的禽畜粪便和废弃物等物质。

1. 生物质能源的特点

（1）可再生性。生物质能源是从太阳能转化而来，通过植物的光合作用将太

---

① 叶华龙. 核聚变能源的开发与利用 [J]. 中国高新科技，2020（23）：41.

阳能转化为化学能，储存在生物质内部的能量，与风能、太阳能等同属可再生能源，可实现能源的永续利用。

（2）清洁、低碳。生物质能源中的有害物质含量很低，属于清洁能源。同时，生物质能源的转化过程是通过绿色植物的光合作用将二氧化碳和水合成生物质，生物质能源的使用过程又生成二氧化碳和水，形成二氧化碳的循环排放过程，能够有效减少人类二氧化碳的净排放量，降低温室效应。

（3）可替代部分化石能源。利用现代技术可以将生物质能源转化成可替代化石燃料的生物质成型燃料、生物质可燃气、生物质液体燃料等。在热转化方面，生物质能源可以直接燃烧或经过转换，形成便于储存和运输的固体、气体和液体燃料，可运用于大部分使用石油、煤炭及天然气的工业锅炉和窑炉中。

（4）广泛应用性。生物质能源可以以沼气、压缩成型固体燃料、气化生产燃气、气化发电、生产燃料酒精、热裂解生产生物柴油等形式存在，应用在国民经济的各个领域。

2. 生物质能源的分类

（1）林业资源。林业生物质资源是指森林生长和林业生产过程中提供的生物质能源，包括薪炭林、在森林抚育和间伐作业中的零散木材、残留的树枝、树叶和木屑等；木材采运和加工过程中的枝丫、锯末、木屑、梢头、板皮和截头等；林业副产品的废弃物，如果壳和果核等。

（2）农业资源。农业生物质资源是指农业作物：①农业生产过程中的废弃物，如农作物收获时残留在农田内的农作物秸秆（玉米秸、高粱秸、麦秸、稻草、豆秸和棉秆等）；②农业加工业的废弃物，如农业生产过程中剩余的稻壳等。能源植物泛指各种用以提供能源的植物，通常包括草本能源作物、油料作物、制取碳氢化合物植物和水生植物等。

（3）生活污水和工业有机废水。生活污水主要由城镇居民生活、商业和服务业的各种排水组成，如冷却水、洗浴排水、盥洗排水、洗衣排水、厨房排水、粪便污水等；工业有机废水主要是酒精、酿酒、制糖、食品、制药、造纸及屠宰等行业生产过程中排出的废水等，它们都富含有机物。

（4）城市固体废物。城市固体废物主要是由城镇居民生活垃圾，商业、服务业垃圾和少量建筑业垃圾等固体废物构成，其组成成分比较复杂，受当地居民的平均生活水平、能源消费结构、城镇建设、自然条件、传统习惯以及季节变化等因素影响。

（5）畜禽粪便。畜禽粪便是畜禽排泄物的总称，它是其他形态生物质（主要是粮食、农作物秸秆和牧草等）的转化形式，包括畜禽排出的粪便、尿及其与垫草的混合物。

（6）沼气。沼气是由生物质能转换的一种可燃气体。沼气是一种混合物，主要成分是甲烷，沼气是有机物质在厌氧条件下，经过微生物的发酵作用而生成的一种混合气体。由于这种气体最先是在沼泽中发现的，所以称为沼气。人畜粪便、秸秆、污水等各种有机物在密闭的沼气池内，在没有氧气条件下发酵，经种类繁多的沼气发酵微生物分解转化，从而产生沼气。沼气是一种混合气体，可以燃烧，通常可以供农家用来烧饭、照明。

3. 生物质能利用技术

（1）直接燃烧。生物质的直接燃烧和固化成型技术的研究开发主要着重于专用燃烧设备的设计和生物质成型物的应用。现已成功开发的成型技术按成型物形状主要分为三大类：①螺旋挤压生产棒状成型技术；②活塞式挤压制的圆柱块状成型技术；③内压滚筒颗粒状成型技术和设备。

（2）生物质气化。生物质气化技术是将固体生物质置于气化炉内加热，同时通入空气、氧气或水蒸气，来产生品位较高的可燃气体。生物质气化生成的可燃气经过处理可用于合成、取暖、发电等不同用途，这对于生物质原料丰富的偏远山区意义十分重大，不仅能改变山区居民的生活质量，而且能够提高用能效率，节约能源。

（3）液体生物燃料。由生物质制成的液体燃料叫作生物燃料。生物燃料主要包括生物乙醇、生物丁醇、生物柴油、生物甲醇等。虽然利用生物质制成液体燃料起步较早，但发展比较缓慢。

（4）制沼气。沼气是各种有机物质在隔绝空气并且在适宜的温度、湿度条件下，经过微生物的发酵作用产生的一种可燃性气体。沼气的主要成分甲烷类似于天然气，是一种理想的气体燃料，它无色无味，与适量空气混合后即可燃烧，常见的沼气利用技术如下：

第一，沼气发酵综合利用技术。沼气发酵综合利用技术是以沼气为纽带，将物质多层次利用、能量合理流动的高效农业模式，该模式已逐渐成为我国农村地区利用沼气技术促进可持续发展的有效方法。通过沼气发酵综合利用技术，沼气用于农户生活用能和农副产品生产加工，沼液用于饲料、生物农药、培养料液的生产，沼渣用于肥料的生产。沼气发酵综合利用生态农业模式的建立使农村沼气和农业生态紧密结合，是改善农村环境卫生的有效措施，也是发展绿色种植业、养殖业的有效途径，已成为农村经济新的增长点。

第二，沼气发电技术。沼气燃烧发电是随着大型沼气池建设和沼气综合利用的不断发展而出现的一项沼气利用技术，它将厌氧发酵处理产生的沼气用于发动机上，并装有综合发电装置，以产生电能和热能。沼气发电具有高效、节能、安全和环保等特点，是一种分布广泛且价廉的分布式能源。沼气发电在发达国家已受到广泛重视并得到积极推广。

第三，沼气燃料电池技术。燃料电池是一种将储存在燃料和氧化剂中的化学能直接转化为电能的装置。当源源不断地从外部向燃料电池供给燃料和氧化剂时，它可以连续发电。依据电解质的不同，燃料电池分为碱性燃料电池、质子交换膜、磷酸、熔融碳酸盐及固态氧化物等。燃料电池能量转换效率高、洁净、无污染、噪声低，既可以集中供电，也适合分散供电，是 21 世纪最有竞争力的高效、清洁的发电方式之一，它在洁净煤炭燃料电站、电动汽车、移动电源、不间断电源、潜艇及空间电源等方面，有着广泛的应用前景和巨大的潜在市场。

（5）生物制氢。氢气是一种清洁、高效的能源，有着广泛的工业用途，潜力巨大。生物制氢逐渐成为人们关注的热点，但将其他物质转化为氢并不容易。生物制氢过程可分为厌氧光合制氢和厌氧发酵制氢两大类。

（6）生物质发电技术。生物质发电技术是将生物质能源转化为电能的一种技术，主要包括农林废物发电、垃圾发电和沼气发电等。作为一种可再生能源，生物质发电在国际上越来越受到重视，在我国也越来越受到政府的关注和民间的拥护。

生物质发电将废弃的农林剩余物收集、加工整理，形成商品，既防止秸秆在田间焚烧造成的环境污染，又改变了农村的村容村貌，是我国建设生态文明、实现可持续发展的能源战略选择之一。我国的生物质能资源主要集中在农村，大力开发并利用农村丰富的生物质能资源，可促进农村生产发展，显著改善农村的村貌和居民生活条件，将对建设社会主义新农村产生积极而深远的影响。

（七）天然气水合物

天然气水合物是 20 世纪科学考察中发现的一种新的矿产资源，也被称作"可燃冰"或者"固体瓦斯"和"气冰"，是指由主体分子（水）和客体分子（甲烷、乙烷等烃类气体，以及氮气、二氧化碳等非烃类气体分子）在低温（$-10 \sim 28℃$）、高压（$1 \sim 9 \mathrm{MPa}$）条件下，通过范德瓦耳斯力相互作用，形成的结晶状笼形固体络合物，其中水分子借助氢键形成结晶网格，网格中的孔穴内充满轻烃、重烃或非烃分子。天然气水合物具有极强的储载气体能力，一个单位体积的天然气水合物可储载 $100 \sim 200$ 倍于该体积的气体量。天然气水合物外表极像冰雪或固体酒精，点火即可燃烧，被誉为 21 世纪具有商业开发前景的战略资源。

天然气水合物燃料的主要优势如下。

第一，天然气水合物燃料燃烧产生的能量比煤、石油、天然气要多出数十倍，而且燃烧后不产生任何残渣，避免了污染问题。

第二，天然气水合物燃料来之不易，它的产生至少要满足三个条件：①温度不能太高，如果温度高于 $20℃$，它就会"烟消云散"，因此，海底的温度最适合可燃冰的形成；②压力要足够大，海底越深，压力就越大，可燃冰也就越稳定；③要有甲烷气源，海底古生物尸体的沉积物，被细菌分解后会产生甲烷。

第三，沉淀物生成的甲烷水合物含量可能还包含了 $2 \sim 10$ 倍的已知的传统天然气量，这代表它是未来很有潜力的重要矿物燃料来源。

二、新能源的资源现状

新能源的资源现状在全球范围内呈现出蓬勃发展的态势，成为推动全球能源转型和可持续发展的重要力量。随着全球对环境保护和气候变化问题的日益关注，新能源的开发和利用已成为国际社会的共识。

太阳能作为新能源的重要组成部分，其资源现状尤为显著。太阳能几乎无处不在，是地球上最丰富的能源之一。通过太阳能电池板将光能转化为电能，太阳能发电不仅减少了对化石燃料的依赖，还显著降低了温室气体排放，有助于减缓全球气候变化。

风能是另一种被广泛利用的新能源。风能资源主要集中在沿海地区和内陆高原地区，通过风力发电机将风的动能转化为电能。近年来，随着风电技术的不断进步和成本的降低，风电在全球范围内得到了广泛应用。

除了太阳能和风能，水能、生物质能、地热能以及氢能等新能源技术也在不断取得突破。水能利用包括潮汐能、波浪能和海洋热能等，具有清洁、可再生的特点。生物质能则是利用植物、动物和微生物等生物体产生的有机物质所储存的能量，通过燃烧、气化、发酵等方式转化为热能、电能和燃料等。地热能利用地球内部的热量进行发电、供暖和热水供应等，具有稳定可靠的特点。氢能作为一种清洁能源，具有无污染、高效等优点，正逐渐成为新能源领域的研究热点。

在全球新能源资源分布方面，亚洲地区尤其是中国，是全球新能源利用产业高速发展的主要驱动。中国的新能源累计装机容量和新增装机占全球可再生能源新增装机比例均超过一半。

新能源的发展也面临着一些挑战。例如，部分地区快速装机与外送通道建设以及当地的负荷增长不匹配，导致难以消纳、弃光限电率上升、市场化交易电价收入下降等问题。此外，新能源技术的创新能力不足、政策不稳定和市场竞争激烈等也是制约新能源产业发展的重要因素。

为了应对这些挑战，各国政府纷纷出台了一系列鼓励新能源发展的政策措施，包括财政补贴、税收优惠、绿色信贷、碳交易市场建设等。同时，新能源企业也在不断加强技术创新和产业升级，提高新能源设备的效率和降低成本。

展望未来，新能源产业将继续保持快速增长的态势。随着全球能源结构的转型和气候变化问题的加剧，新能源将成为推动全球能源转型和可持续发展的关键力量。技术创新、市场融合、绿色低碳以及国际化发展等趋势将推动新能源产业迎来更加广阔的发展空间和更加美好的发展前景。

第三节　能源资源的发展趋势与预测

一、国际能源发展趋势

（一）能源供需宽松化

随着可再生能源技术的快速进步，太阳能、风能、地热能等清洁能源的成本大幅下降，这使得这些能源形式逐渐成为能源供应中的重要部分。与此同时，能源存储技术的发展也进一步提升了清洁能源的可用性和稳定性，使得大规模推广成为可能，这些技术突破显著提高了能源供应的多样性和灵活性，缓解了过去对传统化石能源的依赖。在可再生能源大幅增长的背景下，能源供给能力显著提升，供需宽松化趋势逐渐显现。

全球能源需求的增长速度有所放缓，特别是在发达国家，能源需求逐渐进入平台期。以欧美发达国家为例，随着产业结构调整、节能技术应用及能效提升，这些国家的能源消费增速趋于平稳，甚至在某些领域出现下降趋势。同时，新兴经济体虽然仍保持一定的能源需求增长，但增长幅度较为温和。此外，全球范围内的能源政策日益注重低碳化、可持续性和绿色发展，进一步推动了节能减排和能源效率的提升，从而有效控制了能源需求的增长速度。

能源资源的全球分布和供应链结构在一定程度上促成了供需宽松的局面。近年来，全球能源供应的多元化布局逐步形成，特别是美国页岩气革命后，全球天然气市场的供应能力得到极大提升，天然气供应更加充足。此外，中东和其他能源输出国通过加强能源基础设施建设，稳定并扩大了石油和天然气的出口能力，进一步提升了全球能源市场的供应弹性。同时，一些新兴能源出口国的加入，例如澳大利亚和俄罗斯，也为全球能源供应体系注入了新的活力，使全球能源供应结构更加多样化与稳定化。

国际能源市场的变化与地缘政治息息相关。能源供需宽松化趋势使得各国在能源战略上的依赖性有所降低，传统的能源供需紧张局面得到缓解，这在一定程度上减少了能源出口国与进口国之间的紧张关系。特别是欧洲国家，通过积极发展本土可再生能源、加速能源结构转型，逐步减少对外部能源的依赖，提升了能源安全水平。能源供需宽松化使得各国在应对能源供应风险时更具灵活性，从而增强了各国能源安全战略的主动性。

尽管供需宽松化在一定程度上缓解了能源供求矛盾，但这一趋势并不意味着能源市场未来将完全稳定无忧。供需宽松化主要集中在可再生能源和天然气市场，传统化石能源，特别是石油市场，仍然存在较大的波动风险。例如，由于地缘政治、市场波动、投资变化等多方面因素，石油市场仍可能出现供应紧张或价格波动的情况。此外，全球范围内气候变化的加剧也可能对能源供应产生不可预见的影响，极端天气事件的频发可能导致能源基础设施的破坏，影响能源生产与供应的连续性和稳定性。

未来，全球能源供需宽松化的趋势可能还会进一步加剧。可再生能源在全球能源结构中的占比将持续上升，随着技术的进一步发展和各国政策支持力度的加大，未来更多国家将实现清洁能源的规模化应用；能源存储技术的突破可能显著提升能源系统的调控能力，使得能源供应更加灵活与可控。与此同时，随着全球范围内对绿色经济与低碳发展的持续推动，能源效率的提升和节能技术的普及将继续减缓能源需求的增长速度。

（二）能源结构低碳化

能源结构低碳化的驱动力源于全球对气候变化的共同关注。气候变化不仅对生态系统构成了严重威胁，也对全球经济、社会发展产生了深远影响。为应对这一挑战，许多国家相继签署了《巴黎协定》，承诺采取积极的措施减少温室气体排放。为了实现《巴黎协定》中将全球气温上升控制在2℃以内的目标，低碳化转型已成为各国能源政策的核心。各国政府通过制定减排目标、实施碳定价机制、推广可再生能源等措施，积极推动能源结构低碳化进程。

近年来，清洁能源技术迅速发展，特别是在太阳能、风能、氢能和核能等领域，技术的进步显著降低了这些能源的生产成本，使其在能源市场中具备了更强的竞争力。以太阳能和风能为例，得益于光伏技术和风力发电技术的持续创新，这两种能源形式的成本在过去十年中大幅下降，已成为许多国家能源供应的重要组成部分。同时，储能技术的突破也使得清洁能源在能源系统中的稳定性大幅提高，克服了可再生能源间歇性供应的瓶颈。此外，氢能作为一种零碳排放的能源形式，也逐渐成为低碳能源结构中的重要组成部分。随着绿色氢能技术的发展，氢能在工业、交通和电力领域的应用前景十分广阔，有望成为未来能源结构低碳化的重要支柱。

随着全球人口的增长和经济的发展，能源需求持续上升。然而，与以往不同的是，许多国家在满足能源需求的同时，更多地注重减少碳排放和提高能源利用效率。发达国家通过能源效率的提升和能源结构的优化，逐步减少对化石能源的依赖，转向利用更为清洁的能源。在发展中国家，能源需求的增长虽然迅速，但这些国家也意识到低碳化的重要性，正在积极引入清洁能源技术，以减少碳排放对环境和人类健康的负面影响。

传统上，能源出口国通过控制石油、天然气等化石能源的供应在国际事务中发挥重要作用，而随着全球能源结构的低碳化，许多国家的能源战略重点逐渐转向开发本土的可再生能源和提高能源自主性。通过推动本土能源供应的低碳化，国家间的能源依赖性逐渐降低，能源供应的多样化和自主化有助于增强各国的能源安全。例如，欧洲国家通过大力发展风能和太阳能，减少了对中东石油和俄罗斯天然气的依赖，提升了其在能源供应上的灵活性。这种能源结构的变化也在一定程度上降低了地缘政治风险，使得国际能源市场格局趋于稳定和多极化。

未来，能源结构低碳化的趋势将进一步加速，尤其是在各国政策支持和市场需求的共同推动下，低碳能源将成为全球能源供应的主流。为了实现这一目标，各国需要在政策、技术、资金和国际合作等方面加强协同，具体措施包括：①政策层面需要进一步明确碳中和目标，制定更加严格的减排标准和支持低碳技术的激励措施；②技术创新是实现低碳化的关键，各国应加大对清洁能源技术的研发投入，推动储能技术、氢能技术、智能电网等关键技术的突破；③资金方面，国际社会应通过绿色金融机制和碳市场的建设，为低碳化转型提供稳定的资金支持；④全球范围内的能源合作也至关重要，各国应加强在清洁能源技术、碳市场和能源政策等方面的合作，推动全球能源结构的共同转型。

（三）能源系统智能化

能源系统智能化的核心是通过数字技术与能源基础设施的深度融合，实现能源供给、传输、分配和消费的高效管理，这一趋势的推动力在于各国对于能源安全、经济性以及应对气候变化的需求日益迫切。传统能源系统通常依赖于集中式的化石能源供应模式，且缺乏对能源需求波动的快速响应能力。而智能化能源系统通过传感器、智能电表和先进的通信网络，能够实时监测和分析能源流动，快速调整供需平衡，这不仅提高了能源供应的安全性和可靠性，还有效减少了能源浪费和过度消耗，提升了能源系统的整体效率。

智能电网通过将信息技术与电力系统融合，使电力的生产、传输和消费实现数字化和智能化管理。与传统电网相比，智能电网可以自动检测电力需求的变化，并根据需求变化进行实时调节。例如，智能电网能够通过预测用电高峰时段，提前调配发电资源，防止电力短缺或过载。此外，智能电网还能够集成多种能源形式，包括风能、太阳能、核能和传统化石能源，协调不同能源之间的平衡，优化能源结构，这种多能互补的机制使得能源系统更加灵活和可持续。

随着太阳能、风能等可再生能源在全球能源供应中的比重不断上升，如何有效解决这些能源形式的间歇性和不稳定性问题成为一大挑战。通过智能化的能源管理系统，能源生产和消费的实时数据可以被精确追踪，系统可以根据天气变化、用户需求等因素智能调整供电方案，最大限度地利用可再生能源。例如，风能和太阳能在产能过剩时可以通过智能电网传输到需求较大的区域，而在能量不足时则可以依靠储能系统或者其他能源形式进行补充，这不仅提高了可再生能源的利用率，还大幅降低了能源供需不平衡对系统稳定性的冲击。

人工智能（AI）技术通过对海量能源数据的分析和学习，能够识别出能源需求的规律和趋势，从而优化能源的调度和分配。例如，AI 技术可以根据历史用电数据和气象预报，提前预测某一地区的用电需求峰值，并自动调整发电计划和输电路线，以确保供电的稳定性和经济性。此外，AI 技术还被广泛应用于能源设备的故障预测和维护，通过对设备运行数据的实时监控，AI 技术可以提前发现潜在问题，避免设备故障对能源系统的影响，减少维护成本并延长设备的使用寿命。

物联网技术的应用使得能源系统的智能化管理更加精细化和自动化，通过将各类能源设备、传感器和控制系统连接到统一的网络平台，物联网能够实现设备之间的信息互联与协同工作。例如，在智能家居系统中，物联网技术可以帮助用户根据自身的用电需求，智能调节家电的工作状态，从而实现节能降耗。此外，物联网还能够实现分布式能源系统的高效管理，通过连接各类分布式发电设备，如家庭光伏发电装置和储能设备，实现能源的自我生产、自我消费和智能调度，这种"自给自足"的能源模式减少了对集中式电网的依赖，提升了能源供应的灵活性和抗风险能力。

传统的能源系统中，用户往往是被动的能源消费者，无法掌握能源的实时使用情况。在智能化系统中，用户可以通过智能电表、智能终端设备等工具，实时监测自身的能源使用情况，并根据需求灵活调整能源消费行为，这不仅有助于用户节省能源开支，还促进了能源的高效利用。同时，智能化的用能管理系统还支持用户与电网之间的双向互动，当用户有多余的自发电能时，可以将其反馈到电网中，从而实现"能量共享"和分布式能源的普及。

全球范围内，智能化能源系统的应用推动了能源市场的创新与变革。例如，基于区块链技术的分布式能源交易平台正逐渐兴起，这种平台使得能源生产者和消费者可以直接进行点对点的交易，消除了传统能源市场中的中间环节。通过这种去中心化的能源交易方式，不仅提高了能源市场的透明度和效率，还促进了分布式能源系统的广泛应用。此外，智能化的能源系统还支持动态电价机制，通过实时调整电价，引导用户在用电低谷时段进行能源消费，从而实现电网负荷的平衡和能源资源的优化配置。

未来，随着技术的进一步发展和全球能源需求的增长，能源系统智能化的趋势将不断深化。为此，各国需要在政策、技术和市场方面加强合作，共同推动能源系统的智能化转型，具体措施包括：①政府应加大对智能化能源系统的政策支持，特别是在基础设施建设、技术创新和人才培养方面提供更多的资金和激励措施；②能源企业应积极推动智能化技术的应用和推广，通过技术创新提升能源系统的智能化水平；③国际社会应加强在智能能源系统标准、技术和市场机制等方面的合作，推动全球能源系统的智能化进程。

（四）国际竞争复杂化

能源资源的分布不均决定了不同国家在全球能源竞争中的起点存在显著差异。传统上，石油、天然气和煤炭等化石能源的生产国在全球能源市场中占据主导地位，特别是中东地区的石油输出国和俄罗斯等天然气大国长期以来在能源供应链中占据重要位置。然而，随着全球能源需求多样化和能源转型的推进，依赖单一能源资源的国家面临越来越大的挑战。与此同时，许多新兴经济体和发展中国家，尤其是能源消费大国，如中国、印度等，其对外能源依赖度逐年上升，这促使它们积极寻求多元化的能源进口渠道，提升自身能源安全保障能力，在这一过程中，围绕能源通道、市场份额、能源供应保障的竞争日益加剧，地缘政治因素也进一步复杂化。

随着可再生能源和清洁能源技术的快速发展，全球能源竞争的焦点正逐渐转移到技术创新领域。过去，拥有丰富化石能源储备的国家在国际能源竞争中占据优势，而现在，掌握先进技术的国家开始获得新的话语权。可再生能源领域的技术竞争主要体现在太阳能、风能、储能技术、电动车技术以及氢能等领域。在技术研发和产业化上占据领先地位的国家就能在未来全球能源格局中掌握主动权。例如，近年来，欧洲国家和美国通过大量资金投入，推动绿色能源技术的创新，争取在全球可再生能源市场中抢占先机。而中国则凭借在太阳能电池、风力发电设备制造以及电动车领域的强大产业链优势，迅速崛起成为全球绿色能源产业的领导者。这种技术竞争的加剧，使得全球能源市场不再仅仅是资源竞争的战场，还成为技术实力和创新能力的比拼平台。

随着能源市场的全球化发展，能源定价、能源交易和跨国能源基础设施的建设逐渐受到国际组织和多边协议的约束。世界贸易组织、国际能源署等组织在推动全球能源市场规范化和透明化方面发挥了重要作用。然而，随着全球政治经济形势的变化，尤其是部分国家奉行的单边主义和保护主义政策，国际能源市场的规则制定和实施面临诸多挑战。例如，美国通过"页岩气革命"提升了国内能源自主供应能力，并通过能源出口政策对全球市场产生了深远影响。与此同时，美国对部分能源出口国实施制裁，试图利用能源作为外交工具，这种单边政策增加了全球能源供应链的不确定性，打破了以往较为稳定的国际能源贸易规则，导致全球能源竞争变得更加复杂。

气候变化议题的全球性影响使得能源领域的国际竞争更加复杂化。各国在能源转型和应对气候变化的过程中，面临不同的国内政治、经济和社会压力，这使得全球应对气候变化的步调不一致。发达国家和发展中国家在减排责任分配、资金援助以及技术转让等问题上存在分歧，进一步加剧了国际能源竞争的复杂性。发达国家，特别是欧洲和北美国家，近年来通过推动碳中和目标、减少化石燃料使用，逐步退出传统能源市场，并加大对清洁能源技术的投资。而许多发展中国家则仍依赖化石能源的出口创汇和国内经济增长，这使得其在能源转型过程中面临更加艰难的选择。一方面，这些国家需要在国际气候治理框架下履行减排承诺；另一方面，又必须确保能源供应的稳定和经济的持续增长。这种矛盾促使发展中国家在国际能源竞争中处于更加复杂的地位。

（五）能源格局多极化

能源格局多极化的首要驱动力是可再生能源技术的快速发展与广泛应用。在过去，太阳能、风能、水电和生物能等可再生能源领域取得了显著的技术进步，这使得许多国家摆脱了对单一能源供应的依赖，成为能源生产和出口的多极力量。例如，欧洲和北美通过大力发展风能和太阳能，逐渐在全球可再生能源领域占据主导地位。同时，发展中国家也积极推进清洁能源项目，特别是中国在太阳能电池板制造和风力发电机等技术上的领先地位，使其成为全球清洁能源领域的主要参与者之一，这种以技术创新为基础的能源生产多极化，正在重塑全球能源供应链，并推动能源格局从传统的化石燃料主导转向多元化能源供应体系。

在全球化和工业化的背景下，新兴经济体的能源需求持续上升，与发达国家形成了不同的能源需求结构。新兴市场国家，特别是印度、巴西等，能源需求的增长主要集中在电力消费和工业生产上，这使得这些国家成为全球能源消费的新兴力量，这种需求多样化不仅促使能源供应结构趋于复杂，也推动了全球能源市场格局的多极化发展。

传统上，能源资源集中分布于中东、俄罗斯等少数地区，而近年来，随着页岩油气革命、深海石油勘探技术的进步以及可再生能源资源的广泛开发，能源资源的分布变得更加分散。美国凭借页岩气技术成为全球天然气供应的主要力量之一，甚至从能源进口国转变为出口国。与此同时，澳大利亚、加拿大、巴西等国凭借丰富的天然气和矿产资源，逐渐在国际能源市场中崭露头角，这种能源资源供应的分散化，使得全球能源市场中的力量格局变得更加多元化，不再由少数能源出口国所垄断。

过去，能源出口国通过控制能源供应影响国际政治，而随着能源生产和消费的多极化，能源的战略性作用正逐渐发生转变。以中东为例，尽管其仍是全球石油市场的重要力量，但其在全球能源格局中的主导地位正被削弱。各国通过发展本土能源生产能力，以及多元化其能源进口来源，降低了对单一地区能源供应的依赖。例如，欧洲国家为了摆脱对俄罗斯天然气的依赖，积极拓展从美国、卡塔尔等地进口液化天然气的渠道，提升了自身能源供应的多样性和灵活性。地缘政治对能源市场的影响逐渐从能源供应的单极主导，向多极化和多边合作转型，形成了新的国际能源博弈格局。

在全球能源市场中，能源不仅是生产和消费的商品，还成为金融投资的重要对象。能源期货、期权等金融工具的发展，使得能源价格的波动更加复杂多变，不仅受到供需关系的影响，还受到全球金融市场波动和投机行为的推动。此外，跨国能源公司、国际能源组织在全球能源市场中的作用日益突出，它们通过资本运作、技术合作和市场扩张，推动了全球能源产业的融合和多极化发展，这种能源市场金融化的趋势，促使能源生产、贸易和消费的地理分布进一步多样化。

未来，能源格局多极化的趋势将进一步加剧。随着全球范围内对清洁能源的需求持续上升，各国在能源领域的投资和政策支持力度也将不断加强。特别是技术进步和政策推动将使更多国家具备独立的能源生产和出口能力，提升其在全球能源市场中的话语权。同时，随着气候变化的影响不断加剧，全球能源市场的格局将更加强调低碳、绿色发展，传统化石能源在全球能源供应中的主导地位将进一步削弱，取而代之的是更加多元和分散的能源供应结构。

二、国内能源发展趋势

（一）能源供需形态深刻变化

随着我国经济发展进入高质量发展的新阶段，传统的高能耗、高排放的经济增长模式逐渐被低碳、可持续的发展方式所取代，在这一过程中，服务业和高技术产业的比重不断上升，而这些行业对能源的需求呈现出不同于传统制造业的特点。例如，现代服务业的兴起对电力、热力等能源形式的需求增加，而对煤炭等传统能源的依赖逐渐减弱。这一结构性的变化使得能源需求的增长点发生了转移，推动着能源消费的多元化和清洁化。加快新能源体系建设规划，加强能源产销一体化体系建设，正在我国能源发展进程中阔步前行，实施成效未来可期。[①]

国家针对可再生能源的支持政策、节能减排的法律法规以及碳中和目标的提出，均促进了能源供需形态的深刻变革。政府加大了对风能、太阳能等清洁能源的投资力度，不仅促进了可再生能源的快速发展，还在一定程度上改变了能源市场的供给格局。同时，传统能源行业在政策引导下也开始转型升级，探索更为环保、可持续的发展路径。

随着智能电网、储能技术、人工智能等新兴技术的迅速发展，能源生产和消费的方式发生了根本性的改变。智能电网技术的推广，使得能源的供给与需求能够更加精准地对接，提高了能源的利用效率。此外，储能技术的发展使得可再生能源的间歇性问题得到有效解决，进一步提高了清洁能源的可利用性，这些技术进步不仅优化了能源的生产与消费流程，还在一定程度上推动了分布式能源的发展，使得用户能够更灵活地参与到能源市场中来，促进了供需关系的变化。

全球气候变化问题的日益严峻，使得各国在能源政策上开始更加重视可再生能源的开发与利用。同时，国际能源市场的不稳定性以及地缘政治的影响，使得我国在能源供应的多元化和安全性方面面临新的挑战。为此，我国不断加强与其他国家的能源合作，通过"引进来"和"走出去"相结合的方式，提升能源供

① 祁卫玺，窦明. 新能源产业发展探析［J］. 中国金属通报，2024（6）：1.

应的稳定性与灵活性，这种国际合作不仅为我国能源的多元化供应提供了保障，还为国内能源市场的灵活调整创造了条件。

随着技术的不断进步、政策的不断完善和市场机制的不断创新，我国的能源供需形态将继续发生深刻变化，这一变化不仅会推动经济的高质量发展，还将为全球能源治理贡献中国智慧与中国方案。通过加快转型升级，构建清洁、低碳的能源体系，我国将在应对气候变化、保护生态环境和促进可持续发展方面发挥更加重要的作用。

（二）能源消费增速明显回落

我国政府历来重视能源行业的发展，因为它和我国经济发展是紧密结合的，可以说，我国这么多年经济增长大部分是通过能源资源带动，处在经济发展的重要位置。[①] 随着我国进入经济发展的新阶段，经济结构由过去的高速增长向高质量发展转变。传统的粗放型经济增长方式已难以为继，工业化进程逐步放缓，尤其是重工业和制造业的用能需求不再呈现过去那种快速上升的态势。同时，随着服务业和高新技术产业的兴起，能源需求的结构性变化越发明显。相比于传统工业，现代服务业和科技产业的能源依赖程度较低，这也促使了整体能源消费增速的下降。

我国积极推动以清洁能源替代传统化石能源，能源结构中的煤炭比例持续下降，而天然气、风能、太阳能等清洁能源的比例逐步上升，这种能源结构的优化不仅提高了能源利用效率，还有效降低了高耗能产业的能源需求。此外，能源技术的进步也是能源消费增速放缓的一个关键因素。近年来，随着智能电网、储能技术、节能技术的广泛应用，我国能源体系逐渐向更加智能化、高效化的方向发展，能源的利用效率得到显著提升，进一步降低了能源消费增速。

在能源消费结构的变化中，城市化进程的转变发挥了重要作用。过去，城镇化带来的基础设施建设需求是推动能源消费增长的主要动力。然而，随着我国城镇化进程逐渐从"外延扩张"向"内涵提升"转变，基础设施建设趋于成熟，

---

① 费俊俊. 我国能源资源发展特征的研究 [J]. 中外企业家, 2017 (22): 186.

新兴城镇对能源的需求不再是单纯的高能耗项目，而更多集中于节能环保、绿色发展的方向。同时，居民生活水平的提高也促进了对清洁能源的需求，如电动汽车、节能家电的普及都为能源消费增速的放缓做出了贡献。

尽管能源消费增速有所回落，但能源供需矛盾和结构性问题仍然存在。一方面，清洁能源在能源结构中的比重虽然逐步提高，但能源供应体系的稳定性和安全性仍然依赖于传统化石能源的保障；另一方面，部分地区和行业的能源消费依然存在过度依赖煤炭等高碳能源的情况，能源消费结构的不平衡依然突出。此外，能源资源分布不均的问题也使得我国在保障能源供应的同时，需要依靠跨区域调配和国际市场的支持。因此，在能源消费增速放缓的同时，我国仍需进一步加大能源结构调整和技术创新力度，以应对未来能源需求和环境保护的双重挑战。

未来，国内能源发展的趋势将呈现更加多元化、智能化的特征。随着绿色低碳发展理念的深入落实，清洁能源和可再生能源的开发利用将进一步加速，传统高耗能行业的能效提升也将继续得到强化。此外，智能化能源系统的建设也将成为未来能源发展的重要方向，通过智能电网、物联网和大数据等新兴技术，能源的供给、传输和消费将实现更高效地匹配，能源利用效率将得到进一步提升。

（三）能源结构双重更替加快

我国经济在快速发展过程中，曾大量依赖煤炭等化石能源，然而，随着环保意识的提升以及气候变化的压力，政策引导与市场需求等因素，导致传统化石能源正在被逐步替代。煤炭在我国能源消费结构中的比重逐年降低，天然气、核能及可再生能源等清洁能源的比重逐步上升。例如，天然气作为一种相对清洁的能源，其使用量近年来迅速增长，已成为缓解煤炭消费压力的重要替代品。

新能源的发展为我国能源结构的双重更替注入了新的活力。以风能、太阳能为代表的可再生能源产业迅速崛起，已成为我国能源结构优化的重要组成部分。在光伏和风电领域，我国已成为全球最大的市场和生产基地，其技术水平与市场规模不断提升，为实现绿色低碳转型奠定了坚实基础。

随着智能电网、储能技术及分布式发电等新兴技术的应用，能源的生产、传输和消费方式发生了深刻变化，这些技术的广泛应用提高了能源使用效率，促进了可再生能源的消纳能力，使得新能源的规模化发展成为可能。同时，智能化的能源管理系统也使得能效的提升变得更加高效与精准，进而推动了能源结构的进一步优化。

近年来，我国政府在能源政策层面不断加大对清洁能源的支持力度，通过制定绿色信贷、补贴政策及税收优惠等措施，激励企业与消费者转向低碳、清洁的能源使用。此外，国家提出的碳达峰碳中和目标进一步明确了未来能源发展的方向，推动了能源行业的深层次改革与创新。各地区、各行业也纷纷响应这一目标，积极制订本地的能源转型方案，从而形成了自上而下的政策合力，助力能源结构的双重更替。

在国际形势变化的背景下，我国的能源结构也面临着新的挑战与机遇。全球能源市场的波动、气候变化的影响以及国际环境政策的逐渐收紧，使得我国必须加快能源转型的步伐，以应对复杂多变的外部环境。同时，我国在国际能源合作方面的积极参与，不仅可以促进能源资源的互通有无，也为国内能源结构的多元化发展提供了新的机遇。通过国际合作，我国可以更好地引入先进的能源技术和管理经验，进一步提升自身的能源安全保障能力。

未来，国内能源发展将持续向清洁、低碳、高效的方向迈进，能源结构的双重更替将成为推动经济高质量发展的重要动力。通过进一步加强科技创新与产业升级，我国有望在实现经济发展与生态保护的双重目标中，构建起更为合理和可持续的能源发展体系。同时，全球范围内的能源转型与合作也将为我国提供新的发展机遇，推动我国在全球能源治理中发挥更为积极的作用。

（四）能源发展动力加快转换

过去，我国经济的快速增长在很大程度上依赖于煤炭、石油等传统化石能源，导致了环境污染和资源枯竭等问题的加剧。然而，随着经济发展进入新常态，资源环境承载能力的限制越发显现。政府认识到，单纯依赖传统能源的模式已不可持续，因此，推动能源消费结构的转型与优化成为必然选择。这种转型的动力，来自对生态文明建设的重视以及对可持续发展的渴求。

近年来，风能、太阳能等可再生能源的发展速度显著加快，已逐渐成为我国能源结构的重要组成部分。随着技术的不断进步，清洁能源的发电成本逐年下降，竞争力逐渐增强，进一步加快了清洁能源的普及和应用。

我国政府在推动能源转型过程中，通过制定一系列政策措施，引导市场资源的优化配置。例如，国家提出的碳达峰碳中和目标，为能源发展设定了新的指引，促使各级政府和企业加大对清洁能源和低碳技术的投资。此外，财政补贴、绿色信贷等政策措施的实施，激励了社会资本进入可再生能源领域，形成了良好的市场环境。通过政策的引导，能源结构的优化和技术的创新不断得到推动，为能源转型提供了强有力的支持。

随着科技的不断进步，特别是智能化、数字化技术的应用，能源的生产、传输与消费方式正在发生深刻变革。智能电网、储能技术、氢能等新兴技术的崛起，使得清洁能源的利用效率大幅提升，同时也拓宽了能源消费的方式。例如，储能技术的进步解决了可再生能源发电的间歇性和波动性问题，使得清洁能源能够更加稳定地融入电网，为实现能源的灵活调度提供了可能。这种技术的创新与应用，是推动能源发展动力转换的核心力量。

随着居民生活水平的提高和环保意识的增强，公众对清洁能源的需求逐渐上升。电动汽车、绿色建筑、分布式发电等新兴市场的快速崛起，为清洁能源的发展提供了广阔的市场空间。此外，企业在生产过程中也越来越重视绿色低碳转型，积极寻找更为环保的生产方式，推动了整个产业链的变革。这一切都使得清洁能源的消费需求不断上升，从而加速了能源发展的动力转换。

未来，能源发展动力的转换将继续深化，推动我国经济的高质量发展。随着技术的不断创新与政策的持续优化，清洁能源将在全国能源结构中占据越来越重要的位置。同时，国际能源合作的加强也为我国能源发展注入了新活力。在全球范围内，我国将积极参与国际能源治理，推动形成绿色低碳的全球能源体系，以实现互利共赢的发展目标。

（五）能源国际合作迈向更高水平

全球气候变化的紧迫性和可持续发展目标的推进，促使各国在能源领域加强合作。面对气候变化的挑战，国际社会对减排和绿色发展的共识日益增强。作为全球最大的能源消费国和碳排放国，中国深知自身在应对气候变化中的责任与义务。通过积极参与全球气候治理，推动国际能源合作，中国不仅能获取更多的绿色技术和投资，也能够向世界展示其在气候行动中的领导力。

能源国际合作的深化，有助于提高能源安全和供应的稳定性。随着全球能源市场的不确定性增加，特别是在地缘政治紧张局势加剧的情况下，各国对能源供应安全的重视程度不断提升。中国通过与主要能源生产国的合作，不断拓展能源供应来源，确保能源供应的多元化与安全性。

在技术合作方面，中国通过国际合作，引进并吸收先进的能源技术，促进国内能源结构的优化升级。随着可再生能源技术的迅速发展，中国在太阳能、风能等领域取得了显著的技术突破。通过与国际科研机构、企业的合作，中国能够借鉴国际经验，加快自身的技术创新与应用。例如，中国与德国在光伏技术方面的合作，不仅促进了两国在技术领域的交流，也推动了光伏产业的共同发展。此外，智能电网、储能技术等领域的国际合作，也为提升我国能源管理和利用效率提供了有力支持。

在全球能源转型的浪潮中，绿色金融和投资成为新的发展趋势。通过参与国际能源合作，中国不仅能够实现资源的优化配置，还能够促进资本的有效流动。随着绿色投资理念的深入人心，许多国际投资机构将目光投向中国的可再生能源项目，双方在技术、资金、市场等领域的合作将会不断深化，这种合作不仅有助于提高中国在全球能源市场中的竞争力，还能够推动绿色发展的国际合作，助力全球能源转型。

然而，在迈向更高水平的能源国际合作过程中，中国仍需面对一些挑战，具体如下：

第一，国际合作的复杂性与不确定性增加，各国在能源合作中的利益诉求可能存在差异，在这样的背景下，如何平衡各方利益、促进合作共赢，将是一个重要课题。此外，全球能源市场的不稳定性和变化性也可能对国际合作产生影响。如何增强合作的韧性、提升应对突发事件的能力，是实现可持续合作的关键。

第二，技术壁垒与知识产权保护问题也可能在国际合作中产生阻碍。面对国际竞争的加剧，如何在合作中保护自身的技术利益，同时又能实现知识的共享与技术的共同发展，将是推动国际合作的关键所在。建立健全的知识产权保护机制，加强技术交流与合作，将有助于提升国际合作的效率和成果。

第三，文化与体制差异也是国际合作中的一大挑战。在多元文化交融的背景下，如何克服语言、文化、价值观等方面的障碍，促进理解与信任，将是实现高水平合作的重要基础。因此，在推动国际合作的过程中，需要建立开放包容的合作机制，尊重各国的文化和发展模式，以实现共同发展和可持续繁荣。

随着全球能源市场的变化与技术的进步，中国的能源国际合作将迎来更广阔的发展空间。通过加强与其他国家的合作，特别是在可再生能源、智能电网、能源效率等领域的合作，中国不仅能够推动自身的能源转型与发展，还能在全球能源治理中发挥更为积极的作用。通过积极参与国际合作，中国将在全球能源格局中占据更加重要的位置，为推动全球能源转型与可持续发展贡献力量。

三、能源资源的预测

（一）能源需求预测

随着世界各国经济的不断发展，尤其是新兴经济体的崛起，能源需求呈现出显著上升的趋势。例如，中国和印度等国在快速工业化和城市化进程中，能源需求的增长速度远超全球平均水平，这种趋势将引发全球能源消费结构的变化，推动对清洁能源的需求增长，以满足环保和可持续发展的要求。

1. 技术进步

近年来，随着可再生能源技术的快速发展，太阳能、风能等清洁能源的成本逐渐降低，逐步取代传统化石能源，改变了全球能源市场的格局。电动汽车、智能家居、能源管理系统等新技术的普及，进一步推动了能源需求的转型，在此背景下，对未来的能源需求预测应充分考虑技术进步对能源消费模式和结构的影响。

2. 政策法规的变化

全球范围内，各国政府纷纷出台相关政策以应对气候变化和促进可再生能源的发展。国际协议的达成，如《巴黎协定》，促使各国在能源生产和消费方面进行深度改革，这些政策不仅影响短期的能源需求，更会对长期的能源消费趋势产生深远影响。因此，在进行能源需求预测时，必须将政策环境纳入考量，以准确把握未来的能源需求变化。

3. 气候变化带来的不确定性

极端天气事件的频发、气候变化对自然资源的影响，可能导致能源供应的波动，从而影响需求的稳定性，在这种情况下，建立灵活的预测模型，以应对潜在风险，显得尤为重要。通过引入情境分析、系统动力学等方法，可以提高对未来能源需求的不确定性应对能力，增强预测的可靠性。

4. 能源的可持续性

随着环保意识的提升，社会各界对能源生产和消费的环境影响提出了更高要求。因此，在进行需求预测时，需要综合考虑经济、社会和环境三方面的因素，推动绿色低碳发展。通过构建可持续的能源系统，实现资源的高效利用，是应对未来能源挑战的必由之路。

（二）能源结构预测

传统化石能源（如煤炭、石油和天然气）曾在过去几十年内占据主导地位，但近年来可再生能源的快速崛起正在改变这一格局，尤其是太阳能和风能的使用将呈现爆发式增长，这一趋势反映了各国在应对气候变化和实现低碳经济方面的共同努力，表明全球正在朝着更加绿色、低碳的能源结构迈进。

近年来，能源技术的快速发展，尤其是在可再生能源领域，极大地提升了能源生产的效率与经济性。太阳能光伏技术的不断创新、风力发电机的效率提高，以及储能技术的进步，使得可再生能源的成本不断降低，逐步进入市场主流。此外，智能电网和分布式能源系统的推广应用，进一步增强了能源系统的灵活性和可靠性，促进了分布式发电和能源共享的实现。因此，进行能源结构预测时，应充分考虑技术进步对各类能源生产和消费的影响。

各国政府在应对气候变化和促进可再生能源发展的过程中，纷纷出台了一系列支持性政策和激励措施。国际协议的达成，如《巴黎协定》，推动各国制定减排目标，增强可再生能源的投资吸引力，这些政策的实施不仅促进了可再生能源的快速增长，还对传统化石能源的开发产生了抑制作用。因此，在能源结构预测中，政策环境的变化必须作为重要考量因素，全面评估其对未来能源结构的影响。

不同国家和地区的资源禀赋、经济发展水平和技术能力各异，使其能源结构存在显著差异。例如，沙特阿拉伯凭借丰富的石油资源，仍将传统化石能源作为主要能源来源，而北欧国家如丹麦和瑞典则在可再生能源方面处于领先地位，积极推动风能和水能的发展。因此，在进行全球能源结构预测时，必须充分考虑各地区在资源利用、政策导向及市场需求等方面的差异，以便制定具有针对性的能源发展战略。

气候变化不仅影响能源生产和消费模式，还可能导致极端天气事件的频发，从而影响能源供应的稳定性。因此，评估不同能源结构对气候变化的适应性和应对能力，已成为预测过程中的重要组成部分。通过引入情境分析和风险评估方法，可以更有效地识别潜在风险，制定出具有韧性的能源结构应对策略。

在未来的能源展望中，构建以可再生能源为主导的多元化能源结构，促进能源的高效利用，将是各国共同的目标。随着技术的进步和政策的引导，未来能源结构将呈现出清洁化、低碳化和智能化的趋势。各国需要通过加强国际合作、共享信息和技术，推动能源结构的优化与转型，促进全球能源的可持续发展。

（三） 能源安全预测

能源安全是国家安全的重要组成部分。制定中国新时代的能源安全战略要有新的思路，概括起来，就是用总体国家安全观解决好能源安全问题，用战略思维处理国际能源关系，用系统思维处理新能源与传统能源的关系，用底线思维考虑能源安全战略措施。

按照总体国家安全观的要求，能源安全战略应处理好近期安全与远期安全、数量安全与质量安全、全局安全与局部安全、总量安全与品种安全、绝对安全与相对安全、传统安全与非传统安全、国家安全与全球安全等多种关系。我国当前能源安全状况是：能源供应总量安全，但不同能源品种出现区域性、结构性的供需失衡。天然气需求快速增加，季节性供需矛盾突出。煤炭市场供需偏紧，局部地区出现供应短缺。原油对外依存度有所上升，但对中东地区的依赖逐渐减弱。电力消费增速趋稳回升，但煤电产能过剩问题依然严峻，新能源发电依然存在着利用不充分的问题。相比于其他主要能源消费国，我国的能源安全总体状况相对较差，能源安全指数仅高于印度。其主要原因是能源自给率逐年下降，能源供应仍然以煤炭为主，生态环境恶化严重。能源储备不足，能源价格缺乏国际话语权，短期内应对风险的能力相对不足。环境、效率、政府管理和国际化水平的安全状态也处于较低的等级。

传统上，能源安全主要关注能源的稳定供应和价格波动，确保在国际市场变化和地缘政治冲突的背景下，国家能够获得足够的能源。然而，随着可再生能源的快速发展和气候变化问题的日益严重，能源安全的内涵逐渐扩展，涵盖了能源的可持续性、环保性及其对社会和经济的综合影响。因此，能源安全预测需要从多维度进行综合分析，不仅要关注能源供应的可靠性，还需考虑能源生产和消费的环境影响。

随着全球气候变化的加剧，各国面临着日益严峻的环境挑战，传统的能源生产和消费模式受到广泛批评。为了应对气候变化，各国纷纷承诺实现碳中和目标，推动可再生能源的开发与利用，这一转型虽然有助于提升能源的可持续性，但短期内可能导致能源供应的不稳定，尤其是在过渡期。因此，能源安全预测需要评估不同能源转型路径对能源供应安全的潜在影响，以确保在向低碳经济转型的过程中不损害国家的能源安全。

近年来，数字化、人工智能和大数据等新技术的应用为能源管理和生产提供了新的解决方案。这些技术可以提高能源生产的效率，降低能源消费的成本，增强能源系统的灵活性和适应性。例如，智能电网的建设可以实现对能源需求的实时监测与调控，从而提高能源系统的稳定性。此外，区块链技术的引入也为能源交易的透明性和安全性提供了保障。因此，在进行能源安全预测时，必须关注技术进步如何影响能源生产、消费与管理，以增强系统的抗风险能力。

能源安全的预测需考虑社会因素的影响，公众对能源生产和消费的态度、对环境保护的关注，以及对政策的支持程度，均可能影响能源安全的实现。例如，民众对可再生能源项目的支持程度直接关系相关项目的实施进度和效益。因此，各国在制定能源政策时，需加强与公众的沟通与互动，提高政策的透明度和公众的参与度，以增强社会对能源安全的认同与支持。

（四）能源生产预测

1. 政策和市场环境的变化

随着全球范围内各国政府对可再生能源的支持政策不断增加，绿色低碳技术的发展正在受到重视。国际气候协议的签署，推动了各国在能源生产领域的改革，以减少温室气体排放。与此同时，碳市场的建立和碳定价机制的推广，使得低碳能源的生产成本逐渐降低，进一步刺激了可再生能源的投资。因此，在进行能源生产预测时，需要将政策和市场环境纳入考虑，以便更全面地评估未来的生产潜力和变化趋势。

2. 能源生产的区域差异性

不同国家和地区的资源禀赋、技术水平和市场需求差异，使其能源生产能力存在显著不同。例如，中东地区丰富的石油和天然气资源使其在传统化石能源生产中占据优势，而北欧国家凭借丰富的水力和风能资源，在可再生能源领域则表现突出。因此，在进行全球能源生产预测时，需关注各地区在能源生产方面的特点，以便制定相应的策略，提升全球能源生产的整体效益。

3. 气候变化

极端天气事件频发可能会影响能源生产的稳定性和安全性，特别是在依赖气候条件的可再生能源领域。因此，在进行能源生产预测时，必须考虑气候变化带来的不确定性，建立健全的应对机制，以降低气候变化对能源生产的潜在风险。引入情境分析和风险评估，可以提高预测的科学性和准确性，为决策提供有力支持。

第三章　能源技术的高质量发展重点

第一节　能源技术的发展动态及趋势

一、世界能源技术发展动态

新能源技术将成为一种影响世界格局与人类社会发展的新基础，努力研制新能源技术及丰富其表现形式，对我国实现民族复兴也具有重要意义。[1] 当前，新一轮能源技术革命正在孕育兴起，新的能源科技成果不断涌现，正在并将持续改变世界能源格局。非常规油气勘探开发技术在北美率先取得突破，页岩气和致密油成为油气储量及产量新增长点，海洋油气勘探开发作业水深纪录不断取得突破；主要国家均开展了 700℃ 超超临界燃煤发电技术研发工作，整体煤气化联合循环技术、碳捕捉与封存技术、增压富氧燃烧等技术快速发展。燃气轮机的效率进一步提高，以氢为燃料的燃气轮机正在快速发展；三代核电技术逐渐成为新建机组主流技术，四代核电技术、小型模块式反应堆、先进核燃料及循环技术研发不断取得突破；风电技术发展将深海、高空风能开发提上日程，太阳能电池组件效率不断提高，光热发电技术开始规模化示范，生物质能利用技术多元化发展；电网技术与信息技术融合不断深化，电气设备新材料技术得到广泛应用，部分储能技术已实现商业化应用。可再生能源正逐步成为新增电力重要来源，电网结构和运行模式都将发生重大变化。

近年来，主要能源大国均出台了一系列法律法规和政策措施，采取行动加快能源科技创新。美国发布了《全面能源战略》等战略计划，将"科学与能源"确立为第一战略主题，提出形成从基础研究到最终市场解决方案的完整能源科技创新链条，强调加快发展低碳技术，已陆续出台了提高能效、发展太阳能、四代

---

[1]　王润兰. 新能源技术的发展及应用探讨［J］. 中国设备工程，2022（2）：264.

和小型模块化核能等清洁电力等新计划；日本陆续出台了《面向 2030 年能源环境创新战略》等战略计划，提出了能源保障、环境、经济效益和安全并举的方针，继续支持发展核能，推进节能和可再生能源，发展新储能技术，发展整体煤气化联合循环（IGCC）、整体煤气化燃料电池循环等先进煤炭利用技术；欧盟制定了《2050 能源技术路线图》等战略计划，突出可再生能源在能源供应中的主体地位，提出了智能电网、碳捕集与封存、核聚变以及能源效率等方向的发展思路，启动了欧洲核聚变联合研究计划。

综观全球能源技术发展动态和主要能源大国推动能源科技创新的举措，可以得到这样的结论：①能源技术创新进入高度活跃期，新兴能源技术正以前所未有的速度加快迭代，对世界能源格局和经济发展将产生重大而深远的影响；②绿色低碳是能源技术创新的主要方向，集中在传统化石能源清洁高效利用、新能源大规模开发利用、核能安全利用、能源互联网、大规模储能和先进能源装备以及关键材料等重点领域；③世界主要国家均把能源技术视为新一轮科技革命和产业革命的突破口，制定各种政策措施抢占发展制高点，增强国际竞争力和保持领先地位。

二、我国能源技术发展趋势

随着我国经济的快速发展和人民生活水平的不断提高，我国年人均能源消费量将逐年增加，人均常规能源资源相对不足，是中国经济、社会可持续发展的一个限制因素。[①] 近年来，我国能源科技创新能力和技术装备自主化水平显著提升，建设了一批具有国际先进水平的重大能源技术示范工程。

第一，初步掌握了页岩气、致密油等勘探开发关键装备技术，煤层气实现规模化勘探开发，3000m 深水半潜式钻井船等装备实现自主化，复杂地形和难采地区油气勘探开发部分技术达到国际先进水平，千万吨炼油技术达到国际先进水平，大型天然气液化、长输管道电驱压缩机组等成套设备实现自主化。

第二，煤矿绿色安全开采技术水平进一步提升，大型煤炭气化、液化、热解

---

① 唐红义. 我国能源技术的发展趋势 [J]. 科技资讯，2007（9）：115.

等煤炭深加工技术已实现产业化，低阶煤分级分质利用正在进行工业化示范。

第三，超临界火电技术广泛应用，投运机组数量位居世界首位，大型 IGCC、CO_2 封存工程示范和 700℃ 超超临界燃煤发电技术攻关顺利推进，大型水电、1000kV 特高压交流和 ±800kV 特高压直流技术及成套设备达到世界领先水平，智能电网和多种储能技术快速发展。

第四，基本掌握了 AP1000 核岛设计技术和关键设备材料制造技术，采用"华龙一号"自主三代技术的首堆示范项目开工建设，首座高温气冷堆技术商业化核电站示范工程建设进展顺利，核级数字化仪控系统实现自主化。

第五，陆上风电技术达到世界先进水平，海上风电技术攻关及示范有序推进，光伏发电实现规模化发展，光热发电技术示范进展顺利，纤维素乙醇关键技术取得重要突破。

第二节　能源技术发展的战略需求

我国能源技术革命应坚持以国家战略需求为导向，一方面为解决资源保障、结构调整、污染排放、利用效率、应急调峰能力等重大问题提供技术手段和解决方案，另一方面为实现经济社会发展、应对气候变化、环境质量等多重国家目标提供技术支撑和持续动力。

一、围绕环境质量改善目标提供清洁能源技术支撑

清洁能源技术的核心在于减少传统能源使用过程中对环境的负面影响，尤其是污染物排放。通过对能源生产过程的技术革新，减少废气、废水及固体废弃物的排放，能够有效降低大气污染、水污染及土壤污染的负荷。此外，通过提高能源效率和优化能量转换过程，可以在能源使用的各个环节中实现能效最大化，减少不必要的资源浪费。

清洁能源技术体系的构建应当强调多元化与综合性。单一的能源结构难以完全满足可持续发展的需求，因此通过发展风能、太阳能、生物质能等多种清洁能

源技术，能够实现能源供给的多元化。同时，清洁能源技术的应用还需要兼顾能源伴生资源的综合利用，通过将副产物或废弃物进行再处理，形成资源循环利用的模式，进一步减少能源开发和利用对环境的压力。

在清洁能源技术支撑环境质量改善目标的进程中，应注重技术创新与产业化的协同推进。科技研发在能源清洁化和高效化方面发挥着重要作用，而这些技术成果的产业化应用则决定了其能否真正为环境质量改善提供有效支撑。因此，推动能源清洁技术的产业转化，加快技术的规模化应用，不仅能为绿色发展提供动力，还能带动清洁能源产业链的完善和发展。

环境质量改善目标的实现需要依赖一个清洁、循环的能源技术体系，这不仅要求在生产端优化技术，更需要在消费端倡导节能减排和清洁能源的广泛使用。通过政府、企业与社会的共同努力，推动清洁能源技术的推广与普及，使其成为经济社会发展的基础性支撑，可以有效提升环境承载力，助力实现生态环境质量的持续改善。

二、围绕能源效率提升目标提供智慧能源技术支撑

通过技术创新，能够对现有用能设备进行智能化改造，实现能源的高效转换与利用。提高设备运行的稳定性和能源转化效率，能够在源头上减少能源浪费，同时降低运行成本，增强系统的经济性。此外，通过智慧能源技术对能源系统的实时监控与优化管理，可以实现对能耗的动态调整，最大限度地减少不必要的能源损耗。

智慧能源技术的应用不仅限于设备层面的改进，更体现在能源系统的整体优化上。通过智慧能源技术与信息技术的深度融合，能够实现对能源系统的全方位监测与分析，优化能源的供需匹配。尤其是在储能调峰技术中，智慧能源技术的引入能够增强系统的灵活性，提高能源存储与调配的效率。通过合理配置储能设备，实现对电力负荷的精准调节，确保能源的高效利用和供应的稳定性。

智慧能源技术的发展体现在其对分布式能源系统和智能电网的支持上。通过智慧能源技术，分布式能源可以实现高效的互联互通，打破传统集中式能源供应模式的局限，推动能源的本地化生产与就近消纳。智能电网技术则通过信息与通

信技术的应用，实现电力的双向流动与智能化调控，确保电网运行的安全性与可靠性，同时提升电力传输和分配的效率，推动电力系统的现代化转型。

在能源效率提升的过程中，智慧能源技术的支持还体现在对工业、建筑、交通等领域的节能优化上。通过智能化管理平台，能够实现对各行业能源消耗的精准监控和优化调度，从而推动能源的集约化使用。特别是在能源互联网的框架下，不同能源形式的互联互通与协同优化，能够实现多种能源资源的最优配置，提高整体能源利用效率，为能源系统的长远发展奠定坚实基础。

三、围绕能源技术发展目标提供关键材料装备支撑

先进材料是能源技术突破的基础，特种金属功能材料和高性能结构材料在能源生产、传输和储存过程中发挥着至关重要的作用。它们不仅能够承受极端环境下的高温、高压与腐蚀，还能提高能源设备的运行效率和寿命，从而保障能源技术的可持续发展。此外，特种无机非金属材料、先进复合材料及高温超导材料的研发与应用能够进一步提升能源转换与传输的效率，助力能源领域的创新突破。

随着能源开发的深入，非常规油气开采装备、海上能源开发平台等高端装备在能源资源获取过程中具有重要战略意义，这些装备能够在复杂环境下进行高效、稳定的能源开发，为能源供给提供保障。在能源运输与储存环节，大型原油和液化天然气船舶等装备的研发，确保了能源资源的高效流通，推动了全球能源市场的互联互通。

核岛关键设备、燃气轮机、大功率电力电子器件等核心装备在新能源和清洁能源的应用中也发挥了不可替代的作用。特别是在核能和天然气发电等领域，这些关键设备的稳定性和高效性直接影响能源利用的安全性与经济性。同样地，智能电网用输变电设备及用户端设备的创新升级，不仅提升了电力输送的可靠性，还推动了能源系统智能化管理的实现，助力能源结构的优化与转型。

在能源系统的运行和维护中，大型空分设备、大型压缩机及特种用途的泵、阀等关键装备为能源的高效转化与储存提供了坚实的基础。通过这些装备的高效运行，能源开发和利用的各个环节可以实现高度协调与优化，确保能源系统的整体效率与稳定性。与此同时，能源装备的智能化升级与信息化管理，为能源系统

的优化调控与安全运行提供了有力保障，推动能源系统的全面升级与现代化发展。

第三节　能源技术革命的核心使命

能源技术革命是助推能源消费、供给、体制革命和加强国际合作的基础，是实现清洁低碳、安全高效可持续的现代能源体系的支撑，是建设创新型国家的重要内容。[①]

一、煤炭无害化开采技术创新

（一）煤炭无害化开采技术的战略方向

第一，煤炭资源安全高效智能开发。重点在煤炭开采隐蔽灾害探查、重大灾害综合治理、应急救援技术及装备、煤系共生伴生资源综合高效开发利用、煤炭资源回收率提高、煤炭智能开采、地下气化开采等方面开展研发与攻关。

第二，煤炭资源绿色开发与生态矿山建设。重点在绿色高效充填开采、绿色高效分选技术与装备、保水开采、矿井水综合利用及深度净化处理、生态环境治理等方面开展研发与攻关。

（二）煤炭无害化开采技术的创新行动

1. 地质保障与安全建井关键技术

研究西部煤田地质勘探技术、大深度和智能化的地质钻探技术及装备、直升机时间域航空电磁技术、无人机航磁技术、环境地质和灾害地质的评价及煤矿安全地质保障技术；研究千米冲积层立井施工、西部弱胶结软弱岩层钻井法凿井和

① 饶宏，李立涅，郭晓斌，等.我国能源技术革命形势及方向分析 [J].中国工程科学，2018，20（3）：9.

大斜长沿轴线斜井冻结等安全建井关键技术。

2. 与煤系共伴生资源综合开发利用技术

研究煤矿区煤炭及伴生资源条件探测和精细识别技术，以及矿井水井下储存、深度净化处理、综合利用与水环境保护技术；研发西部煤田控火及热能利用技术、煤与煤层气共采及瓦斯高效抽采利用技术与装备；开发"煤—水—气—热—铀"多资源共采关键技术。

3. 煤炭高效开采及智能矿山建设关键技术

研发煤矿智能化工作面成套技术及装备、巷道高效快速掘进技术与装备，以及薄和较薄、大倾角—急倾斜及特厚的煤层高效高回收率开采技术与装备；研发千万吨级矿井大型提升装备、煤矿智能供配电与节能技术；研究矿山海量数据存储管理和并行分析技术、基于云服务和大数据技术的煤矿智能预测和决策系统，以及矿业感知、管控、诊断与维护技术。

4. 深部矿井煤岩、热动力灾害防治技术

研发深部矿井采场及围岩控制技术与装备、以区域卸压增透和致裂卸压增透为主的深部矿井煤岩瓦斯灾害治理技术及装备，研发以阻化泥浆和液氮为主的深部矿井自然发火综合防治技术、工艺与装备；研究以集中降温和局部降温为主的深部矿井热害综合治理技术。

5. 煤炭绿色开采与生态环境保护技术

研发井下采选充一体化技术及装备、绿色结构充填控制岩层沉陷关键技术，以及大型露天矿连续、半连续开采工艺生产系统关键技术与装备。开展无煤柱连续开采、保水开采、矿区环境遥感监测、采动损伤监测与控制、高强度大规模开采、西部浅埋煤层开采覆岩移动与控制等技术研究，研发毛煤井下分选与矸石井下充填处置技术与装备。

6. 隐蔽致灾因素智能探测及重大灾害监控预警技术

研发煤矿水害、火灾、瓦斯、顶板及冲击地压等主要灾害隐蔽致灾因素智能探测技术与装备，研究重大灾害危险源及前兆信息识别与自分析评价技术，研发事故隐患相关基础参数、工程参数、人员及设备运行状态与故障参数等信息监测

技术及装备以及重大灾害智能预警技术。

二、煤炭清洁高效利用技术创新

（一）煤炭清洁高效利用技术的战略方向

第一，煤炭分级分质转化。它的重点是在先进煤气化、大型煤炭热解、加氢液化、焦油和半焦高效转化等方面开展研发与攻关。

第二，重要能源化工产品生产。它的重点是在天然气、超清洁油品、航天和军用特种油品、基础化学品、专用和精细化学品的生产工艺技术等方面开展研发与攻关。

第三，煤化工与重要能源系统耦合集成。它的重点是在与火力发电、炼油、可再生能源制氢、生物质转化、燃料电池等系统的耦合集成方面开展研发与攻关。

第四，煤化工废水安全高效处理。它的重点是在提高复杂废水处理能力、降低成本、资源化利用和减少排放等方面开展研发与攻关。

第五，先进煤电技术。它的重点是在常规煤电参数等级进一步提高、新型煤基发电和污染物一体化脱除等方面开展研发与攻关。

（二）煤炭清洁高效利用技术的创新行动

1. 先进煤气化技术

研发适应于高灰熔点煤的新型超高温气流床气化技术、处理能力 3000 吨级/天以上大型气化炉、千吨级/天连续自动液态排渣床加压气化炉；突破大型流化床加压气化关键技术，开展 2000 吨级/天气化炉工业示范；研制日输送量千吨以上煤气化专用粉煤输送泵；开展新一代煤催化气化和加氢气化技术研究，并推进工业示范。

2. 先进低阶煤热解技术

研发清洁高效的低阶煤热解技术，开展百万吨级工业化示范。加强热解与气化、燃烧的有机集成，开发气化—热解一体化技术和燃烧—热解一体化技术，与燃气循环发电或蒸汽循环发电结合，开展油化电多联产工业示范；研究更高油品收率的快速热解、催化（活化）热解、加压热解和加氢热解等新一代技术。

3. 中低温煤焦油深加工技术

研发煤焦油轻质组分制对二甲苯、中质组分制高品质航空煤油和柴油、重质组分制特种油品的分质转化技术，开展百万吨级工业示范；研究中低温煤焦油提取精酚、吡啶、咔唑等高附加值精细化工产品技术；建设 50 万 t/a 中低温煤焦油全馏分加氢制芳烃和环烷基油工业化示范工程。

4. 半焦综合利用技术

研究半焦在民用散烧、工业锅炉、冶金、气化、发电等方面的高效清洁利用技术，完成清洁高效的民用炉灶和工业窑炉燃烧试验、示范及推广；完成半焦用于烧结、高炉喷吹、大型化气流床和固定床气化、粉煤炉和循环流化床锅炉工业化试验、示范及推广。

5. 超清洁油品和特种油品技术

研发温和反应条件下的新一代煤直接液化技术、高温费—托合成等新型煤间接液化技术；开发超清洁汽柴油以及军用柴油、大比重航空煤油、火箭柴油等特种油品生产技术；研究煤衍生油预处理、芳香化合物提取、分离及深加工技术；加强煤直接液化与间接液化、高温费-托合成与低温费-托合成的优化集成，完成百万吨级工业示范。

6. 新一代煤制化学品技术

研发新型的氨、甲醇、煤制烯烃、煤制乙二醇合成技术和催化剂；突破甲醇制芳烃、石脑油与甲醇联合制烯烃、二甲醚羰基化/乙酸甲酯加氢制乙醇、合成气制高碳伯醇、煤制聚甲氧基二甲醚、甲醇甲苯烷基化制对二甲苯、煤氧热法制电石等技术，并开展大型工业示范；探索合成气一步法制烯烃、乙醇等技术；开展煤制化学品高效催化剂研发、放大与工业制备，设计制造配套的大型工业反应器及其他关键设备。

7. 煤油共炼技术

研究煤油共炼协同反应机理、原料匹配性调控技术，以及新一代高活性、高分散性催化剂制备技术；开发定向转化生产清洁油品、特种油品和芳烃技术；自主研制单台150万t/a大型浆态床加氢反应器、新型高压差减压阀、高压油煤浆输送泵等关键装备；研发含油残渣高效综合利用技术。

8. 煤化工耦合集成技术

研发煤与生物质和垃圾共气化、煤化工制（用）氢系统与风电（太阳能）制氢集成、煤化工与可再生能源电力储能和调峰集成、煤化工与整体煤气化联合循环发电集成、煤化工与燃料电池发电集成、煤化工与二氧化碳捕集、利用与封存集成等关键技术。

9. 高有机、高盐煤化工废水近零排放技术

开发典型污染物高效预处理、可生化性改善、去除特征污染物酚及杂环类和氨氮等高有机废水近零排放关键技术；开发包括臭氧催化氧化的深度处理技术及浓盐水分离、蒸发结晶组合技术；研究废水处理各项技术的优化组合，完善单质结晶盐分离流程和结晶盐利用，开展废水近零排放技术优化和工业示范；进一步研发基于新概念、新原理、新路线的煤化工废水全循环利用"零排放"技术。

三、二氧化碳捕集、利用与封存技术创新

（一）二氧化碳捕集、利用与封存技术的战略方向

第一，CO_2 的大规模、低能耗捕集。其重点是在燃烧后 CO_2 捕集上实现重大突破，并积极在燃烧前 CO_2 捕集及富氧燃烧等方面开展研发与攻关。

第二，CO_2 的大规模资源化利用。其重点是在 CO_2 的驱油、驱气、驱水及 CO_2 的矿化发电和生物化工规模化利用等方面开展研发与攻关。

第三，CO_2 安全可靠地封存、监测及运输。其重点是在封存机理、适合我国地质特点的封存理论和工程技术体系建设、全流程的监测和预测（警）、安全高效的 CO_2 长管道运输及管网优化设计等方面开展研发与攻关。

（二）二氧化碳捕集、利用与封存技术的创新行动

1. 新一代大规模低能耗 CO_2 捕集技术

研究新型高效 CO_2 吸收（附）剂和材料以及气、液二次污染物控制技术，研究新型捕集工艺及设备放大技术、吸收和再生过程强化技术、捕集系统与发电系统耦合集成技术，开发核心专有设备，研究 CO_2 与细微颗粒物、SO_2 等污染物的协同脱除技术。

2. 基于 IGCC 系统的 CO_2 捕集技术

研发新型吸附材料和膜分离材料、低能耗 CO_2 吸收（附）剂、合成气的高效变换技术和净化技术、碳捕集与富氢气体燃烧技术、新型化学链气化技术，研究基于 IGCC 的 CO_2 捕集系统集成优化技术。

3. 大容量富氧燃烧锅炉关键技术

研究大容量富氧燃烧系统放大技术、大容量富氧燃烧锅炉设计计算方法及工程放大规律、富氧燃烧用大型空分与锅炉系统动态匹配技术，研发适合于富氧燃烧烟气特点的压缩纯化技术（含酸性气体协同处理）以及富氧燃烧全厂系统动态特性、调节控制、节能（水）等技术。

4. CO_2 驱油利用与封存技术

开发特殊油气藏 CO_2 驱油技术，研究 CO_2 与典型油藏混相机理，发展油藏多相多组分相态理论，开发适合驱油封存的调剖技术、混相促进技术、大规模驱油封存场地稳定性评价与控制技术，开发 CO_2 驱油与封存的动态跟踪与调控技术，优化油藏开采方案及相关配套监测方案；研究 CO_2/油/水多相渗流及油气藏 CO_2 封存机理，发展封存潜力评价、CO_2 驱油与封存协同优化方法。

5. CO_2 驱煤层气与封存技术

研究低渗软煤的流固耦合作用理论，深化驱煤层气 CO_2 封存潜力的评估方法；突破并验证适合深度 1000m 以上、渗透系数 1mD 以下煤层中驱煤层气的注入性增强技术；开发适合于吸附态 CO_2 的监测技术，形成并验证驱煤层气监测技

术体系。

6. CO_2驱水利用与封存技术

研究封存与驱水相互作用规律，提出驱水利用的潜力评价方法与选址准则，并应用于典型盆地的目标区圈定；提出安全性、稳定性评价方法，开发封存与产水协同优化模型，构筑驱水利用全流程系统工艺。

7. CO_2矿物转化、固定和利用技术

针对钢铁、化工等过程产生的大量工业固废，结合我国丰富的钾长石等天然矿物质，研发工业固废和典型钙镁基天然矿物中 CO_2 矿化的高选择性产品分离技术，形成多级多相反应与分离一体化大型装备，实现矿渣的高效综合利用。

8. CO_2矿化发电技术

利用大规模工业碱性固废、天然碱性矿物矿化 CO_2 发电并联产化学品，研究 CO_2矿化电池的化学反应过程、催化材料及传输机制，有效利用矿化反应低位化学能发电；研究 CO_2矿化电池的工程放大技术，形成可商业化电池堆；研发燃煤电厂低浓度烟气 CO_2直接矿化发电技术，以及纯碱、镁盐、硅氧化物等化工加工过程中应用 CO_2矿化电池发电的耦合技术。

9. CO_2化学转化利用技术

研发 CO_2 与甲烷重整制备合成气技术；研究 CO_2 与氢气制液体燃料、甲醇、碳酸酯、丙烯酸等高值化学品以及可降解塑料的高效催化剂和专属反应器的放大技术；研究并验证光/电、光/热的 CO_2 转化技术、电解水与 CO_2 还原耦合的电能和化学能循环利用技术。

10. CO_2安全可靠封存与监测及运输技术

研究地质封存机理、长期运移规律和预测方法以及封存地质学理论与场地选址方法；开发注入过程和关井后的长期监测、风险预测、预警与应急管理技术与方法以及长寿命井下设备与工程材料；研究 CO_2有效封存的计量和验证方法；研究长距离大输量 CO_2 运输的管道微损伤监测和止裂及自封堵技术、管线泄漏检（监）测技术、沿线高后果区智能报警技术。

四、高效太阳能利用技术创新

（一）高效太阳能利用技术的战略方向

第一，太阳能高效晶体硅电池及新概念光电转换器件。其重点是在开发平均效率≥25%的晶体硅电池生产线，如异质结（HIT）电池和叉指式背接触（IBC）电池或二者的结合，探索更高效率、更低成本的新概念光电转换器件及面向产业化技术等方面开展创新与攻关。

第二，太阳能热化学制备清洁燃料。其重点是在太阳能热化学反应体系筛选、热化学在非平衡条件下的反应热力学和动力学机理及其与传热学和多项流的耦合作用机理探索、太阳能制取富含甲烷的清洁燃料等方面开展研发与攻关。

第三，智能光伏电站与风光热互补电站。其重点是在高能效、低成本智能光伏电站，智能化分布式光伏和微电网应用以及50MW级储热的风光热互补混合发电系统等方面开展研发与攻关。

（二）高效太阳能利用技术的创新行动

1. 新型高效太阳能电池产业化关键技术

研发铁电—半导体耦合电池、钙钛矿电池及钙钛矿/晶体硅叠层电池产业化的关键技术、工艺及设备，建立电池组件生产及应用示范线，建成太阳能产能≥2MWp的中试生产线，组件平均效率各为≥14%、≥15%和≥21%；探索新型高效太阳能电池技术，探索研发更高效、更低成本的铁电—半导体耦合电池、铁电—半导体耦合/晶体硅叠层电池、钙钛矿电池、染料敏化电池、有机电池、量子点电池、新型叠层电池、硒化锑电池、铜锌锡硫电池和三五（Ⅲ-Ⅴ）族纳米线电池等电池技术，实现至少一种电池达到世界最高效率。

2. 高效、低成本晶体硅电池产业化关键技术

研究低成本晶体硅电池、HIT太阳电池、IBC电池产业示范线关键技术和工艺，推进HIT太阳电池设备及原材料国产化，开发IBC与HIT结合型高效电池；建成设备国产化率≥80%的百兆瓦级电池示范生产线，产线电池平均效率各为≥

21%、≥23%和≥23%；研制太阳能电池关键配套材料，开发高效电池用配套电极浆料关键技术，包括正银浆料制备技术以及无铅正面银电极、低成本浆料银/铜粉体功能相复合电极材料等。

3. 薄膜太阳能电池产业化关键技术

研究碲化镉、铜铟镓硒及硅等薄膜电池的产业化关键技术、工艺及设备，掌握铜铟镓硒薄膜电池原材料国产化技术；建成太阳能产能100MWp示范生产线，组件平均效率各为≥17%、≥17%和≥15%。

4. 高参数太阳能热发电技术

研究高温高效率吸热材料、超临界蒸汽发生器、二氧化碳透平；研发高温承压型空气吸热器、50kW级高温空气—燃气联合发电系统、高性能太阳能粒子吸热器；研究高温粒子储热、粒子蒸汽发生器的设计方法及换热过程、粒子空气换热装置的高温粒子与空气间换热规律。

5. 分布式太阳能热电联供系统技术

研究不同聚光吸热的分布式太阳能热电联供系统长周期蓄热材料、部件，研制单螺杆膨胀机、斯特林发动机、有机工质蒸汽轮机等低成本高效中小功率膨胀动力装置，提出不同聚光吸热的高效中小功率热功转换热力循环系统。

6. 太阳能热化学制取清洁燃料关键技术

研究热化学反应体系筛选及反应热力学和动力学以及金属氧化物还原反应制取清洁燃料、甲烷（催化）干湿重整过程、含碳物料的干湿重整过程等的反应热力学和动力学机理；研究太阳能高温热化学器内传热学与反应动力学的耦合作用机理、太阳能热化学制取清洁燃料的多联产系统热力学机理和动态过程。

7. 智能化分布式光伏及微电网应用技术

研究分布式光伏智能化技术、分布式光伏直流并网发电技术以及区域性分布式光伏功率预测技术，开展区域内基于不同类型智能单元的分布式光伏系统设计集成技术、光伏微电网互联技术的研究及示范。

8. 高能效、低成本智能光伏电站关键技术研究及示范

研究智能光伏电站设计集成和运行维护技术、高可靠智能化平衡部件技术、

兆瓦级光伏直流并网发电系统关键技术，开展百万千瓦级大规模智能光伏电站群的运行特性及对电网的影响研究。

9. 大型槽式太阳能热发电站仿真与系统集成技术

建立电功率为 100MW 的槽式太阳能热发电站仿真系统，搭建槽式集热器、导热油系统、储热系统、蒸汽发生系统、汽轮机仿真模型；研究大型槽式太阳能热发电站系统集成技术，实现气象条件与集热、储热、蒸汽发生与汽轮发电协同控制与调节技术；研究可复制、模块化的系统集成与集成控制技术，电站参数优化方法等。

五、大型风电技术创新

（一）大型风电技术的战略方向

第一，大型风电关键设备。其重点是在 10MW 级及以上风电机组以及 100m 级及以上风电叶片、10MW 级及以上风电机组变流器和高可靠、低成本大容量超导风力发电机等方面开展研发与攻关。

第二，远海大型风电系统建设。其重点是在远海大型风电场设计建设、适用于深水区的大容量风电机组漂浮式基础、远海风电场输电以及海上风力发电运输、施工、运维成套设备等方面开展研发与攻关。

第三，基于大数据和云计算的风电场集群运控并网系统。其重点是在典型风资源特性研究与评估、基于大数据大型海上风电基地群控、风电场群优化协调控制和智能化运维、海上风电场实时监测及智能诊断技术装备等方面开展研发与攻关。

（二）大型风电技术的创新行动

1. 大功率陆上风电机组及部件设计与优化关键技术

研究大功率风电机组整机一体化优化设计及轻量化设计技术；开展大功率机组叶片、载荷与先进传感控制集成一体化降载优化技术，大功率风电机组电气控制系统智能诊断、故障自恢复免维护技术以及大功率陆上风电机组及关键部件绿色制造技术研发。

2. 陆上不同类型风电场运行优化及运维技术

研究风电机组和风电场综合智能化传感技术、风电大数据收集及分析技术；研究复杂地形、特殊环境条件下风电场与大型并网风电场的设计优化方法以及基于大数据的风电场运行优化技术；研究基于物联网、云计算和大数据综合应用的陆上不同类型风电场智能化运维关键技术以及适合接入配电网的风电场优化协调控制、实时监测和电网适应性等关键技术。

3. 典型风资源特性与风能吸收方法研究及资源评估

研究陆上和海上复杂条件影响下的风特性并揭示脉动特性，研究边界层风垂直变化并分析不同海域的热力稳定度。根据海上典型风资源特征，探明多尺度叶片流场复杂特性和描述方法，获得不同尺度流场特征参数相互耦合的物理机制，开展适合我国风资源特性的高性能大型风电机组的专用翼型族研究。普查陆上和海上典型风资源并分析数据，建立风资源评估数值模型，开发具有自主知识产权的风资源评估系统。

4. 远海风电场设计建设技术

研究海上风电场建设选址技术，提出适合我国远海深水区风资源条件的风电机组优化布置方法，开展极端海洋环境荷载作用下海上风电机组结构的非线性荷载特性、远海深水区极端海况条件下大容量海上风电机组基础的荷载联合作用计算方法等研究；开发远海风电机组施工与建造技术、远海风电场并网技术、深水电缆铺设及动态跟随风电机组的柔性连接技术、风能与海洋能综合一体化互补利用技术与装备。

5. 大型海上风电机组基础设计建设技术

研究提出适用于我国远海深水区大容量风电机组的海上基础结构型式，探索远海深水区大容量海上风电机组基础的疲劳发生机理与控制方法，开展极端海洋环境荷载作用下的失效模式与分析方法研究，提出其反应控制策略与防灾减灾对策；研究大容量风电机组基础设计制造技术，研制远海海洋环境荷载特点下满足施工与制造要求的新型漂浮式基础。

6. 大型海上风电基地群控技术

建立包含海上风电场群运行数据、实测气象数据以及天气预报数据的大数据平台，研发基于大数据的海上大型风电基地运行优化技术、风电场群发电功率一体化预测技术、风电场群协同控制优化技术、风电场及场群真实能效评估和优化策略；研究海上风电场群电能的多效利用技术，研究储能系统的功率和容量选取以及混合储能系统的协调控制问题。

7. 海上风电场实时监测与运维技术

分析影响海上风电场群运维安全及成本的因素，研究海上风电场运维技术，开发基于寿命评估的动态智能运维管理系统；研发海上风电场的运行维护专用检测和作业装备及健康模型与状况评估、运行风险评估、剩余寿命预测和运维决策支持等技术；研究海上机组的新型状态监测系统装备技术及智能故障预估的维护技术、关键部件远程网络化监控与智能诊断技术。

8. 风电设备无害化回收处理技术

研究叶片无害化回收处理技术，研究适合叶片性能要求和大尺度几何结构的易回收或降解的树脂体系及其成型技术；研发不同类型风电叶片组成材料的高效分离回收技术和装备以及不可回收材料无害化处理技术与装备；研发不同类型风电磁体回收与无害化处理关键技术与装备；研究不同组成材料的永磁体高效清洁分类回收技术与永磁材料再利用技术，并研制回收处理设备。

六、核能技术创新

（一）核能技术的战略方向

第一，核能资源勘探开发利用。其重点是在深部铀资源勘探开发理论、新一代高效智能化地浸采铀以及非常规铀资源（主要包括黑色岩系型及海水中的铀资源等）开发利用等方面开展研发与攻关。

第二，先进核燃料元件。其重点是在自主先进压水堆核燃料元件示范及推广应用，更高安全性、可靠性和经济性的压水堆燃料元件自主开发，先进燃料技术体系完善以及智能制造在核燃料设计制造领域应用等方面开展研发与攻关。

第三，新一代反应堆。其重点是在快堆及先进模块化小型堆示范工程建设、先进核燃料循环系统构建、超高温气冷堆关键技术装备和配套用热工艺以及新一代反应堆的基础理论和关键技术等方面开展研发与攻关。

第四，聚变堆。其重点是在国际热核聚变反应堆的设计和建造、堆芯物理和聚变堆工程技术、聚变工程技术试验平台自主设计建造以及大型托卡马克聚变堆装置设计、建造和运行等方面开展研发与攻关。

（二）核能技术的创新行动

1. 地浸采铀高效钻进与成井技术

研发专用地浸钻孔钻进设备，采铀工艺钻孔结构，基于随钻侧斜、定向钻进的高效安全钻孔成井技术、地浸井场快速开拓和布置技术；研究复杂难浸铀资源地浸高效浸出技术；开展绿色、智能地浸采铀技术研究，建设数字化、绿色地浸矿山。

2. 先进自主压水堆元件

推进自主先进锆合金包壳核燃料元件技术攻关和产业化应用。研发事故容错元件（ATF）高铀密度或掺杂燃料芯块，先进金属、新型复合的包壳材料；完善适用于 ATF 元件包壳堆内辐照考验及辐照后检查技术，研究燃料制备和性能评价关键技术；研究压水堆环形燃料堆芯和组件设计技术，开展环形燃料组件堆外热工水力等验证、小组件试验堆内辐照考验和先导组件商用堆内辐照考验。

3. 先进小型堆关键技术及工程化

针对陆上模块式小型堆，突破关键设备、模块化建造技术、运行技术及安全审查技术，完善法规标准；针对海上核动力平台，开展工程设计、设备制造、工厂化总体建造和海上运行调试技术研究，建设示范工程，完善法规标准；开展大功率空间核反应堆电源技术研究，突破设计、关键材料、装备、运行技术等。

4. 聚变物理

完善等离子体诊断、控制、加热、加料等手段，研究先进托卡马克等离子体实验，实现高比压、高约束的等离子体实验运行，提升对聚变等离子体的认识水平和控制能力，设计建造聚变工程技术试验平台。

七、氢能与燃料电池技术创新

（一）氢能与燃料电池技术的战略方向

第一，氢的制取、储运及加氢站。其重点是在大规模制氢、分布式制氢、氢的储运材料与技术以及加氢站等方面开展研发与攻关。

第二，先进燃料电池。其重点是在氢气/空气聚合物电解质膜燃料电池、甲醇/空气聚合物电解质膜燃料电池等方面开展研发与攻关。

第三，燃料电池分布式发电。其重点是在质子交换膜燃料电池、固体氧化物燃料电池、金属空气燃料电池以及分布式制氢与燃料电池的一体化设计和系统集成等方面开展研发与攻关。

（二）氢能与燃料电池技术的创新行动

1. 大规模制氢技术

研究基于可再生能源和先进核能的低成本制氢技术，重点突破太阳能光解制氢和热分解制氢等关键技术，建设示范系统；突破高温碘—硫循环分解水制氢及高温电化学制氢，完成商业化高温核能分解水制氢方案设计；研发新一代煤催化气化制氢和甲烷重整/部分氧化制氢技术。

2. 分布式制氢技术

研究可再生能源发电与质子交换膜/固体氧化物电池电解水制氢一体化技术，突破高效催化剂、聚合物膜、膜电极和双极板等材料与部件核心技术，掌握适应可再生能源快速变载的高效中压电解制氢电解池技术，建设可再生能源电解水制氢示范并推广应用；研究分布式天然气、氨气、甲醇、液态烃类等传统能源与化工品高效催化制氢技术与工艺以及高效率低成本膜反应器制氢和氢气纯化技术，形成标准化的加氢站现场制氢模式并示范应用。

3. 氢气储运技术

开发 70MPa 等级碳纤维复合材料与储氢罐设备技术、加氢站氢气高压和液态氢的存储技术；研发成本低、循环稳定性好、使用温度接近燃料电池操作温度的氮基、硼基、铝基、镁基和碳基等轻质元素储氢材料；发展以液态化合物和氨等为储氢介质的长距离、大规模氢的储运技术，设计研发高活性、高稳定性和低成本的加氢/脱氢催化剂。

4. 燃料电池分布式发电技术

重点研发质子交换膜燃料电池及氢源技术、固体氧化物燃料电池技术，以及金属空气燃料电池技术。在分散电站工况条件下，突破质子交换膜燃料电池、固体氧化物燃料电池、金属空气燃料电池关键材料、核心部件、系统集成和质能平衡管理等关键技术，建立分布式发电产业化平台，实现千瓦至百千瓦级质子交换膜燃料电池系统在通信基站和分散电站等领域的推广应用；实现百千瓦至兆瓦级固体氧化物燃料电池技术发电分布式能源系统示范应用，发电效率达 60% 以上，并开发适于边远城市和工矿企业的等分布式电站；实现金属空气燃料电池系统在智能微电网、通信基站和应急救灾等领域的示范运行或规模应用。

八、生物质、海洋、地热能利用技术创新

（一）生物质、海洋、地热能利用技术的战略方向

第一，先进生物质能与化工。其重点是在生物航油（含军用）制取、绿色生物炼制升级、生态能源农场构建等方面开展研发与攻关。

第二，海洋能开发利用。其重点是在海洋能源高效开发利用、远海海域海洋能开发利用、海洋能利用技术应用领域扩展等方面开展研发与攻关。

第三，地热能开发利用。其重点是在干热岩开发利用、水热型地热系统开发利用升级等方面开展研发与攻关。

（二）生物质、海洋、地热能利用技术的创新行动

1. 生物航油制取关键技术

突破纤维素及非粮生物质的水热降解、中间体加氢脱氧等关键技术，深入研究油脂提取及加氢异构化技术、油脂与木质纤维素转化生物航油的加氢精制技术、油脂与木质纤维素原料互补的燃油组分及能质性能调控技术以及生物航油的适应性燃烧技术。提升基于纤维素和油脂类原料互补、生物航油高洁净精制和副产物高质化利用等的技术体系；打造生物航油产业化研发平台并研制全产业链制备装备，建立千（万）吨级示范工程，加强自主技术集成与工业应用示范。

2. 绿色生物炼制技术

突破烃类大宗化学品绿色炼制转化的共性关键技术，研发分散生物质原料高效清洁收集模式，升级生物能源、生物基材料和化学品联产技术，建立生物质生化转化技术平台；研制大型连续高效发酵转化关键设备，研发国产化、成套化、标准化的生物质绿色制造和多联产装备体系，优化废弃物原料智能化收集、高效转化和资源综合利用等关键技术体系，推进生物质能源与化工产品的配额应用，形成产业化应用模式。

3. 生态能源农场

研究能源植物高效光合固碳、细胞壁生物合成、油脂合成、糖合成代谢网络及其调控机制，选育能源植物新品种；突破能源植物资源在非农耕边际土地或废水中高产、低成本、规模化培育技术，研究能源植物生态影响调控技术，建立生态能源农场资源数据库；研发智能化生物质原料收运储技术装备，建立多元化、多渠道、智能化的新型生物质原料持续供给体系，建设生态能源农场示范。

4. 波浪能利用技术

突破海上生存能力技术、波浪能利用关键元器件和功能部件设计制造技术，研究高转换率波浪能发电技术与工艺，研发兆瓦级波浪能发电装置群；研发海上多能互补发电制淡水综合平台，开展波浪能在海洋仪器供电/驱动、海水淡化和海洋综合养殖业等方面的应用；实现波浪能装置设计制造及电场运行的标准化，

推进波浪能技术产业化。

5. 潮流能利用技术

研发潮流能发电机组水下密封技术，开发高效率的潮流叶轮及适合潮流资源特点的翼型叶片，突破发电机组水下密封、低流速启动、模块设计与制造等关键技术；研发兆瓦级潮流能发电装置群，研究潮流能发电场建设技术与标准体系；建设示范工程，推进规模化利用。

6. 干热岩开发利用技术

研发靶区定位和探测的技术设备、大体积压裂技术设备及配套施工技术；突破人工裂隙发育延伸控制技术及施工工艺、裂隙网络优化技术、宽负荷耦合发电技术、干热岩中高温发电工艺，开发高效热电转换地面发电设备，掌握系统高压全封闭运行设计工艺；研究干热岩开发利用系统稳定运行优化控制方法、成井测试及微地震监测装置，形成开发利用环境影响评价方法与指标体系，建立开发利用工程化技术体系和标准，建设示范工程。

7. 水热型地热系统改造与增产技术

突破储层物性综合测试技术及相应测试方法和手段、储层增效技术，掌握孔隙和裂隙型热储动态开发回灌示踪与评价方法，研制示踪、酸化处理材料及储层酸化技术配套装备，形成完善的增效工艺；研究群井开发动态测试、预测与评价技术；研发储层、井筒、输运系统和发电系统核心部件防除垢技术，形成整套工艺；研发规范化取样和测试设备与工艺、结垢预测热动力学软件、阻垢剂加注工艺与设备；形成水热型地热热储可持续开发利用的创新理论、技术体系、行业标准与大数据信息化技术平台。

九、高效燃气轮机技术创新

(一) 高效燃气轮机技术的战略方向

第一，先进材料与制造。其重点是在高性能复合材料、高温耐热合金材料涂层、大尺寸高温合金（单晶、定向结晶）铸造、复杂结构高温合金无余量精密铸造、高精度与高质量 3D 打印及智能制造等方面开展研发与攻关。

第二，燃气轮机机组设计。其重点是在微型燃气轮机领域的高效径流式叶轮及系统一体化设计、中小型燃气轮机领域的高效多级轴流压气机设计、重型燃气轮机领域的先进气动布局与通流设计等方面开展研发与攻关。

第三，高效清洁燃烧。其重点是在低污染燃烧室、分级燃烧室、回流燃烧室、贫预混与预蒸发燃烧室和可变几何燃烧室以及低热值燃料稳燃与多燃料适应性、富氢与氢燃料燃烧等方面开展研发与攻关。

(二) 高效燃气轮机技术的创新行动

1. 高温合金涡轮叶片制造

开展高温合金涡轮铸造叶片模具技术、叶片铸造成型技术、大型高温合金涡轮叶片精铸件晶体取向与组织控制技术和尺寸形状精度控制技术、叶片服役损伤的检测体系和评估技术与损伤修复技术以及高温合金涡轮叶片焊接、特种加工和涂层技术研究，掌握高温合金涡轮叶片制造的核心技术，形成自主研发能力。

2. 燃气轮机装备智能制造

开展燃气轮机关联设计与多学科优化设计技术、燃气轮机快速工艺设计与仿真优化设计、部件和整体虚拟装配技术、燃气轮机在线（位）检测与制造过程智能管控技术、高精度 3D 金属/合金打印技术、燃气轮机全寿命期的大数据与智能决策技术以及高效、高精度、高柔性和高集成度的燃气轮机智能生产线技术研究，掌握燃气轮机研制、生产和服务所涉及的智能制造关键技术。

3. 先进径流式、回热循环微型燃气轮机

开展整体插拔式单筒燃烧室和回流燃烧室高效低污染设计技术、离心压气机和向心涡轮设计加工与试验验证、高效回热器设计与验证、燃气轮机与高速电机一体化设计和气浮轴承与磁悬浮轴承技术研究，掌握 1MW 及以下功率等级分布式供能燃气轮机技术；建设示范工程，形成具有完全自主知识产权并有国际竞争力的产品。

4. 先进轴流式简单循环小型燃气轮机

开展高效轴流式动力涡轮设计、伴生气和煤制气等低热值燃料燃烧室研制，

掌握 1~10MW 功率等级简单循环小型燃气轮机技术；建设示范工程，实现分布式供能用轴流式小型燃气轮机的产品化与型谱化。

5. 压裂车（船）用燃气轮机

研制满足页岩油气开发需求且性能达到国际目前先进水平的压裂车（船）用燃气轮机装置，研究压裂车（船）用燃气轮机装置集成总体设计及优化技术、高功率密度和轻量化燃气轮机装置系统集成设计技术；完成样机制造，建设示范工程。

6. 高参数燃氢燃气轮机

开展燃氢燃气轮机稳燃技术、燃氢燃气轮机高效低 NO_2 燃烧室设计技术、有效防止氢脆和提高机组寿命的新型合金材料以及燃氢燃气轮机高温涡轮叶片冷却技术研究。

十、储能技术创新

（一）储能技术的战略方向

第一，储热/储冷。其重点是在太阳能光热的高效利用、分布式能源系统大容量储热（冷）等方面开展研发与攻关。

第二，物理储能。其重点是在电网调峰提效、区域供能的物理储能应用等方面开展研发与攻关。

第三，化学储能。其重点是在可再生能源并网、分布式及微电网、电动汽车的化学储能应用等方面开展研发与攻关。

（二）储能技术的创新行动

1. 储热/储冷技术

研究高温（≥500℃）储热技术，开发高热导、高热容的耐高温混凝土、陶瓷、熔盐、复合储热材料的制备工艺与方法；研究高温储热材料的抗热冲击性能及机械性能间关系，探究高温热循环动态条件下材料性能演变规律；研究

10MW·h级以上高温储热单元优化设计技术。开展10~100MW·h级示范工程，示范验证10~100MW·h级面向分布式供能的储热（冷）系统和10MW级以上太阳能光热电站用高温储热系统；开发储热（冷）装置的模块化设计技术，研究大容量系统优化集成技术、基于储热（冷）的动态热管理技术。研究热化学储热等前瞻性储热技术，探索高储热密度、低成本、循环特性良好的新型材料配对机制；突破热化学储热装置循环特性、传热特性的强化技术；创新热化学储热系统的能量管理技术。

2. 新型压缩空气储能技术

突破10MW/100MW·h和100MW/800MW·h的超临界压缩空气储能系统中宽负荷压缩机和多级高负荷透平膨胀机、紧凑式蓄热（冷）换热器等核心部件的流动、结构与强度设计技术；研究这些核心部件的模块化制造技术、标准化与系列化技术。突破大规模先进恒压压缩空气储能系统、太阳能热源压缩空气储能系统、利用液化天然气冷能压缩空气储能系统等新型系统的优化集成技术与动态能量管理技术；突破压缩空气储能系统集成及其与电力系统的耦合控制技术；建设工程示范，研究示范系统调试与性能综合测试评价技术；研发储能系统产业化技术并推广应用。

3. 飞轮储能技术

发展10MW/1000MJ飞轮储能单机及阵列装备制造技术。突破大型飞轮电机轴系、重型磁悬浮轴承、大容量微损耗运行控制器以及大功率高效电机制造技术；突破飞轮储能单机集成设计、阵列系统设计集成技术；研究飞轮单机总装、飞轮储能阵列安装调试技术；研究飞轮储能系统应用运行技术、检测技术、安全防护技术；研究飞轮储能核心部件专用生产设备、总装设备、调试设备技术和批量生产技术。研究大容量飞轮储能系统在不同电力系统中的耦合规律、控制策略；探索飞轮储能在电能质量调控、独立能源系统调节以及新能源发电功率调控等领域中的经济应用模式；建设大型飞轮储能系统在新能源方面的应用示范。

4. 高温超导储能技术

探索高温超导储能系统的新型设计原理，突破2.5MW/5MJ以上高温超导储能磁体设计技术；研究高温超导储能系统的功率调节电源控制系统的设计、控制策略、调制及制造技术；研究高温超导储能低温高压绝缘结构、低温绝缘材料和制冷系统设计技术；研究高性能在线监控技术、实时快速测量和在线检测控制技术。布局基于超导磁和电化学及其他大规模物理储能的多功能全新混合储能技术，重点突破混合储能系统的控制技术及多时间尺度下的能量匹配技术，开发大型高温超导储能装置及挂网示范运行。

5. 大容量超级电容储能技术

开发新型电极材料、电解质材料及超级电容器新体系。开展高性能石墨烯及其复合材料的宏量制备，探索材料结构与性能的作用关系；开发基于钠离子的新型超级电容器体系。研究高能量混合型超级电容器正负电极制备工艺、正负极容量匹配技术；研发能量密度为 30W·h/kg、功率密度为 5000W/kg 的长循环寿命超级电容器单体技术。研究超级电容器模块化技术，突破大容量超级电容器串并联成组技术。研究 10MW 级超级电容器储能装置系统集成关键技术，突破大容量超级电容器应用于制动能量回收、电力系统稳定控制和电能质量改善等的设计与集成技术。

6. 电池储能技术

突破高安全性、低成本、长寿命的固态锂电池技术，以及能量密度达到 300W·h/kg 的锂硫电池技术、低温化钠硫储能电池技术；研究比能量>55W·h/kg，循环寿命>5000 次的铅炭储能电池技术；研究总体能量效率≥70%的锌镍单液流电池技术；研究储能电池的先进能量管理技术、电池封装技术、电池中稀有材料及非环保材料的替代技术。研究适用于 100kW 级高性能动力电池的储能技术，建设 100MW 级全钒液流电池、钠硫电池、锂离子电池的储能系统，完善电池储能系统动态监控技术。突破液态金属电池关键技术，开展兆瓦级液态金属电池储能系统的示范应用。布局以钠离子电池、氟离子电池、氯离子电池、镁基电池等为代表的新概念电池技术，创新电池材料、突破电池集成与管理技术。

十一、节能与能效提升技术创新

(一) 节能与能效提升技术的战略方向

第一，现代化工业节能。其重点是在高效工业锅（窑）炉、新型节能电机、工业余能深度回收利用等相关领域以及基于先进信息技术的工业系统节能等方面开展研发与攻关。

第二，新型建筑节能。其重点是在建筑工业化、装配式住宅、被动式节能技术与产品等相关领域以及高效智能家电、制冷、照明、办公等终端用能产品等方向开展研发与攻关。

第三，先进交通节能。其重点是在高效节能运输工具、制动能量回馈系统、船舶推进系统、数字化岸电系统等相关领域以及基于先进信息技术的交通运输系统开展研发与攻关。

第四，全局优化系统节能。其重点是在能源全局优化系统集成，能源梯级利用等相关领域，包括系统优化、多能互补、多能转化、智能调度等方面开展研发与攻关。

(二) 节能与能效提升技术的创新行动

1. 高效工业锅（窑）炉技术

开发新型高效煤粉锅炉、大型流化床锅炉、燃气锅炉烟气全热回收、高炉煤气锅炉蓄热稳燃、高效低氮解耦燃烧（层燃）、新型低温省煤器、智能吹灰优化与在线结焦预警系统等工业锅炉节能技术；研究新型蓄热式燃烧、低热导率纳米绝热保温材料、黑体强化辐射和预混式二次燃烧等工业窑炉节能技术；建设绿色锅炉示范工程，运行效率提高到90%以上，促进高效节能锅炉应用。

2. 新型节能电机及拖动设备

研究新型自动异步三相电机、磁阻电机、稀土永磁同步电机、变极起动无滑环绕线转子感应电动机等新型高效电机节能技术与设备；研究大型往复压缩机流量无级调控、磁悬浮离心式鼓风机、曲叶型离心风机、新型高效节能水泵等拖动设备节能技术；开展电机能效提升工程，改造电机系统调节方式，建设基于互联网的电机系统节能提效研发平台，鼓励高效耗能设备替代，加快系统无功补偿改造。

3. 工业余能深度回收利用技术

重点研发冶金渣余热回收、冶金余热余压能量回收同轴机组应用、全密闭矿热炉高温烟气干法净化回收利用、焦炉荒煤气余热回收、转炉煤气干法回收、化工生产反应余热余压利用、高效长寿命工业换热器、螺杆膨胀动力驱动、有机朗肯循环低品位余热发电等工业余能深度回收利用技术和设备，提高工业余能回收利用效率。

4. 工业系统优化节能技术

研究开发钢铁、建材、石化等高耗能工业领域的可视化能源管理优化系统；开发基于智能化控制的燃料及蒸汽高效利用技术。研究应用机电设备再制造、建筑材料薄型化生产、玻璃瓶罐轻量化制造等资源减量化与循环化利用技术；研发高档数控机床、机器人、操作系统及相关工业软件、信息通信设备等工艺系统优化节能技术；建设绿色制造工程，实现制造业绿色发展，主要产品单耗达到世界先进水平。

5. 先进节能建筑技术

重点研究建筑工业化、装配式住宅、超低能耗建筑等先进建筑节能技术；研发高效能热泵、磁悬浮变频离心式中央空调机组、温湿度独立控制空调系统、排风余热与制冷机组冷凝热回收等主动型建筑节能技术；研发高防火性墙体保温材料、节能型材、热反射镀膜玻璃、低辐射玻璃、建筑遮阳等被动式节能技术与产品；推进光伏建筑一体化、太阳能空调等节能技术在建筑上的应用，开发高效智能空调、电冰箱、洗衣机等节能电器；推进现代木结构、新型钢结构建筑及装配式住宅的示范应用。

6. 绿色交通技术

开发先进高速重载轨道交通装备和新能源汽车等高效节能运输装备；研究开发城市轨道交通牵引供电系统制动能量回馈、轨道车辆直流供电变频空调、缸内汽油直喷发动机、车用燃油清洁增效、基于减小螺旋桨运动阻力的船舶推进系统、数字化岸电系统等交通运输节能技术；开发应用沥青路面冷再生、LED 智能照明、大功率氙气灯照明等交通道路系统节能技术。

7. 节能监测和能源计量

研发快速准确的便携或车载式节能检测设备，在线能源计量、检测技术和设备，热工检测便携式设备、在线设备和检测技术；研究石油、化工、冶金等流程工业领域压缩机、水泵、电机等通用设备运行效能评估及节能改造技术；研究建筑能耗数据监测与评估诊断技术。

8. 全局优化技术

研究提高能源生产侧与消费侧响应效率、实现跨部门能源规划布局的全局优化建模技术；研究非石油资源能源转化利用的最优路径比选技术，以及能源转化过程超结构全局优化集成技术；研发油气跨区域最优管网布局设计；研究能源系统智慧化建设最优路径比选与全局优化的系统设计；研究具有耦合金融、匹配供需、精准计量、身份识别、自动交易、实时结算、适时监管等功能的能源全局动态优化调度技术，攻克一批智能互联互通、支撑智慧化架构节点的全局优化构建技术。

十二、非常规油气和深层、深海油气开发技术创新

（一）常规油气和深层、深海油气开发技术的战略方向

第一，深层油气勘探开发。其重点是在深—超深层油气层藏地质理论及评价、储层地震预测及安全快速钻井、深层超高压油气流体评价以及复杂储集层深度改造和开发配套等方面开展研发与攻关。

第二，深海油气开发技术与装备。其重点是在深远海复杂海况下的浮式钻井平台工程、水下生产系统工程、海底管道与立管工程、深水流动安全保障与控制、深水钻井技术与装备以及基于全生命周期经济性的开发技术评价及优选等方面开展研发与攻关。

（二）常规油气和深层、深海油气开发技术的创新行动

1. 页岩油气流动机理与开发动态预测技术

针对我国页岩油气藏的地质特点，以油气藏精细描述和地质建模研究为基础，借助现代油藏工程的技术手段，开展页岩油气多尺度耦合流动机理、物理模拟、产能预测和动态分析方法、数值模拟技术等基础研究，揭示页岩油气藏开发过程中的流动规律，发展页岩油气藏工程理论和技术方法，为页岩油气高效开发提供理论和技术支撑。

2. 页岩油气富集机理与分布预测技术

针对我国海、陆相页岩层系特点，研究页岩油气赋存机理与分布规律，开展页岩储层微观孔隙结构定量表征、页岩含气量测定、页岩油可流动性评价、页岩油气资源评价与选区评价、页岩油气测井综合评价和"甜点"地球物理预测技术等研究，形成适合于我国地质特点的页岩油气地质理论与勘探技术体系。

3. 页岩油气成井机制及体积压裂技术

开展高精度长水平段水平井钻完井、增产改造与测试工艺技术研究，重点研发海相深层页岩气水平井优快钻井与压裂改造技术、陆相页岩油气长水平段水平井钻完井与压裂改造技术、无水压裂技术、重复压裂技术，实现不同类型（海相、陆相、海陆过渡相）、不同深度（小于3500m为浅层，大于3500m为深层）页岩油气高效开发。

4. 页岩油气勘探开发关键装备与材料

针对页岩储层低孔、特低渗的特点，研发适合于不同类型页岩的长水平段水平井钻完井关键装备、工具、钻井金属材料、油基钻井液和弹塑性水泥浆体系，开发制备低磨阻、低伤害、低成本的滑溜水压裂液体系和高效携砂、低伤害的冻胶压裂液体系，开展压裂返排液再利用技术研究，形成适合于中国页岩油气地质特点的钻完井关键装备、工具及材料，提高国产化比例，大幅度降低钻完井成本，实现页岩油气的高效开发。

5. 煤层气资源有效勘探开发技术

开展超低渗透煤储层改造技术、多煤层气合采技术、深层煤层气开发技术、复杂储层煤层气高效增产技术、低煤阶煤层气资源评价与开发技术、煤层气开发动态分析与评价技术和煤层气井高效排水降压工艺技术等研究，保障我国煤层气产量稳步增长。

6. 深层油气高效勘探开发技术

开展深—超深层油气层藏地质理论及评价技术、深—超深层油气储层地震预测技术、深层超高压油气流体评价技术、深层复杂储集层深度改造与开发配套技术以及深—超深层安全快速钻井技术等研究，实现深层油气高效开发。

7. 天然气水合物勘探开发技术

研究水合物勘探目标预测评价技术、钻井及井筒工艺技术、高效开采和复合开采技术、安全控制技术、开采环境监测技术，建设天然气水合物开采示范工程，掌握有效开采技术，实现天然气水合物安全高效开发。

8. 深海油气有效勘探开发技术与装备

开展深远海浮式钻井平台工程技术、水下生产系统工程技术、深水海底管道和立管工程技术、深水流动安全保障与控制技术以及深水大载荷采油装备关键设备轻量化技术、深水油气田全生命周期监测技术研究；研发水深3000m领域油气资源的勘探开发技术与装备，建设海洋深水油气配套产业链；构建基于海洋工程大数据的全景式全生命周期应用研究技术；全面提升海洋工程装备从概念研发到总装设计及其建造的完整自主研发设计能力。

十三、乏燃料后处理与高放废物安全处理处置技术创新

（一）乏燃料后处理与高放废物安全处理处置技术的战略方向

第一，乏燃料后处理。其重点是在大型商用水法后处理厂建设、全分离的无盐二循环流程研究、后处理流程经济性和环保性的提高以及适用于快堆等的先进燃料循环的干法后处理等方面开展研发与攻关。

第二，高放废物地质处置。其重点是在高放废物地质处置研发体系创新、高放废物处置地下实验室建设、地质处置和安全技术以及高放废物地质处置理论和技术体系完善等方面开展研发与攻关。

第三，放射性废物嬗变技术。其重点是在长寿命次锕系核素总量控制、次临界系统设计和关键设备研究、外中子源驱动次临界高效嬗变系统（含加速器驱动和聚变驱动）技术体系完善以及降低高放废物安全处理（置）难度等方面开展研发与攻关。

（二）乏燃料后处理与高放废物安全处理处置技术的创新行动

1. 快堆嬗变技术

完成中国实验快堆中单个次锕系核素小样件的辐照，主要包括中国实验快堆嬗变靶件的设计和研制、嬗变靶件的辐照考验和辐照后检验以及辐照后芯块的化学分析与分离工艺研究等；完成示范快堆中嬗变组件的辐照和后处理，主要包括含次锕系元素的混合氧化物燃料制造技术研究，批量使用含镁铝（MA）燃料的快堆堆芯设计、安全评价和随堆考验，批量使用含 MA 燃料的反应堆安全运行技术以及辐照后含 MA 燃料的后处理技术研究等。

2. 高放废物地质处置库技术

围绕地下实验室工程及现场试验，开展高放废物处置库选址研究，并形成完善的场址评价技术体系；重点研究以地下实验室为研发平台的地质处置工程（艺）技术和工程屏障、处置库概念设计、处置库开挖技术以及废物罐的运输、就位及回取技术和验证；研究处置库的核素释放和迁移、安全评价和安全全过程系统分析，掌握概率安全评价技术；开展处置库屏障系统安全特性演化试验和评价。

3. 先进乏燃料后处理工艺及关键技术设备

针对大型核燃料后处理厂，开展首端处理技术及新型无盐试剂二循环流程开发、工艺流程台架热试验及验证；建设后处理全流程数字模拟平台，研究脉冲萃取柱数字模拟与仿真技术，实现大型关键设备国产化；研发自动化控制技术、远程操作系统与设备、大型先进热室设计以及先进干法首端技术与干法分离技术。

十四、能源互联网技术创新

（一）能源互联网技术的战略方向

第一，能源互联网架构设计。其重点是在能源互联网全局顶层规划、功能结构设计、多能源协同规划、面向多能流的能源交换与路由等方面开展研发与攻关。

第二，能源与信息深度融合。其重点是在能量信息化与信息物理融合、能源互联网信息通信等方面开展研发与攻关。

第三，能源互联网衍生应用。其重点是在能源大数据、能量虚拟化、储能及电动汽车应用与管理、需求侧响应以及能源交易服务平台、智慧能源管理与监管支撑平台等方面开展研发与攻关。

（二）能源互联网技术的创新行动

1. 需求侧响应互动技术

研究基于智能用能的需求侧响应互动技术；研究基于用户行为心理学等交叉学科手段进行需求响应建模技术；研究需求响应资源辨识与量化、需求响应计量、需求响应参与辅助服务结算等关键技术；研究需求响应参与系统调峰、调频等辅助服务市场支撑技术。

2. 多能流能源交换与路由技术

研究灵活高效、标准化的能源互联网网络拓扑结构。研究能源路由器、能源交换机、能量网卡等关键设备；研究适用于能源互联网的新型电力电子器件、超导材料等基础技术；研究多能流能源交换与路由机制与方法，建立标准化的能源交换机与路由器系统架构与功能指标；研究多能耦合的能源互联网运行及控制可靠性技术，确保能源互联网的高可靠性运行。

3. 能源互联网信息通信技术

研究面向能源互联网的新型海量信息采集技术体系架构与高效传输处理核心

技术；研究支撑大规模分布式电源和负荷计量、监测等功能的各类新型传感器件；研究信息物理系统数据、终端客户信息、物理网络数据等能源互联网海量信息技术处理与融合技术；研究能源互联网信息安全技术。

4. 能源大数据及其应用技术

研究能源互联网用户大数据、设备大数据、运行大数据、交易大数据、金融大数据等各类大数据集成技术；研究多源数据集成融合与价值挖掘关键技术；研究能源大数据在引导政府决策、提升企业业务水平与服务质量以及创新能源产业商业模式等方面的支撑技术。

5. 能源虚拟化技术

研究虚拟电厂、分布式能源预测、区域多能源系统综合优化控制及复杂系统分布式优化技术；研究能源虚拟化技术参与多能源系统的能量市场、辅助服务市场、碳交易市场等支撑技术；在能源系统自动化程度较高、分布式能源较为丰富的地区开展能源虚拟化技术参与市场交易试点工作。

6. 能量信息化与信息物理融合技术

研究能量信息数字化处理的理论架构和方法；研究信息—能量耦合的统一建模与安全分析技术；研究系统结构优化、多元信息物理能源系统的网络协同控制等信息物理能源系统融合技术；研究开放的信息物理能源融合技术接口标准；研究利用能量信息化与网络化管控盘活碎片化存量灵活性能源资源技术。

7. 能源互联网生产消费智能化技术

研究可再生能源、化石能源智能化生产，以及多能源智能协同生产技术；研究智能用能终端、智能监测与调控等能源智能消费技术；研究综合能源和智能建筑集成技术，将分布式能源发电和天然气网、建筑节能等相结合，实现冷、热、电三大能源系统的整合优化运行。

8. 能源互联网储能应用与管理技术

研发能源互联网各类应用场景下的支持即插即用、灵活交易的分布式储能设备和电动汽车应用技术；研发支撑电、冷、热、气、氢等多种能源形态灵活转化、高效存储、智能协同的核心装备；研发支撑储能设备模块化设计、标准化接入、梯次化利用与网络化管理关键技术。

9. 能源交易服务平台技术

研究满足能源互联网各类功能的市场交易平台技术；研究能源结构生态化、产能用能一体化、资源配置高效化的全新市场架构设计技术；研发基于身份识别的自动交易和实时结算技术体系；研究基于能源互联网的金融服务技术；开发服务于能源生产、传输、储存和消费等全寿命周期的能源互联网金融产品与融资工具；研究能源自由交易情景下的能源系统安全保障技术。

10. 智慧能源管理监管平台技术

研究基于能源大数据，支撑能源规划、改革和决策的智慧能源精准管理技术；研究基于能源互联网，覆盖能源生产、流通、消费和国际合作等全领域，且和智慧能源发展水平相适应的现代能源监管技术。

十五、电网关键技术创新

(一) 电网关键技术的战略方向

第一，基础设施和装备。重点在柔性直流输配电、无线电能传输、大容量高压电力电子元器件和高压海底电力电缆等先进输变电装备技术以及用于电力设备的新型绝缘介质与传感材料、高温超导材料等方面开展研发与攻关。

第二，信息通信。重点在电力系统量子通信技术应用、电力设备在线监测先进传感技术、高效电力线载波通信、推动电力系统与信息系统深度融合等方面开展研发与攻关。

第三，智能调控。重点在可再生能源并网、主动配电网技术、大电网自适应/自恢复安全稳定技术、适应可再生能源接入的智能调度运行、电力市场运营、复杂大电网系统安全稳定等方面开展研发与攻关。

(二) 电网关键技术的创新行动

1. 先进输变电装备技术

研发高可靠性、环保安全（难燃、低噪声）、低损耗、智能化及紧凑化的变压器；研制高电压、大电流、高可靠性和选相控制的替代六氟化硫的新型气体介质断路器及真空和固态断路器，并开展示范应用；研制安全高效的新型限流器；突破高压海底电力电缆的制造和敷设技术，研发新型电缆材料、先进附件；研发高质量在线监测/检测装备和系统。

2. 直流电网技术

研究直流电网架构及运行控制技术，建立直流电网技术装备标准体系；开展新型电压源型换流器、直流断路器、直流变压器、直流电缆、直流电网控制保护等核心设备研发和工程化；建设包含大规模负载群、集中/分布式新能源、大规模储能在内的直流电网示范工程。

3. 电动汽车无线充电技术

以电动汽车无线充电为突破点和应用对象，研发高效率、低成本的无线电能传输系统，实现即停即充，甚至在行驶中充电。形成电动汽车无线充电技术标准体系，研究电动汽车无线充电场站的负荷管理，建设电动汽车无线充电场站示范工程。

4. 新型大容量高压电力电子元器件及系统集成

研究先进电力电子元器件及应用；开展新一代大容量、高电压电力电子器件的材料研发和关键工艺技术研究；研发用于高电压、大容量直流断路器和断路保护器的高性能电力电子器件；建设高水平生产线，提高质量、降低成本，推进国产化。研究高压大容量固态电力电子变压器、大容量双向/多向换流器、多功能并网逆变器、智能开关固态断路器、固态电源切换开关。

5. 高温超导材料

研究高温超导基础理论、各系材料配方及制备工艺；开展面向超导电力装备的应用型超导材料研究；推动高温超导材料的实用化，并研究其成套工程技术；开展高温超导在超导电缆、变压器、限流器、超导电机等领域的示范和应用。

6. 信息通信安全技术

研究电力线频谱资源动态、高效地感知与使用；研究降低对已有通信业务干扰的关键技术，形成宽带电力线通信技术标准体系。建设能源互联网量子安全通信技术与常规网络融合应用示范，提出电网量子安全通信加密理论、量子通信协议及量子安全通信与经典网络通信融合的模型。形成符合我国电网量子安全通信要求的低成本、量子级安全可靠的通信技术解决方案。采用低功耗通用无线通信技术，实现电网末端海量信息的采集和传输。

7. 高效电力线载波通信技术

研究进一步提高电力线载波通信频谱效率的通信方式，提高工作带宽并充分考虑利用电力线三相之间形成的多输入多输出构架，实现电力线载波通信系统物理层传输速率向 Gb/s 级别的跃升；使电力线通信应用范围扩展到包括互联网接入、家庭联网、家庭智能控制、新能源监控及电力安全生产等众多领域。

8. 可再生能源并网与消纳技术

制定大规模清洁能源发电系统并网接入技术标准和规范。研究并实现基于天气数据的可再生能源发电精确预测。研发并推广增强可再生能源并网能力的储能、多能源互补运行与控制、微电网、可再生能源热电联产等技术。发挥电力大数据和电力交易平台在促进可再生能源并网和消纳中的作用。实现电网和可再生能源电源之间的高度融合，促进可再生能源高效、大容量的分布式接入及消纳。

9. 现代复杂大电网安全稳定技术

研究交直流混合电网、智能电网、微电网构成的复杂大电网稳定机理分析技术，在线/实时分析技术和协调控制技术；建立能源大数据条件下的现代复杂大电网仿真中心，研究满足大规模间歇性能源/分布式能源/智能交互/大规模电力电子设备应用的、高效精确的电力系统仿真技术；加强电网大面积停电的在线/实时预警和评估技术研究。

10. 全局协调调控技术

研究大规模风电/光伏接入的输电网与含高比例分布式可再生能源的配电网之间协调互动的建模分析、安全评估、优化调度与运行控制技术，建立多种特性发电资源并存模式下的输配协同运行控制模式；针对未来电网中多决策主体、多电网形态特点，构建具有高度适应性的调度运行控制体系，开展"分布自律互动协调"的源—网—荷协同的能量管理技术研发与示范应用。

第四章 国家能源战略及高质量发展的路径

第一节 能源消费优化：政策引导

强化约束性指标管理，同步推进产业结构和能源消费结构调整，有效落实节能优先方针，全面提升城乡优质用能水平，从根本上抑制不合理消费，大幅度提高能源利用效率，加快形成能源节约型社会。

一、控制能源消费总量

长期以来，我国依靠大量化石能源投入的发展模式日益受到资源禀赋和生态环境的约束，作为发展中大国，在控制能源消费总量增长的同时，又必须满足经济社会发展对能源的需求，这就需要通过提高能效和集约高效利用能源来控制消费总量，重点是要将削减煤炭等化石能源消费总量与改善生态环境质量有效结合起来，抑制不合理能源消费，实现能源消费增长与效益增长的协调统一。

控制能源消费总量是实现能源消费增长方式革命的重要途径——要求以总能耗为约束条件，以经济增长、提高服务水平为目标函数，其本身就是发展理念上的革命。传统发展理念是以经济增长（增加国内生产总值）和提高服务水平（增加舒适性）为约束条件，以降低能耗为目标函数，寄希望于发展可再生能源和节能技术，实现高经济增长和高服务标准下的低能耗。而实际上，这导致了高耗能、能源浪费的现象愈演愈烈。发展高耗能产业最容易增加国内生产总值，因而要求各行业、各地区在给定的总能耗约束条件下，以创新来驱动发展：寻求以技术和管理的重大创新来换取经济增长和服务水平的提高；若缺乏创新，就只能约束经济增长和服务水平提高。

以控制能源消费总量和强度为核心，完善措施、强化手段，建立健全用能权制度，形成全社会共同治理的能源总量管理体系。

（一）　实施能源消费总量和强度"双控"

把能源消费总量、强度目标作为经济社会发展重要约束性指标，推动形成经济转型升级的倒逼机制。合理区分控制对象，重点控制煤炭消费总量和石油消费增量，鼓励可再生能源消费。建立控制指标分解落实机制，综合考虑能源安全、生态环境等因素，贯彻区域发展总体战略和主体功能区战略，结合各地资源禀赋、发展现状、发展潜力，兼顾发展质量和社会公平。实施差别化总量管理，大气污染重点防控地区严格控制煤炭消费总量，实施煤炭消费减量替代，扩大天然气替代规模。东部发达地区化石能源消费率先达到峰值，加强重点行业、领域能源消费总量管理。严格节能评估审查，从源头减少不合理能源消费。

实施能源消费的总量与强度双重控制策略，是推进生态文明建设的关键环节。这一策略深刻把握了国家经济社会发展的阶段性特征与能源消费模式的动态变化，经过全面考量与广泛讨论，旨在构建一个更加高效、可持续的能源利用体系。在总量控制方面，通过科学设定能源消费的上限，引导全社会形成节约用能的共识与行动，有效遏制能源消耗的无序增长。同时，在强度控制上，着重提高能源使用效率，降低单位产出所消耗的能源量，从而实现经济发展与能源消耗的脱钩，推动绿色低碳转型。

为确保能源安全，面对未来能源需求的不确定性与局部供应紧张的风险，相关规划前瞻性地设计了一系列应对措施。这些措施侧重于提升能源系统的灵活性与韧性，包括优化现有能源设施的运行效率，增强跨区域能源调配与协同保障的能力，以确保在任何情况下都能维持能源的稳定供应。通过这些策略的实施，不仅能够有效应对短期内的能源供应挑战，更为长远的能源安全与可持续发展奠定了坚实基础。

（二）　构建用能权制度

用能权是经核定允许用能单位在一定时期内消费各类能源量的权利，是控制能源消费总量的有效手段和长效机制。建立健全用能权初始分配制度，确保公平、公开。推进用能预算化管理，保障优质增量用能，淘汰劣质低效用能，坚持节约用能，推动用能管理科学化、自动化、精细化。培育用能权交易市场，开展用能权有偿使用和交易试点，研究制定用能权管理的相关制度，加强能力建设和监督管理。

二、打造中高级能源消费结构

大力调整产业结构，推动产业结构调整与能源结构优化互驱共进，使能源消费结构迈入更加绿色、高效的中高级形态。

以能源消费结构调整推动传统产业转型升级。提高市场准入标准，限制高能耗、高污染产业发展及煤炭等化石能源消费。推动制造业绿色改造升级，化解过剩产能，依法依规淘汰煤炭、钢铁、建材、石化、有色、化工等行业环保、能耗、安全生产不达标和生产不合格落后产能，促进能源消费清洁化。统筹考虑国内外能源市场和相关产业变化情况，灵活调节进出口关税，推进外贸向优质优价、优进优出转变，减少高载能产品出口。

以产业结构调整促进能源消费结构优化。大力发展战略性新兴产业，实施智能制造工程，加快节能与新一代信息技术、新能源汽车、新材料、生物医药、先进轨道交通装备、电力装备、航空、电子及信息产业等先进制造业发展，培育能耗排放低、质量效益好的新增长点。提高服务业比重，推动生产性服务业向专业化和价值链高端延伸、生活性服务业向精细化和高品质转变，促进服务业更多使用清洁能源。通过实施绿色标准、绿色管理、绿色生产，加快传统产业绿色改造，大力发展低碳产业，推动产业体系向集约化、高端化升级，实现能源消费结构清洁化、低碳化。

三、加强节能减排工作的深入实施

推动能源消费革命的主要目标是节约能源，提高能源利用的技术效率和经济产出效益。坚持节能优先总方略，把节能贯穿于经济社会发展全过程和各领域，健全节能标准和计量体系，完善节能评估制度，全面提高能源利用效率，推动完善污染物和碳排放治理体系。

（一）把工业作为推动能源消费革命的重点领域

综合运用法律、经济、技术等手段，调整工业用能结构和方式，促进能源资源向工业高技术、高效率、高附加值领域转移，推动工业部门能耗尽早达峰。对钢铁、建材等耗煤行业实施更加严格的能效和排放标准，新增工业产能主要耗能设备能效达到国际先进水平。大力推进低碳产品认证，促进低碳生产。重构工业生产和组织方式，全面推进工业绿色制造，推动绿色产品、绿色工厂、绿色园区和绿色供应链全面发展。加快工艺流程升级与再造，以绿色设计和系统优化为重点，推广清洁低碳生产，促进增产不增能甚至增产降能。以新材料技术为重点推行材料替代，降低原材料使用强度，提高资源回收利用水平。推行企业循环式生产、产业循环式组合、园区循环式改造，推进生产系统和生活系统循环链接。充分利用工业余热、余压、余气，鼓励通过"能效电厂"工程提高需求侧节能和用户响应能力。

（二）充分释放建筑节能潜力

建立健全建筑节能标准体系，大力发展绿色建筑，推行绿色建筑评价、建材论证与标识制度，提高建筑节能标准，推广超低能耗建筑，提高新建建筑能效水平，增加节能建筑比例。加快既有建筑节能和供热计量改造，实施公共建筑能耗限额制度，对重点城市公共建筑及学校、医院等公益性建筑进行节能改造，推广应用绿色建筑材料，大力发展装配式建筑。严格建筑拆除管理，遏制不合理的"大拆大建"。全面优化建筑终端用能结构，大力推进可再生能源建筑应用，推动农村建筑节能及绿色建筑发展。

（三）全面构建绿色低碳交通运输体系

为积极应对全球能源危机，加快我国经济、社会可持续发展速度，必须大力倡导绿色发展理念。作为能源消耗与温室气体排放的主要领域，交通运输低碳化转型发展极为迫切。交通运输事业充分整合绿色发展理念，积极创建绿色低碳交通运输体系，强化交通战略布局，优化交通网络架构，有助于交通运输事业稳定发展。[①]

优化交通运输结构，大力发展铁路运输、城市轨道交通运输和水运，减少煤炭等大宗货物公路长途运输，加快零距离换乘、无缝衔接交通枢纽建设。倡导绿色出行，深化发展公共交通和慢行交通，提高出行信息服务能力。统筹油、气、电等多种交通能源供给，积极推动油品质量升级，全面提升车船燃料消耗量限值标准，推进现有码头岸电设施改造，新建码头配套建设岸电设施，鼓励靠港船舶优先使用岸电，实施多元替代。加快发展第三方物流，优化交通需求管理，提高交通运输系统整体效率和综合效益。

（四）实施最严格的减排制度

坚决控制污染物排放，主动控制碳排放，建立健全排污权、碳排放权初始分配制度，培育和发展全国碳排放权交易市场。强化主要污染物减排，重点加强钢铁、化工、电力、水泥、氮肥、造纸、印染等行业污染控制，实施工业污染源全面达标排放行动，控制移动源污染物排放。全面推进大气中细颗粒物防治，构建机动车船和燃料油环保达标监管体系。扩大污染物总量控制范围，加快重点行业污染物排放标准修订。提高监测预警水平，建立完善全国统一的实时在线环境监控系统，加强执法监督检查。依法做好开发利用规划环评，严格建设项目环评，强化源头预防作用和刚性约束，加快推行环境污染第三方治理。

四、促进城乡电气化进程全面发展

结合新型城镇化、农业现代化建设，拓宽电力使用领域，优先使用可再生能源电力，同时推进电气化和信息化建设，开创面向未来的能源消费新时代。

（一）大幅度提高城镇终端电气化水平

实施终端用能清洁电能替代，大力推进城镇以电代煤、以电代油。加快制造设备电气化改造，提高城镇产业电气化水平。提高铁路电气化率，超前建设汽车

---

① 兰永利. 绿色发展理念构建低碳交通运输经济体系 [J]. 商展经济，2024（16）：122.

充电设施，完善电动汽车及充电设施技术标准，加快全社会普及应用，大幅度提高电动汽车市场销量占比。淘汰煤炭在建筑终端的直接燃烧，鼓励利用可再生电力实现建筑供热（冷）、炊事、热水，逐步普及太阳能发电与建筑一体化。

（二）发展城镇"煤改电"

为减少燃煤污染物排放，对天然气管道难以延伸的居民区推行"煤改电"，通过电网增容和电表改造，居民冬季采暖改用电暖气，这是近年来我国许多地区积极实施的一项重要举措，具有提高居民生活品质和保护大气环境的双重作用。"煤改电"涉及增加相关设备和维护，包括变压器、电表、取暖器、电线等基础设施的重新安装，还包括新增加的房屋保温层和其他保证房屋更加严实的修缮。与燃煤相比，"煤改电"使用成本也较高，需要政府部门补贴政策支持，使居民享受优惠电价。在实施"煤改电"过程中，还存在居民担心的用电安全等问题，推进过程存在一定难度，但如果政策落实到位、基础设施保障到位、电价补贴落实到位，用户一般都能够接受。

（三）全面建设新农村新能源新生活

切实提升农村电力普遍服务水平，完善配电网建设及电力接入设施、农业生产配套供电设施，缩小城乡生活用电差距。加快转变农业发展方式，推进农业生产电气化。实施光伏（热）扶贫工程，探索能源资源开发中的资产收益扶贫模式，助推脱贫致富。结合农村资源条件和用能习惯，大力发展太阳能、浅层地热能、生物质能等，推进用能形态转型，使农村成为新能源发展的"沃土"，建设美丽宜居乡村。

要想从根本上降低农村用能成本，改变农村分散烧煤、秸秆、柴草等的污染问题，应该从源头抓起，从普及推广各种环保热源替代工程等方面考虑，如通过秸秆气化工程发展沼气，使秸秆充分利用，并减少环境污染。

（四）发展分布式能源

传统的集中式供能系统采用大容量设备、集中生产，再通过专门的输送设施

（大电网、大热网等）将各种能量输送给较大范围内的众多用户。分布式能源则是直接面向用户，按用户的需求就地生产并供应能量，具有多种功能，可满足多重目标的中、小型能量转换利用系统。分布式能源的发展在我国尚处于初级阶段。由于我国各地能源资源特点差异较大，发展分布式能源应根据地区资源特点，在国家相关政策的扶持下，因地制宜择优发展太阳能、风能、天然气、地热能分布式能源。可以预见，随着我国经济社会快速发展，城镇化的迅速推进和作为城镇主体形态的城市群空间格局的形成，分布式能源系统将会在大城市和有天然气资源的城市群中得到较快发展。在广大农村地区，根据资源特点因地制宜，发展太阳能发电、生物质发电等分布式能源也具有较好的前景。

（五）加速推动电气化与信息化深度融合

保障各类新型合理用电，支持新产业、新业态、新模式发展，提高新消费用电水平。通过信息化手段，全面提升终端能源消费智能化、高效化水平，发展智慧能源城市，推广智能楼宇、智能家居、智能家电，发展智能交通、智能物流。培育基于互联网的能源消费交易市场，推进用能权、碳排放权、可再生能源配额等网络化交易，发展能源分享经济。加强终端用能电气化、信息化安全运行体系建设，保障能源消费安全可靠。

五、树立勤俭节约的消费观

充分调动人民群众的积极性、主动性和创造性，大力倡导合理用能的生活方式和消费模式，推动形成勤俭节约的社会风尚。

（一）增强全民节约意识

牢固树立尊重自然、顺应自然、保护自然的理念，加强环保意识、生态意识，积极培育节约文化，使节约成为社会主流价值观，加快形成人与自然和谐发展的能源消费新格局，把节约高效作为素质教育的重要内容。发挥公共机构典型示范带动作用，大力提倡建设绿色机关、绿色企业、绿色社区、绿色家庭。加强绿色消费宣传，坚决抵制和反对各种形式的奢侈浪费和不合理消费。

（二）培育节约生活新方式

人类需求的无限性和资源的有限性之间的矛盾是人类社会永恒的矛盾。当今这一矛盾极其尖锐。因此，培育节约型的生活方式和消费模式来缓解这一矛盾，是世界性趋势，也是建设节约型社会的一项重要任务。[①]

开展绿色生活行动，推动全民在衣食住行游等方面加快向文明绿色方式转变。继续完善小排量汽车和新能源汽车推广应用扶持政策体系。适应个性化、多元化消费需求发展，引导消费者购买各类节能环保低碳产品，减少一次性用品使用，限制过度包装，推广绿色照明和节能高效产品。

（三）完善公众参与制度

提高公众参与程度，扩大信息公开范围，使全体公民在普遍享有现代能源服务的同时，保障公众知情权。健全举报、听证、舆论和公众监督制度。发挥社会组织和志愿者作用，引导公众有序参与能源消费各环节。

从系统学角度看，能源消费革命可以理解为是能源消费系统的一个彻底的、激烈的变化过程。能源消费系统从静态的角度看，由生产（工业、农业、建筑业等）、建筑（商业和民用建筑）、交通（客运和货运）等终端用能系统构成。它们消费电力、燃料、热等能源载体，利用终端用能设备产生有用能，驱动生产过程、电器、机动交通工具等被动系统提供人们所需的最终服务，如热舒适性、照明、结构性支撑、周转量等。能源消费革命需要该系统最终稳定下来并形成一个合理的结构和高效的用能方式，这需要极大地降低产业的能源强度，并提高单位能耗创造的附加值。此外，需要严格控制建筑、交通的服务量以极大地提高用能效率。

从全球形势来看，在能源安全和气候变化问题日益严峻的情况下，我国需要实现比历史上中等发达国家更低的人均能耗和更高的能效，才能称得上是"革命"。能源消费革命要求优化系统的动态过程，以最小的能耗代价完成从现在的

---

① 吴亚斌. 节约型生活方式和消费模式亟待培育 [J]. 学习月刊，2006（18）：45.

能源消费系统到最终稳定下来的能源系统的平稳过渡。这要求对于过程涉及的大范围、大规模技术更替有良好的控制，要求设施设备均能得到寿命周期内的充分利用，减少建设型能耗的浪费；要求先进适用技术及时得到应用，并加速新技术的采用，不断提高技术能效。这需要彻底将目前粗放的、以服务量为主要考核目标的经济、社会运行管理方式，转变成以能耗为约束条件、强调能源精心利用的运行管理方式。

第二节　能源供给安全：多元化与可靠性

立足资源国情，实施能源供给侧结构性改革，推进煤炭转型发展，提高非常规油气规模化开发水平，大力发展非化石能源，完善输配网络和储备系统，优化能源供应结构，形成多轮驱动、安全可持续的能源供应体系。

一、实现煤炭转型发展

煤炭是我国主体能源和重要工业原料，支撑了我国经济社会快速发展，还将长期发挥重要作用。实现煤炭转型发展是我国能源转型发展的立足点和首要任务。

（一）实现煤炭集中使用

多种途径推动优质能源替代民用散煤，大力推广煤改气、煤改电工程。制定更严格的煤炭产品质量标准，逐步减少并全面禁止劣质散煤直接燃烧，大力推进工业锅炉、工业窑炉等治理改造，降低煤炭在终端分散利用比例，推动实现集中利用、集中治理。

（二）大力推进煤炭清洁利用

建立健全煤炭质量管理体系，完善煤炭清洁储运体系，加强煤炭质量全过程监督管理。不断提高煤电机组效率，降低供电煤耗，全面推广世界一流水平的能效标准。加快现役煤电机组升级改造，新建大型机组采用超超临界等最先进的发电技术，建设高效、超低排放煤电机组，推动实现燃煤电厂主要污染物排放基本达到燃气电厂排放水平，建立世界最清洁的煤电体系。结合棚户区改造等城镇化建设，发展热电联产。在钢铁、水泥等重点行业以及锅炉、窑炉等重点领域推广煤炭清洁高效利用技术和设备。按照严格的节水、节能和环保要求，结合生态环境和水资源承载能力，适度推进煤炭向深加工方向转变，探索清洁高效的现代煤化工发展新途径，适时开展现代煤化工基地规划布局，提高石油替代应急保障能力。

（三）促进煤炭绿色生产

严控煤炭新增产能，做好新增产能与化解过剩产能衔接，完善煤矿正常退出机制，实现高质量协调发展。实施煤炭开发利用粉尘综合治理，限制高硫、高灰、高砷、高氟等煤炭资源开发。强化矿山企业环境恢复治理责任，健全采煤沉陷区防治机制，加快推进历史遗留重点采煤沉陷区综合治理。统筹煤炭与煤层气开发，提高煤矸石、矿井水、煤矿瓦斯等综合利用水平。加强煤炭洗选加工，提高煤炭洗选比例。促进煤炭上下游、相关产业融合，加快煤炭企业、富煤地区、资源枯竭型城市转产转型发展。

二、推动清洁能源成为能源增量主体

大力发展清洁能源，大幅增加生产供应，是优化能源结构、实现绿色发展的必由之路。推动清洁能源成为能源增量主体，开启低碳供应新时代。

（一）推动非化石能源跨越式发展

坚持分布式和集中式并举，以分布式利用为主，推动可再生能源高比例发展。大力发展风能、太阳能，不断提高发电效率，降低发电成本，实现与常规电力同等竞争。因地制宜选择合理技术路线，广泛开发生物质能，加快生物质供热、生物天然气、农村沼气发展，扩大城市垃圾发电规模。创新开发模式，统筹水电开发经济效益、社会效益和环境效益。在具备条件的城市和区域，推广开发利用地热能，开展海洋能等其他可再生能源利用的示范推广。采用我国和国际最新核安全标准，安全高效发展核电，做好核电厂址保护，优化整合核电堆型，稳妥有序推进核电项目建设，加强铀资源地质勘查，实行保护性开采政策，规划建设核燃料生产、乏燃料后处理厂和放射性废物处置场。

（二）积极推动天然气国内供应能力倍增发展

加强天然气勘查开发，建设四川、新疆等天然气生产供应区，加快推动鄂尔多斯盆地、沁水盆地与新疆等地区不同煤阶煤层气以及四川盆地及外围、中下扬子地区、北方地区页岩气勘查开发，推动煤层气、页岩气、致密气等非常规天然气低成本规模化开发，稳妥推动天然气水合物试采。处理好油气勘查开发过程中的环境问题，严格执行环保标准，加大水、土、大气污染防治力度。

（三）推动分布式成为重要的能源利用方式

在具备条件的建筑、产业园区和区域，充分利用分布式天然气、分布式可再生能源，示范建设相对独立、自我平衡的个体能源系统。根据分布式能源供应情况，合理布局产业集群，完善就近消纳机制，推动实现就地生产，就地消费。

三、推进能源领域的供给侧改革

能源资源是国民经济发展的重要物质保障和经济增长动力源之一，是各行业发展不可或缺的中间投入品和生产要素，能源产品结构、价格及服务对供给侧结构性改革有重要影响。能源资源的开发利用、加工转换、输送等环节所形成的能源产业是我国国民经济中的基础产业，对经济增长有重要的支撑作用，能源领域的供给侧改革对其他领域的改革具有带动和示范作用。

第一，能源领域的供给侧改革要求淘汰过剩产能，形成与新常态下能源需求新形势相适应的生产能力。新常态首先意味着经济增速放缓，能源需求不可能再像过去重化工业加速发展时期那样高速增长。同时，新常态还意味着经济结构优化升级以及增长动力转向创新驱动，这将深度改变能源消费与经济增长之间的相关关系。综合这两个方面的因素，随着我国经济增长由高速增长转向中高速增长，预计能源消费会进入中低速增长轨道，特别是煤炭消费已经进入峰值平台期，未来难有增长空间。在这种情况下，必须下定决心、加大力度化解产能过剩问题。特别是在煤炭和火电两个领域，当务之急是要建立健全行业退出机制，最终构建适应新常态的能源基础设施体系，既保障行业健康发展，又降低经济社会发展的资本成本。

第二，坚持严控能源增量、优化存量，着力提升能源供给质量和效率，扩大有效供给，合理控制能源要素成本，增强供给的适应性和灵活性。

第三，建立健全能源生产、配送、交易管理市场化制度，推动能源优质优供，引导能源消费升级。完善产能退出机制，加快淘汰能源领域落后产能。分级分类建立能源产品标准体系并逐步完善提高，严禁不合格能源生产、交易和使用。通过技术进一步降低清洁能源成本，完善支持清洁能源发展的市场机制，建立健全生态保护补偿机制，推动化石能源外部环境成本内部化，合理确定煤炭税费水平。建立多元化成品油市场供应体系，实现原油、煤炭、生物质等原料的生产技术和产品的协同优化。优化能源系统运行，打造能源高效公平流动基础设施平台。建立能源基础设施公平性接入的有效监督机制，降低输配成本，提高能源供给效率。

四、改进能源生产的地域分布

综合考虑能源资源禀赋、水资源条件、生态环境承载力以及能源消费总量和强度"双控"等因素，科学确定能源重点开发基地，统筹能源生产与输送。

（一）合理布局能源生产供应

东部地区，充分利用国内外天然气，发展核电、分布式可再生能源和海上风电，积极吸纳其他地区富余清洁能源，率先减煤。中部地区，大力发展分布式可再生能源，做好煤炭资源保护性开发，总体上降低煤炭生产规模，加快发展煤层气，建设区外能源输入通道及能源中转枢纽。在西南地区，建设云贵川及金沙江等水电基地，大力发展川渝天然气，积极发展生物质能源，加快调整煤炭生产结构。在西北地区，建设化石能源和可再生能源大型综合能源基地，保障全国能源平衡。在东北地区，加快淘汰煤炭落后产能，大力发展新能源和可再生能源，实现供需平衡，完善国外能源输入通道。加快建设海上油气战略接续区，稳步推进海洋能开发利用。按照炼化一体化、装置规模化、产业园区化、产品清洁化的要求，优化石油炼化产业布局。

（二）有效衔接能源开发地与输送网

实行能源优先就地平衡，尽量减少远距离大规模输送。结合全国能源生产供应布局，统筹多种能源输送方式，推进能源开发基地、加工转换基地与能源输送通道的同步规划、同步建设。加快能源输送网络转型，减少网络冗余，提高系统运行效率，扩大可再生能源有效利用，推动能源输送网络运营调度升级提效。

五、全面建设"互联网+"智慧能源

互联网为能源转型发展提供技术支撑，从生产、传输、消费各环节进行变革，顺应了能源发展的趋势。互联网与能源融合，一方面可以基于互联网进行能源监测、调度和管理，提高可再生能源的入网比例，实现供能方式多元化，优化能源结构；另一方面可以基于互联网进行能源的公平交易、高效管理和精准服务，促使供需对接，实现能源按需流动，促进资源的节约和高效利用，降低能源消耗总量。

"互联网+"智慧能源将是能源体制机制市场化的突破口，搭建基于互联网的能源交易平台，实现能源市场主体多元化，能源价格将通过协商、市场竞价等方式来自主确定。

（一）推进能源生产智能化

鼓励风电、太阳能发电等可再生能源的智能化生产，推动化石能源开采、加工及利用全过程的智能化改造，加快开发先进储能系统。加强电力系统的智能化建设，有效对接油气管网、热力管网和其他能源网络，促进多种类型能流网络互联互通和多种能源形态协同转化，建设"源—网—荷—储"协调发展、集成互补的能源互联网。

能源生产智能化可大幅度提高能源生产效率和安全稳定运行水平。因此需鼓励能源企业建设智能工厂，运用大数据技术对设备状态、电能负载等数据进行分析挖掘与预测，开展精准调度、故障判断和预测性维护，提高能源利用效率和安全稳定运行水平。

（二）建设分布式能源网络

鼓励分布式可再生能源与天然气协同发展，建设基于用户侧的分布式储能设备，依托新能源、储能、柔性网络和微电网等技术，实现分布式能源的高效、灵活接入以及生产、消费一体化，依托能源市场交易体系建设，逐步实现能源网络的开放共享。

可再生能源在地理上较为分散，发电具有不连续、随机性、波动性和不可控等特点，传统电力网络集中统一的管理方式，难以适应可再生能源大规模利用的要求。对于可再生能源的有效利用方式是"就地收集，就地存储，就地使用"，因此建设以太阳能、风能等可再生能源为主体的、多能源协调互补的能源互联网，提高可再生能源入网比例，对优化我国能源结构具有极大的促进作用。

能源互联网最大的特征是能源网络的民主化和去中心化，未来每个微型能源网络都将成为能源互联网的一个节点，能量可以在任意节点之间流动。在这个过程中，需突破分布式发电、储能、智能微电网、主动配电网等关键技术。在传统电网的基础上，能源互联网重点发展分布式微型能源网络，将分布式发电、储能、智能变电和智能用电等设备组成的微型能源网络设备互联起来，且每个微电网可以并网运行或离网运行。为此，需要构建智能化电力运行监测、管理技术平台，使电力设备和用电终端基于互联网进行双向通信和智能调控，从而实现分布式电源的及时有效接入。

（三）发展基于能源互联网的新业态

推动多种能源的智能定制，合理引导电力需求，鼓励用户参与调峰，培育智慧用能新模式。依托电子商务交易平台，实现能源自由交易和灵活补贴结算，推进虚拟能源货币等新型商业模式。构建基于大数据、云计算、物联网等技术的能源监测、管理、调度信息平台、服务体系和产业体系。打造能源企业"大众创业、万众创新"平台，全面推进能源领域众创、众包、众扶、众筹。

电网和通信网分别建设可能造成一些资源浪费，发展基于电网的通信设施，能够实现电网和通信网的同缆传输、共建共享，避免重复建设。电力光纤能够满足多业务需求，通过智能电表和智能用电设备，依托智能电网，可以发展家庭能效管理等多种新型业务，实现家庭能效分析评估、能源使用可视化管理、用能情况分析、家电运行控制、节能目标预测与控制、用能优化策略和能源管理决策支持。

第三节　能源技术创新：驱动发展的关键

全球能源变革趋势将促进世界范围内经济发展方式的低碳转型，并伴随激烈的国际经济、贸易和技术竞争。当前先进能源技术已成为国际技术竞争的前沿和热点领域，成为世界大国战略必争的高新科技产业，新能源和可再生能源产业以及智慧能源互联网的快速发展将吸引巨额投资，带来新的经济增长点、新的市场和新的就业机会。低碳技术和低碳发展能力越来越成为一个国家核心竞争力的体现。我国必须实施创新驱动发展战略，顺应全球能源变革趋势，加快能源革命的步伐，打造先进能源技术的竞争力和低碳发展优势，在新一轮能源体系革命中占据先机，才能在自身可持续发展的基础上，在全球能源变革和应对气候变化国际合作行动中占据主动和引领地位。

能源技术革命的首次提出，标志着能源技术创新已经摆在能源发展全局的核心位置，改革进入快车道。立足自主创新，准确把握世界能源技术演进趋势，以绿色低碳为主攻方向，选择重大科技领域，按照应用推广一批、示范试验一批、集中攻关一批的路径要求，分类推进技术创新、商业模式创新和产业创新，将技术优势转化为经济优势，培育能源技术及关联产业升级的新增长点。

一、推广清洁低碳能源开发与利用技术

无论是从国际的环境保护要求还是从国内重工业发展的要求看，中国都需要

开发低碳能源技术，朝着低碳经济的方向发展。从技术经济来看，这也符合我国的科技带动节能减排的发展战略、转变我国经济的增长方式和走新型工业化道路的做法。

第一，可再生能源技术。加快大型陆地、海上风电系统技术及成套设备研发，推动低风速、风电场发电并网技术攻关。加快发展高效太阳能发电利用技术和设备，重点研发太阳能电池材料、光电转换、智能光伏发电、风光水互补发电等技术，研究可再生能源大规模消纳技术。研发应用新一代海洋能、先进生物质能利用技术。

第二，先进核能技术。推动大型先进压水堆核电站的规模化、钠冷快中子堆核电厂示范工程和压水堆乏燃料后处理示范工程的建设以及高温气冷堆等新型核电示范工程建设；推进小型智能堆、浮动核电站等新技术示范，重点实施自主知识产权技术的示范推广。突破铀资源攻深找盲技术和超深大型砂岩铀矿高效地浸、铀煤协调开采等关键技术，探索盐湖及海水铀资源低成本提取技术，开展先进核电燃料的研究和应用，开发事故容错核燃料技术、先进核燃料循环后处理技术及高放废物处理处置技术。

第三，煤炭清洁开发利用技术。创新煤炭高效建井和智能矿山等关键技术、煤炭无人和无害化等智能开采、充填开采、保水开采以及无煤柱自成巷开采技术，开展矿井低浓度瓦斯采集、提纯、利用技术攻关。创新超高效火电技术、超清洁污染控制技术、低能耗碳减排和硫捕集封存利用技术、整体煤气化联合循环发电技术等，掌握燃气轮机装备制造核心技术，做好节水环保高转化率煤化工技术示范。

第四，油气开发利用技术。积极研究应用油气高采收率技术和陆地深层油气勘查开发技术，探索致密气、页岩气压裂新技术、油页岩原位开采技术。研发推广适合不同煤阶的煤层气抽采技术，推动深海油气勘查开发、海上溢油等事故应急响应和快速处理技术及装备研发，加快重劣质油组合加工技术等关键技术研发，积极推动油品质量升级关键技术研发及推广，突破分布式能源微燃机制造技术，推广单燃料天然气车船应用技术。

二、加强能源科技基础研究

实施人才优先发展战略，重点提高化石能源地质、能源环境、能源动力、材料科学、信息与控制等基础科学领域的研究能力和水平。

(一) 开展前沿性创新研究

加快研发氢能、石墨烯、超导材料等技术，突破无线电能传输技术、固态智能变压器等关键核心技术，发展快堆核电技术。加强煤炭灾害机理等基础理论研究，深入研究干热岩利用技术。突破微藻制油技术、探索藻类制氢技术，超前研究个体化、普泛化、自主化的能源体系相关技术。

(二) 重视重大技术创新

集中攻关可控热核聚变试验装置，力争在可控热核聚变实验室技术上取得重大突破。大力研发经济安全的天然气水合物开采技术，深入研究经济性全收集全处理的碳捕集、利用与封存技术。

要实现建设绿色、低碳、安全、高效、可持续的现代能源体系的总体目标，必须以能源技术创新为基础，必须进一步加大技术研发应用力度，为建设现代能源体系提供技术支撑。

第一，技术创新推动绿色能源发展。发展绿色能源，必须大力开发清洁无污染的新能源。技术创新是新能源由实验阶段走向大规模应用的关键一环，是传统能源通向绿色能源的捷径和根本，也是发展绿色能源的重要手段。

第二，技术创新推动低碳能源发展。发展低碳能源，必须通过扩大产业规模，缓解经济发展和气候变化对碳排放产生的不同要求这一根本矛盾。技术创新是推动低碳产业快速发展的动力来源，是掌握低碳能源核心竞争力的决定性因素，是发展低碳能源的重要手段。

第三，技术创新推动安全能源发展。发展安全能源，必须着眼于能源储量、能源多样性、能源可持续性、物理安全等多个方面。技术创新是带动产业模式和商业模式创新的重要引擎，是培育新增长点、带动产业转型升级的基础支撑，也是发展安全能源的重要手段。

第四，技术创新推动高效可持续能源发展。发展高效可持续能源，必须通过新能源开发，降低污染、消耗同时提高能源利用效率，推进能源结构多元化。技术创新是完善能源供给、丰富能源种类、提高能源质量的可靠保障，是构建可持续能源战略体系的有力翅膀，也是发展高效可持续能源的重要手段。

能源科技革命是能源生产与消费革命的支撑，也是抢占科技发展制高点，确保我国能源长远安全的战略保障。当前，全球能源技术创新进入高度活跃期，有力推动着世界能源向绿色、低碳、高效转型。我国能源必须大力推进技术创新、产业创新和商业模式创新，将技术优势转化为经济优势，培育能源技术及相关产业升级的新的增长点，在这场能源转型的国际竞赛中抢占先机。我国需要特别关注的是：高效节能技术；能源清洁开发、利用技术；智慧能源技术，包括互联网与分布式能源技术、智能电网技术与储能技术（含物理储能和化学储能）的深度融合；加强能源科技基础研究，大力开展前沿性创新研究，特别是与材料科学、信息技术等交叉学科创新和颠覆性技术创新；强化与深化能源科技与管理的国际交流与合作，并推动我国能源体制革命取得新的实质性的突破。

三、大力发展智慧能源技术

能源是人类生存的基础，是社会经济运行的动力。伴随着城镇化进程，我国能源消耗与日俱增。智慧能源是在"互联网+"的背景下，基于互联网理念和技术，融合物联网、人工智能等信息技术与可再生能源为代表的新能源技术，构建开放型能源系统，将使能源使用效率提高，同时也将实现可再生能源的跨越式发展。"互联网+"智慧能源以电力系统为核心纽带，构建多种类型能源互联网络，实现横向多源互补，能源与信息高度融合的新型能源体系。

智慧能源的核心在于"智慧"，通过互联网与能源行业的深度融合，利用通信技术与自动化技术，使能源生产更加智能化，使能源消费者得到质优价廉的服务。"互联网+"智慧能源的发展分为两个层面：一是能源互联。能源互联主要解决能源系统物理层面的互联问题。以电力系统为核心枢纽，用互联网理念对现有能源进行系统的改造，实现多种能源的互联互通。二是信息互联。信息互联主要解决互联网与能源系统之间数据联通的问题。基于互联网，能源生产与管理能够实现高度智能化、便捷化，同时也将极大地促进可再生能源的发展和能源结构的优化调整。能源供需对接更加便利，能源按需流动更加顺畅，能源的利用率将大大提高。此外，能源互联网使能源市场更加透明，能够实现能源的公平交易、高效管理和精准服务，从而催生能源领域更加先进的商业模式。

基于互联网技术，可以实现能源数据和设备信息的智能化、实时化、网络化管理，提高能源综合利用效率。只有在能源生产、传输、消费等环节推动智慧能源的发展，实现用户的智能化用能，才能深度挖掘能效提升的潜力。利用互联网技术解决可再生能源分布密度低的问题，实现就近配置，可以进一步提高可再生能源的入网比例，同时促进我国能源结构优化，降低我国对国外能源资源的依赖程度，提高能源利用率，实现降低能源消耗总量，减少污染排放，保护自然环境。

加强新能源并网、微电网等智能电网技术研发应用，推动先进基础设施和装备关键技术、信息通信技术及调控互动技术研发示范。完善并推广应用需求侧互动技术、电力虚拟化及电力交易平台技术，提升电网系统调节能力。发展可变速抽水蓄能技术，推进飞轮、高参数高温储热、相变储能、新型压缩空气等物理储能技术的研发应用，发展高性能燃料电池、超级电容等化学储能技术。研发支持即插即用、灵活交易的分布式储能设备。集中攻关能源互联网核心装备技术、系统支撑技术，重点推进面向多能流的能源交换路由器技术、能气交换技术、能量信息化与信息物理融合技术、能源大数据技术及能源交易平台与金融服务技术等。

第四节　能源体制转型：改革与现代化

由于能源在经济社会发展中的基础性、重要性以及其自身的特殊性和复杂性，单纯依靠市场或单纯依靠政府都难以管好能源产业，会导致严重的市场失灵或者政府失灵。有效的能源管理体制是市场机制和政府干预的有机结合。以市场为基础，尽可能充分发挥市场机制配置能源的作用，同时政府通过加强管理和服务，积极发挥作用，弥补、矫正市场失灵，保证能源的生产和消费满足经济、社会发展目标的要求。

还原能源商品属性，加快形成统一开放、竞争有序的市场体系，充分发挥市场配置资源的决定性作用和更好发挥政府作用。以节约、多元、高效为目标，创新能源宏观调控机制，健全科学监管体系，完善能源法律法规，构建激励创新的体制机制，打通能源发展快车道。

推动能源体制革命，并将其作为生态文明制度建设的重要内容。切实转变各级领导政绩观的导向和考核标准，强化节能和减排二氧化碳的目标责任制；创新能源宏观调控机制，建立健全能源法治体系，改革和完善促进低碳发展的财税金融政策体系、能源产品价格形成机制和资源环境税费制度；加强能源市场机制改革，加快形成统一开放、竞争有序的能源市场体系；倡导低碳生活方式和消费方式，探索中国特色的低碳城镇化道路。

一、构建有效竞争的能源市场体系

坚持社会主义市场经济改革方向，加快形成企业自主经营、消费者自由选择、商品和要素自由流动的能源市场体系。

（一）加速构建现代化市场体系

政府减少对能源市场的干预，减少对能源资源直接分配和微观经济活动的行政管理，抓紧构建基础性制度，保障资源有序自由流动。全面推进能源行政审批制度改革，完善负面清单，鼓励和引导各类市场主体依法平等参与负面清单以外的能源领域投资运营。积极稳妥发展混合所有制，支持非公有制发展，实现市场主体多元化。建立完善的油气、煤炭、电力以及用能权等能源交易市场，确立公平、开放、透明、统一的市场规则。打破地区封锁、行业垄断，加强市场价格监管和反垄断执法，严厉查处实施垄断协议、滥用市场支配地位和滥用行政权力等垄断行为。

（二）全面推进能源企业市场化改革

着力推动能源结构、布局、技术全面优化，实施国有能源企业分类改革，坚持有进有退、有所为有所不为，着力推进电力、油气等重点行业改革。按照管住中间、放开两头的原则，有序放开发电和配售电业务。优化国有资本布局，完善现代企业制度，提高投资效率，充分发挥在保护资源环境、加快转型升级、履行社会责任中的引领和表率作用，更好适应能源消费需求升级。增强国有经济活力、控制力、影响力、抗风险能力，做优做强，更好地服务于国家战略目标。

二、加快推进能源价格改革

长时间以来，煤炭、电力、油、气被认为是特殊商品，应该由政府管制。事实上，能源虽然是关系国家安全的战略性资源，但也是商品，具有一般商品的基本属性，受价值规律和供求关系调节，可由竞争优化配置，由供求决定价格。

第一，区分行业的不同属性，明确各环节价格改革的方向和模式。应按照网运分开的原则，对相关产业链实施结构性改革，对油气管网、输电网络等自然垄断环节，核定其输配成本，确定企业的合理回报率，加强价格和成本监管；对于其他竞争性环节，则应打破垄断格局，鼓励多元主体参与竞争，形成市场化的价格机制。

第二，界定好政府与市场的边界。政府支持能源市场的发展应当基于市场原则，坚持以市场为资源配置的基础。要降低新能源成本、实现规模化产业发展，必须依靠市场的作用，在政府的引导下，通过行业内部的有序竞争，优化资源配置，加快能源发展。

第三，全面放开竞争性环节价格，凡是能由市场形成价格的，都要交给市场。加强对市场价格的事中事后监管，规范价格行为。推动形成由能源资源稀缺程度、市场供求关系、环境补偿成本、代际公平可持续等因素决定的能源价格机制，稳妥处理和逐步减少交叉补贴。

第四，加强政府定价成本监审，推进定价公开透明。健全政府在重要民生和部分网络型自然垄断环节价格的监管制度，落实和完善社会救助、保障标准与物价上涨挂钩的联动机制，保障困难群众基本用能需求。

三、创新能源科学管理模式

加快政府职能转变，持续推进简政放权、放管结合、优化服务改革，建立健全战略谋划、规划实施、政策配套、监管到位的能源科学管理模式。

（一）加强战略规划引领

加强能源重大问题的战略谋划，加强顶层设计，不断提高能源宏观管理的全局性、前瞻性、针对性。做好能源规划、年度计划及各类专项规划之间的有机衔接，建立规划实施、监督检查、评估考核机制，保障规划有效落实，进一步提高规划的科学性、权威性和约束力。创新和完善能源宏观调控，按照总量调节和定向施策并举、短期和中长期结合、国内和国际统筹、改革和发展协调的要求，推动实现能源总量和强度控制、优化能源结构、防控风险、保护环境。

（二）创新宏观政策配套机制

完善鼓励清洁能源加快发展的产业政策和投融资机制。加强用能权与用水权、排污权、碳排放权初始分配制度以及土地有偿使用管理制度相衔接，统筹推进能源资源合理高效利用。研究完善矿产资源权益金及配套制度，维护资源所有者和投资者权益，健全政府依法有序投放、企业公开公平竞争的能源矿业资源管理机制。建立健全支撑能源绿色发展的财税、金融服务体系。健全能源统计制度，完善计量体系和能源消费总量、环境质量、节能减排等目标考核体系，推进能源管理体系认证。加强能源信息收集整理，及时跟踪研究国内外能源发展情况及动态。

（三）重塑能源监管体系

统筹能源管理体制改革，明确中央与地方的能源监管职责。推进能源领域信用体系建设，保障政府科学决策、市场有序发展。完善监管协调机制，建立健全权责清晰、规则统一、方式得当、执法有力的现代能源监管框架。

（四）持续提升监管效能

完善能源市场准入制度，统一准入"门槛"，强化资源、环境、安全等技术标准。运用市场、信用、法治等手段，加强对能源市场主体行为的持续性动态监管，防范安全风险，维护市场秩序，保障社会公共利益和投资者、经营者、消费者合法权益。加强监管能力建设，创新监管方法和手段，提高监管的针对性、及时性、有效性。

第五节　全方位合作框架：国际能源协同

能源是人类社会生存发展的重要物质基础，攸关各国国计民生和战略竞争力。世界能源发展呈现出能源供需宽松化、能源格局多极化、能源结构低碳化、能源系统智能化、能源竞争复杂化等趋势。推动能源全球化进程的目标是提高能源资源优化配置能力，实现能源市场深度融合，提升能源安全保障水平，满足能源消费需求，打造能源利益共同体。

推动能源全球化进程的原则：一是互利共赢。寻求利益契合点和合作最大公约数，优势互补，共同发展。二是市场运作。遵循市场规律和国际通行规则开展能源合作，充分发挥市场在资源配置中的决定性作用。三是安全稳定。提高能源供应抗风险能力，共同维护国际能源生产和输送通道安全，构建安全高效的能源保障体系。四是绿色清洁。高度重视能源发展中的环境保护问题，积极推进清洁能源开发利用，严格控制污染物及温室气体排放，提高能源利用效率，推动能源绿色高效发展。

按照立足长远、总体谋划、多元合作、互利共赢的方针，加强能源宽领域、多层次、全产业链合作，构筑连接我国与世界的能源合作网，打造能源合作的利益共同体和命运共同体。

当前全球应对气候变化的合作进程以及全球能源变革的趋势，为我国推动能源生产和消费革命提供了良好的国际合作环境和共赢的机遇。全方位加强国际合作，要推动能源产业对外深度融合，打造世界范围内有竞争力的国际企业，积极参与国际能源体系的建设，扩大话语权和影响力。特别是注重和加强能源领域的南南合作，支持发展中国家能源变革和应对气候变化的能力建设，在全球能源和气候治理体制变革中发挥积极的引领作用，体现发展中大国的责任担当。

一、多元化与稳定化海外油气资源供应渠道

近年来，随着经济的发展，能源的对外依存度不断加大。未来我国的能源消费仍将刚性增长，对外依存度也将持续上升。随着全球政治环境变化，国际能源需求增加，未来能源安全形势十分严峻，因此应做到以下四个方面。

第一，完善海外重点合作区域布局，丰富能源国际合作内涵，把握好各方利益交集。

第二，构建多元化供应格局。有效利用国际资源，加快重构供应版图，形成长期可靠、安全稳定的供应渠道。

第三，打造命运共同体。把握和扩大能源国际合作各方的利益交集，充分照顾合作东道国现实利益，把我国能源合作战略利益与资源国经济发展和改善民生需求充分结合起来。能源走出去企业要切实履行当地社会责任，促进互利共赢。"丝绸之路经济带"能源通道建设，一方面有利于拓宽我国油气资源供应渠道，实现能源供给多元化，在一定程度上缓解我国能源需求压力；另一方面有利于弱化我国对海上运输通道的依赖。

第四，创新合作方式。坚持经济与外交并重、投资和贸易并举，充分利用高层互访、双多边谈判、对外经济援助等机会，创新完善能源国际合作方式。发挥资本和资金优势，推动资源开发与基础设施建设相结合。

二、"一带一路"能源通道提速

新时代，中国以"一带一路"倡议为重点，打造国际合作新平台，增添共同发展新动力；坚持"引进来"和"走出去"并重，遵循共商共建共享原则，加强创新能力开放合作，形成陆海内外联动、东西双向互济的开放格局；拓展对外贸易，培育贸易新业态新模式，推进贸易强国建设；实行高水平的贸易和投资自

由化、便利化政策，全面实行准入前国民待遇加负面清单管理制度，大幅度放宽市场准入，扩大服务业对外开放，保护外商投资合法权益；优化区域开放布局，加大西部开放力度；赋予自由贸易试验区更大改革自主权，探索建设自由贸易港；创新对外投资方式，促进国际产能合作，形成面向全球的贸易、投融资、生产、服务网络，加快培育国际经济合作和竞争新优势。

"一带一路"倡议提出后，不仅倡议国、"一带一路"合作伙伴和共建国家受益匪浅，所有国家，包括发展中国家和发达国家，都可以从中受益；"一带一路"倡议的建设成果，具有普惠性，让各国人民共享成果，有利于逐步缩小贫富差距。因此，促进"一带一路"沿线国际合作是构建人类命运共同体的重要途径。

第一，巩固油气既有战略进口通道，加快新建能源通道，有效提高我国和沿线国家能源供应能力，全面提升能源供应互补互济水平。

第二，确保能源通道畅通。巩固已有主要油气战略进口通道，推动建立陆海通道安全合作机制做好通道关键节点的风险管控，提高设施防护能力、战略预警能力以及突发事件应急反应能力，建设安全畅通的能源输送大通道。

第三，完善能源通道布局。加强陆海内外联动、东西双向开放，加快推进"一带一路"共建国家和地区能源互联互通，加快能源通道建设，提高陆上通道运输能力，推动周边国家电力基础网络互联互通。

第四，推进共商共建共享。与相关国家和地区共同推进能源基础设施规划布局、标准规范、经营管理的对接，加强法律事务合作，保障能源输送高效畅通。以企业为主体，以基础设施为龙头，共建境外能源经贸产业园区。

三、深化国际产能和装备制造领域合作

引技引智并举，拓宽合作领域，加大国际能源技术合作力度，推动能源产业对外深度融合，提升我国能源国际竞争力。

第一，引进先进适用技术。通过相互投资、市场开放等手段，引进消化吸收和再创新清洁煤、乏燃料处理、智能电网等关键、适用能源技术，鼓励掌握先进技术的国外企业参与国内非常规油气勘查开发、清洁低碳能源开发利用等。

第二，提升科技全球协同创新能力。积极参与前瞻性能源技术国际研发应用

合作平台和机制建设，密切跟踪掌握关键重点领域前沿动态。加强政府间、企业间、研究机构间合作与交流，创新能源领域人才合作培养机制。积极参与制定先进能源技术标准，推动国内技术标准国际化。

第三，融入全球能源产业链。发挥比较优势，培育一批跨国企业，增强国际竞争力，推动能源生产和高效节能装备、技术、服务"走出去"。联合技术先进国家共同开拓第三方国际市场，深度融入全球能源产业链、价值链、物流链。

发挥国家能源集团排头兵作用，国家能源集团作为代表国家参与国际能源竞争的重点骨干力量，要积极参与推动能源全球化进程，利用国际国内两个能源市场、两种能源资源，稳步提升国际化经营水平，加快形成国际能源合作和竞争新优势；要主动服务国家战略，积极参与"一带一路"建设，加快推动能源基础设施互联互通等项目落地，加强国际能源产能合作，推动煤炭、煤电、煤化工、风电等优势产业走出去，带动中国装备制造、技术、标准和服务走向世界，不断提升企业国际影响力；要高度重视防范风险，加强项目可行性研究和论证，杜绝盲目投资并购、恶性竞争等非理性经营行为，切实防范国别法律风险、廉洁风险，主动保护环境，积极履行社会责任，坚决维护好国家形象；要着力提升全球影响力，加快全球资源配置步伐，投资稀缺资源，并购关键技术，优化全球布局，打造国际品牌，建设具有全球竞争力的世界一流综合能源企业，并发挥国家能源集团排头兵作用，推动能源全球化进程，促进"一带一路"国际合作，构建人类命运共同体，为中国人民谋幸福，为中华民族谋复兴。

四、增强国际能源事务话语权

积极参与国际能源治理，推动全球能源治理机制变革，共同应对全球性挑战，打造命运共同体。巩固和完善我国双边多边能源合作机制，积极参与国际机构改革进程。

积极承担国际责任和义务，坚持共同但有区别的责任原则、公平原则、各自能力原则，积极参与应对气候变化国际谈判，推动形成公平合理、合作共赢的全球气候治理体系。广泛开展务实交流合作，推动其他国家切实履行大幅度率先减排等义务，支持发展中国家开发清洁能源和保护生态环境，树立负责任大国形象。

第五章　能源高质量发展的技术保障
——分布式能源

第一节　分布式能源体系的关键——储能技术

由于自然资源的特性，利用风能、太阳能及潮汐能等发电时，其功率输出具有明显的间歇性和波动性，其变化甚至是随机的，易对电网产生冲击，严重时甚至会引发电网事故。若能在分布式能源体系中引入储能技术，则可以有效地实现需求侧管理，减小负荷峰谷差，降低供电成本，引导可再生能源突破瓶颈，尤其是间歇性能源，诸如太阳能光伏发电、风电、潮汐能发电等。从某种程度上说，储能技术决定了分布式能源的发展水平，是其成败的关键。储能技术的突破将给传统的能源消费方式等带来革命性变化。

一、储能技术的作用

从目前电网的发展轨迹看，储能技术的作用主要体现在以下三个方面。

（一）优化电网负荷

储能装置可在终端用电低谷时作为负荷存储电能，在用电高峰时作为电源释放电能，从而在一定程度上减小峰谷差，变相削减峰值负荷。对电网而言，相当于改善了负荷特性，实现电力系统的负荷水平控制和负荷转移等。

储能技术给电网带来的好处包括：减少系统备用容量的需求，减少系统中调峰调频机组的需求；减轻高峰负荷时输电网的潮流，有助于减少系统输电网络的损耗，进而减少输电网的设备投资，提高输配电设备的利用率；减少火电机组参与调峰，提高发电效率，从而获取更多经济效益。

（二）抑制电网振荡

任何微小扰动引起的动态不平衡功率都会导致机组间的振荡，可以通过发电机附加励磁控制对其进行有效抑制。但是，对于大型复杂互联电力系统中出现的区域间多模式低频振荡问题，最有效的控制点可能位于远离发电机组的某条输电线路上，若通过远离系统最有效控制部位的发电机组励磁控制对振荡进行抑制，往往难以达到满意的控制效果。

从理论上讲，只要储能装置容量足够大，而且响应速度足够快，就可以实现任何情况下系统功率的完全平衡，这是一种主动致稳电力系统的思想。这种电力系统稳定控制装置不必和发电机的励磁系统共同作用，因此，可以方便地使用在系统中对于抑制振荡来说最有效的部位。使用能向电网提供1—2秒钟有功功率补偿的储能系统，即可使电网中各机组在受扰动后的暂态过程中保持同步运行，从而避免系统崩溃事故的发生。

毫秒级响应、大容量功率和能量传递的特性能够提高大电网动态稳定性，使其在系统发生故障或受到扰动时，能够快速地吸收及发出功率，减小和消除扰动对电网的冲击，消除互联电力系统中的低频振荡，抑制同步振荡和谐振，并在扰动消除后缩短暂态过渡过程，使系统迅速恢复至稳定状态，提高系统运行的可靠性。

（三）提高电能质量

大容量储能技术可用于提高配网电能质量，增加系统电压的稳定性，为系统提供备用、调峰、调频、调相，电力系统稳定器等。

当用户侧对电能质量和电压波形要求较高时（如电子芯片制造业），需要把储能系统接在负荷侧，与先进的电力电子技术相结合，可以减小系统的谐波畸变，实现高效的有功调节和无功控制，快速平衡系统中由于各种原因产生的不平衡功率，消除电压凹陷和凸起，使全系统中各机组和负荷节点的电压保持在正常运行水平，平稳负的母线电压，保证用户电压波形的平滑性，从而有效地提高供电的质量。

从技术上来说，现在已经可以利用储能装置为每一个用户提供不间断的高质量供电服务，而且可以让用户自主选择何时通过配电回路从电网获取电能或向电网回馈电能。如此一来，用户用电的安全可靠性大大提高，而停电次数、时间和停电损失大幅减少，经济效益和社会效益明显。

二、储能技术的分类

按照载体技术类型划分，大型储能技术可分为机械类储能、电气类储能、电化学储能和化学类储能。

(一) 机械类储能

机械类储能的应用形式主要包括抽水蓄能、飞轮储能和压缩空气储能等。

1. 抽水蓄能

抽水蓄能的原理是在电网低谷时利用过剩电力将作为液态能量介质的水从低标高的水库抽到高标高的水库，再在电网峰荷时使高标高水库中的水回流到下水库，推动水轮发电机发电。

抽水蓄能属于大规模、集中式的能量储存，技术目前相当成熟，可用于电网的能量管理和调峰；储存效率一般为65%~75%，最高可达85%；负荷响应速度快（10%负荷变化只需10秒钟），从全停到满载发电约5分钟，从全停到满载抽水约1分钟；具有自调节能力。

抽水蓄能适合与核电站、大规模风力发电、超大规模太阳能光伏发电项目配合使用。

2. 飞轮储能

飞轮储能的原理是利用大转轮所储存的惯性能量，即在一个飞轮储能系统中，用电能将一个放在真空外壳内的转子（一个大质量的由固体材料制成的圆柱体）加速到几万转/分钟，从而将电能以动能形式储存起来。

飞轮储能使用寿命长，可达15—30年；效率高，可达90%左右；故障率低、稳定性好；具有较高的功率密度，而且响应速度快，可达毫秒级。

飞轮储能多用于工业和电力应急保障设备中，适用于在配电系统运行中进行频率调节，可用作一个不带蓄电池的电力应急保障设备，当供电电源故障时，快速转移电源，维持小系统的短时间频率稳定，以保证电能质量，减少供电中断、电压波动等。

3. 压缩空气储能

压缩空气储能采用空气作为能量的载体，大型的压缩空气储能利用过剩电力将空气压缩并储存在一个地下的空间结构（如地下洞穴），当需要时再将压缩空气与天然气混合，燃烧膨胀以推动燃气轮机发电。

压缩空气储能具有调峰功能，适合用于大规模风场，由于风能产生的机械能可以直接驱动压缩机运转，减少了中间电能转换的环节，从而提高转化率。

目前全球仅德国和美国有投运的压缩空气储能站。中国在这方面尚处于研究阶段，还未开展实际应用。

（二）电气类储能

电气类储能的应用形式包括超级电容器储能和超导储能。

1. 超级电容器储能

超级电容器根据电化学双电层理论研制而成，又称双电层电容器，两个电荷层的距离非常小（一般在 0.5mm 以下），采用特殊电极结构，使电极表面积成万倍地增加，从而产生极大的电容量。

超级电容器储能长寿命、循环次数多；充放电时间快、响应速度快，效率高；只需较少维护、无旋转部件；运行温度范围广，环境友好等。

超级电容器储能开发起步于 20 世纪中叶。近年来，相关技术进步较快，电容量大大增加，可达到几千法拉，并且在功率密度方面可达到传统电容器的十倍左右。超级电容器能将电能直接储存在电场中，无须能量形式转换，充放电时间快，非常适合于完善电网供电质量。但由于能量密度较低，需要与其他储能手段配合使用。

2. 超导储能

超导储能系统是由一个用超导材料制成的、放在一个低温容器中的线圈以及功率调节系统和低温制冷系统等构成。能量以直流电流方式储存在磁场中。

超导储能的电能直接储存在磁场中，无须能量形式转换，能量的充放电非常快（几毫秒至几十毫秒），功率密度高，响应速度极快，可用于改善配电网的供电质量。

超导储能可用于提高电能质量，增加供电系统阻尼，改善系统稳定性能，特别是用于抑制低频功率振荡。但是由于其成本昂贵和维护复杂，虽然已有商业性的低温和高温超导储能产品可用，但在电网中应用很少，大多是试验性的。其在电力系统中的应用取决于超导技术的发展（特别是材料、低成本、制冷、电力电子等方面技术的发展）。

（三）电化学类储能

电化学类储能主要包括各种二次电池，例如铅酸电池、锂离子电池、钠硫电池和全钒液流电池等，这些电池技术比较成熟，许多电池已经进入实际应用阶段，近年来已成为业内研究的重点。

1. 铅酸电池

铅酸电池的原理是电池内的阳极及阴极浸到电解液中，两极间会产生2V的电势。

铅酸电池技术很成熟，结构简单，价格低廉，维护方便，循环寿命可达1000次左右，效率可达80%~90%，性价比高。

铅酸电池是目前世界上应用最广泛的电池之一，常被用作电力系统的事故电源或备用电源，传统上大多数独立型光伏发电系统都会配备此类电池，但目前有被其他类型电池替代的趋势（如锂离子电池）。

2. 锂离子电池

锂离子电池实际上是一个锂离子浓差电池，正负电极由两种不同的锂离子嵌入化合物构成。充电时，Li+从正极脱嵌，经过电解质嵌入负极，此时负极处于富锂态，正极处于贫锂态；放电时则相反，Li+从负极脱嵌，经过电解质嵌入正极，正极处于富锂态，负极处于贫锂态。

锂离子电池的效率可达95%以上；放电时间可达数小时；循环次数可达

5000 次或更多，响应快速；锂离子电池是电池中能量最高的实用型电池，有多种材料可作为它的正极和负极，如钴酸锂电池、锰酸锂电池、磷酸铁锂电池、钛酸锂电池等。

锂离子电池在电动汽车、计算机、手机等便携式和移动设备上均可应用，目前它几乎已成为世界上应用最为广泛的电池。锂离子电池的能量密度和功率密度都较高，这是它能得到广泛关注和应用的主要原因。锂离子电池相关技术发展很快，近年来，大规模生产和多场合应用使锂离子电池的价格急速下降，因而其在电力系统中的应用也越来越多。锂离子电池技术仍然在不断地开发中，目前的研究集中在进一步提高它的使用寿命和安全性，降低成本，以及开发新的正、负极材料。

3. 钠硫电池

钠硫电池的阳极由液态的硫组成，阴极由液态的钠组成，中间隔有陶瓷材料的贝塔铝管。钠硫电池的运行温度需保持在 300℃ 以上，以使电极处于熔融状态。

钠硫电池的循环周期可达 4500 次；放电时间可达 6—7 小时；周期往返效率约为 75%；它的能量密度高，响应时间快，可达毫秒级。

在电力储能方面，钠硫电池用于调节电网峰谷、平衡负荷，为远程通信基站等提供稳定电力，并平滑可再生能源的输出波动。此外，钠硫电池还适用于电动汽车、边远地区或海岛的独立发电系统，以及作为 UPS 不间断电源保证设备在电网故障时继续运转。

4. 全钒液流电池

全钒液流电池的原理是，将能量储存在能够溶解于液态电解质的电活性物质中，而液态电解质储存在电池外部的罐中，用泵将储存在罐中的电解质打入电池堆栈，并通过电极和薄膜，将电能转化为化学能或将化学能转化为电能。

全钒液流电池技术已比较成熟；具有寿命长、循环次数多的特点。

液流电池有多个体系，其中全钒氧化还原液流电池最受关注。电池的功率和能量是不相关的，储存的能量取决于储存罐的大小，因而可以储存长达数小时至数天的能量，容量也可达 MW 级，适合于在电力系统中应用。

（四）化学类储能

化学类储能的基本原理是，利用待弃的风电制氢，通过电解水，将水分解为氢气和氧气，从而获得氢。之后可直接用氢作为能量的载体，再将氢与 CO_2 反应生成合成天然气（甲烷），以合成天然气为另一种二次能量载体。

采用这两种物质作能量载体的好处是储存的能量很大，可达 TWh 级；储存的时间也很长，可达几个月；另外，氢和合成天然气除了可用于发电，还有其他利用方式，如用于交通等。

将氢与 CO_2 合成甲烷的过程也被称作 P2G 技术。德国热衷于此项技术的研发和应用推广，已有示范项目在德国投入运行。以天然气为燃料的热电联产或冷、热、电联产系统已成为分布式发电和微电网的重要组成部分，在智能配电网中发挥着重要的作用，氢和合成天然气为分布式发电提供了充足的燃料。

三、不同储能技术的适用性

根据分布式能源系统对储能技术的要求，对不同储能技术进行比较。

第一，大型能量型储能可用于全球能源互联网调峰填谷。抽水蓄能、压缩空气储能等大型的、可长时间储能的设施，可用于大电网调峰；液流电池储能量大、循环次数多、寿命长，可作为电网调峰储能装置的补充；氢储能可用于存储过剩的风能和太阳能，为燃料电池汽车提供动力。

第二，大型功率型储能可用于平抑大规模清洁能源的波动性。超级电容器、超导电磁储能、飞轮储能、钠硫电池等功率型储能设备主要与大规模可再生能源联合运行，可迅速对风电、光伏发电的出力带来的电量做出反应，平抑电网波动，保障电网实时运行安全。

第三，小型储能电池可用于电动汽车。锂电池、新型铅酸电池、金属空气电池等储能设备，能量和功率密度较高，但电池同一性较差，难以组成大容量电池组，不适用于大型电站，目前主要用于电动汽车。随着电池使用寿命的延长和成本的降低，储能电池将逐渐满足电动汽车大规模发展需要。未来，电动汽车储能电池或接入全球能源网，通过合理安排充电时间，辅助电网调峰，实现低谷充电、高峰放电。

从上面的对比分析看，似乎各种储能技术都有其适用范围，但就目前不同的储能技术发展水平看，单一的储能技术很难同时满足能量密度、功率密度、使用寿命、环境特性以及成本等性能指标，需要将性能互补性强的储能技术相结合组成复合储能，或许可以取得良好的经济性。

基于这种认识，目前业内普遍认为飞轮储能和抽水蓄能电站是相对完美的组合。在各种储能技术中，飞轮储能技术是能量密度、使用寿命等技术性能结合得非常好的一种储能技术，在多个应用中都具有优势。而抽水蓄能电站是目前最成熟的、应用最广泛的大规模储能技术，具有容量大、寿命长的特点，可为大型电网提供调峰、填谷、调频、事故备用等服务。其良好的调节性能和快速负荷变化响应能力，对于有效减少分布式能源输入电网时引起的不稳定具有重大意义，但其建造条件苛刻的劣势导致其并不能被广泛利用。

无论何种储能技术，取得进步的关键都在于材料技术的突破。随着储能新材料的不断出现，未来在储能元件使用寿命延长、能量密度提高、充电时间缩短和成本降低等方面有望取得重要突破。

第二节　清洁能源的转换器——燃料电池技术

燃料电池作为一种新型能源清洁利用技术，其主要特点是能量转换效率高、环境污染小，在安全可靠性、操作性能、模块化、安装时间、占地面积等方面也有诸多优势，被誉为 21 世纪的新能源之一，是继火电、水电、核电之后的第四代发电方式。

一、燃料电池的原理与评判指标

燃料电池是一种将储存在燃料和氧化剂中的化学能直接转化为电能的电化学能量转换装置。当燃料和氧化剂源源不断地供应燃料电池时，它可以连续发电，并且一般在转化过程中不会产生 NO_x 和 SO_2 等粉尘污染物。

（一）燃料电池的原理

1. 燃料电池的热力学原理

燃料电池是个能量转换装置，热力学规定了它性能的理论极限或者理想情况以及自发性与否。具体而言，基于热力学第一定律和第二定律，通过一定的数学变换可以得出一些热力学势，比如系统内能 U、吉布斯自由能 G、焓 H、亥姆霍兹自由能 F 等。这些热力学势互相有联系，且基于一系列的标准状况等条件可以定义燃料电池的理论极限或理想情况。例如，燃料的热潜能，即从燃料提取的最大热能，由燃料的燃烧热或者更普遍意义上的反应焓 ΔH 给出；然而并不是所有燃料的热潜能都可以转化为有用功，燃料做功的潜能由吉布斯自由能 ΔG 给出，并且由吉布斯自由能 ΔG 唯一确定反应的自发性与否，其符号表明这个反应能否做电功，其大小则表明能做多少电功。此外，燃料电池的可逆电压 E 也和摩尔吉布斯自由能有关，即 $\Delta g = -nFE$。虽然 ΔG 与反应物的量成比例，但是 Δg 和 E 与反应物的量不成比例；当然理论上可逆电压 E 也与温度和压强相关，且影响能力有限；而作为燃料电池热力学的核心，能斯特方程通过引入化学势与 ΔG 的关系，对可逆电压 E 与反应物和生成物活度之间的关系进行描述，从而勾画出可逆电压与物质浓度、气体压强等之间的关系。最后，燃料电池的理想效率也由热力学相关定义表述得出，即 $\varepsilon = \Delta g / \Delta h$，且效率随着温度升高而下降。

2. 燃料电池的动力学原理

燃料电池依靠电化学反应将燃料中的化学能转化为电能，其中的反应动力学限制导致了燃料电池性能损失，即不能达到热力学所定义的理想状态。从微观角度看，电化学反应包含着电子的传输，并且发生在表面，由此电子的移动产生了电流，而活化能垒的存在却阻碍着反应物向生成物的转化。为此，需要牺牲部分燃料电池电压以降低活化能垒，从而增加反应物转化为生成物的速度进而增加反应的电流密度。这部分牺牲的电压称为活化过电势。电流密度输出与活化过电势成指数关系，两者可由 Butler-Volmer 方程确定。而反应物和生成物在无活化过电势条件下交换的速率定义为交换电流密度，交换电流密度越高，则反应越容易，因此最大化交换电流密度可以使活化过电势损耗最小化。目前有 4 种主要方法提高交换电流密度：①增加反应物浓度；②提高反应温度；③通过使用催化剂降低活化能垒；④增加反应场所数。

当前，燃料电池通常工作在相对高活化过电势下，其动力学过程可以用简化的 Butler-Volmer 方程近似表示。

（二）燃料电池评判指标

燃料电池称为"冷燃烧"发电，洁净、无污染、噪声低；不受热力学卡诺循环的限制，能量转换效率高；结构模块化、比功率高，既能集中供电，也可作分布能源供电，又可组成大容量中心发电站，优点显著。

1. 燃料电池的性能指标

（1）发电效率高。一般而言，燃料电池本体发电效率达 50% 左右，高温燃料电池配燃气—蒸汽联合循环，其效率为 60%~70%（LHV）。

（2）变负荷率高。变负荷率可达到（8%~10%）/min，负荷变化的范围为 20%~120%。

（3）电力质量高。电流谐波和电压谐波均满足 IEEE519 标准。

2. 燃料电池的环保指标

（1）燃料电池发电能有效降低火力发电的污染物、噪声和温室气体排放量。与常规燃煤发电机组相比，燃料电池发电中几乎没有燃烧过程，NO_x 排放量很小，一般可达到 0.139~0.236kg/（MW·h）以下，远低于天然气联合循环的 NO_x 排放量 [1~3kg/（MW·h）]。由于燃料进入燃料电池之前必须经过严格的净化处理，碳氢化合物也必须重整成 H_2 和 CO。因此，其尾气中 SO_2、碳氢化合物和固态粒子等污染物排放量非常低，CO_2 的排放量可减少 40%~60%。

（2）低噪声。在距发电设备 3 英尺（0.914m）处噪声小于 60dB（A）。例如 4.5MW 和 11MW 的大功率磷酸燃料电池电站的噪声已经达到低于 55dB 的水平。

3. 燃料电池的综合指标

（1）燃料电池可使用多种燃料，包括氢气、甲醇、煤气、沼气、天然气、轻油、柴油等。

（2）燃料电池模块化结构、体积小（小于 $1m^2/kW$），系统扩容容易；自动化程度高，可实现无人操作。

（3）系统供电灵活、可靠，是理想的分布式电源。燃料电池发电系统符合国家能源和电力安全的战略需要。就工业动力而言，能提供较大容量的燃料电池通常采用中高温度的燃料电池系统和装备。

二、燃料电池的分类

根据电解质种类的不同，燃料电池主要分为聚合物电解质膜燃料电池、碱性燃料电池、磷酸燃料电池、熔融碳酸盐燃料电池和固态氧化物燃料电池以及新型燃料电池。

（一）聚合物电解质膜燃料电池

聚合物电解质膜燃料电池（PEMFC），又称为质子交换膜燃料电池，由一种质子导体聚合电解膜（通常是一种氟化磺酸基聚合物）构成。这种膜不是通常意义上的导体，由于聚合物膜是酸性的，因此这种膜不传导电子，只传导质子，即氢离子的优良导体。同时它也是分离膜，能有效防止两极气体接触发生化学反应。

1. 聚合物电解质膜燃料电池的原理

质子交换膜燃料电池是以纯氢为燃料，并以氧或空气为氧化剂进行能量转化的装置。其基本工作原理可以被视为水电解过程的逆转，单个电池结构包括阳极、阴极以及质子交换膜。阳极为氢燃料进行氧化反应的场所，而阴极则是氧化剂发生还原反应的区域。两极均配备有催化剂，以加速电化学反应的进行，常用的电催化剂包括铂/碳或铂-钌/碳复合材料。质子交换膜在此过程中充当电解质，负责氢离子的传导。此外，氢气或经过净化的重整气作为燃料，而空气或纯氧则作为氧化剂。为实现气体的有效流动，双极板通常采用带有气体流动通道的石墨材料或表面改性的金属材料，确保系统的整体性能和反应效率。

导入的氢气通过阳极集流板（双极板）经由阳极气体扩散层到达阳极催化剂层，在阳极催化剂作用下，氢分子分解为带正电的氢离子（质子）并释放出带负电的电子，完成阳极反应，阳极发生的电化学反应为 $H_2 \rightarrow 2H^+ + 2e^-$。质子交换膜燃料电池采用的全氟磺酸膜是一种酸性电解质，传导的离子为质子，阳极氢分子分解的质子穿过膜到达阴极催化剂层，电子则由集流板收集，通过外电路到达阴极，电子在外电路形成电流，通过适当连接可向负载输出电能。在电池阴极，氧气通过集流板（双极板）经由阴极气体扩散层到达阴极催化剂层。在阴极催化剂的作用下，氧气与透过膜的氢离子（质子）及来自外电路的电子发生反应生成水，完成阴极反应，阴极发生的电化学反应式为：$\frac{1}{2}O_2 + 2H^+ + 2e^- \longrightarrow H_2O$；所以总的电池电化学反应式为：$\frac{1}{2}O_2 + H_2 \longrightarrow H_2O$。而电极反应生成的水大部分以水蒸气态移出燃料电池，一小部分在压力差的作用下通过膜向阳极扩散。上述过程是理想的工作过程，实际上，在整个反应过程中会有很多中间步骤和中间产物的存在。

2. 聚合物电解质膜燃料电池的特点

（1）在所有燃料电池类型中功率密度最高。

（2）有着很好的开关能力，寿命也相对较长。

（3）低温度工作环境和较轻的质量使之适合便携式应用。

（4）无腐蚀性、可靠性高、内部构造简单，电池模块呈堆垒式层叠结构使得电池组组装和维护很方便。

3. 聚合物电解质膜燃料电池的部件

膜电极是 PEMFC 的核心部件，其性能的优劣直接影响燃料电池的整体效率。因此，开发高性能和高功率密度的膜电极对于推动 PEMFC 的商业化具有重要意义。膜电极的结构通常呈现出"三明治"形式，包含固体电解质（质子交换膜）、阴极和阳极的催化层，以及气体扩散层。通过将质子交换膜、催化层与气体扩散层有效组装，可以形成功能完善的膜电极。根据不同的设计要求，膜电极可分为不同的类型，例如"三合一"膜电极和"五合一"膜电极。

作为电化学反应和能量产生的主要部分，膜电极在燃料电池中的重要性不言而喻。膜电极的性能不仅与其所用材料（如催化剂、质子交换膜、碳纸和黏结剂等）相关，还与其制备工艺密切相关。膜电极的三个基本组成部分——质子交换膜、催化层和气体扩散层，各自扮演着不可或缺的角色。在阳极侧，氢气的扩散、质子的生成以及水分的迁移和电子的运动是关键过程；而在阴极侧，氧气的扩散、氧分子的还原、质子与氧分子的结合，以及水的生成和排出，构成了其主要反应机制。综合来看，燃料电池膜电极上同时进行着多种物理和化学过程，这对膜电极中催化层及气体扩散层的结构提出了高要求，尤其是在阴极区域。因此，提升膜电极中质子交换膜、催化层和气体扩散层的性能，一直以来都是膜电极研究的重要课题。提高膜电极的性能和功率密度，不仅可以减小燃料电池的体积，还能有效降低其生产成本，为燃料电池的广泛应用奠定基础。

近年来，随着材料及制备技术两个方面的进步，膜电极的功率密度、耐久性等均取得了很大的进步，膜电极的功率密度已从几年前的 $0.35W/cm^2@0.7V$ 的水平提升到了目前的 $0.8\sim1.0W/cm^2@0.7V$ 的水平，电极稳定性及耐久性也得到了大幅度提升。丰田公司的燃料电池的体积功率密度可高达 $3.2kW/L$，意味着该公司的膜电极的功率密度达到了极高的水平。在此背景下，国内外近年来在高性能、高功率密度的膜电极以及在降低铂载量和免增湿膜电极等方面开展了大量的研究工作，取得了许多重要的进展。膜电极上的铂载量减少，可直接降低 FC 成本，加快商品化进程。

（二）碱性燃料电池

碱性燃料电池（AFC）采用如 KOH、NaOH 之类的强碱性溶液做电解质，传导电极之间的离子，由于电解液为碱性，与 PEMFC 不同的是在电介质内部传输的离子导体为氢氧离子 OH^-。碱性燃料电池是最早进入实用阶段的燃料电池之一，也是最早用于车辆的燃料电池。可以说，AFC 是目前技术最成熟的燃料电池之一。当然，其也是技术发展最快的一种燃料电池，主要应用于航天相关产业，包括为航天飞机提供动力和饮用水。

1. 碱性燃料电池的原理

AFC 以氢气为燃料，利用纯氧或经过微量二氧化碳去除的空气作为氧化剂，展现出其在能源转换中的广泛应用潜力。电催化剂在氧化极的设计上，选择了具有优异催化性能的材料，如 Pt/C、Ag、Ag-Au 和 Ni，这些材料被有效地制备成多孔气体扩散电极，以提升反应效率。在氢电极方面，电催化剂采用了催化氢电化学氧化的高效组合，例如 Pt-Pd/C、Pt/C 及 Ni 或硼化镍等，这些材料同样制备为多孔气体电极，以实现更优的催化性能。

双极板的材料选择多样，包括无孔碳板、镍板以及镀镍、镀银或镀金的金属板（如铝、镁和铁），这些材料能够在其表面加工出各式各样的气体流动通道，从而有效构成双极板的功能。电化学反应过程中，氢气在阳极与电解液中的氢氧根离子（OH^-）反应，在电催化剂的催化作用下，生成水和电子。电子通过外部电路迁移至阴极，并在阴极电催化剂的作用下参与氧的还原反应，从而生成新的氢氧根离子。这一过程的特殊之处在于，水的生成发生在氢电极处，反映出与酸性燃料电池的显著区别。

为了避免电解质的稀释，阳极生成的水需迅速排出。同时，阴极反应又需水参与，形成了水管理的复杂性。水管理通常依据电极的防水性以及维持电解液含水量的需求进行有效调控。阴极反应消耗电解液中的水，而阳极反应则通过排出水的生成物来平衡该过程。多余的水分在燃料电池堆中进行汽化，从而维持系统的平衡。AFC 可以分为两种类型：多孔基体型和自由电解液型。前者将电解液吸附于作为电极间隔层的多孔性材料中，而后者则将电解液储存于空腔中，并通过外部循环系统有效散发反应产生的热量和水分。

2. 碱性燃料电池的特点

AFC 与其他类型燃料电池相比，具有以下特点：

（1）碱性燃料电池可以在一个宽温度（80~230℃）和宽压力 [（2.2~45）× 10^5Pa] 范围内运行。因其可以在较低的温度（大约 80℃）下运行，故它的启动很快，但其电力密度却比质子交换膜燃料电池的密度低十几倍。

（2）AFC 具有较高的效率（50%~55%）。因由氢氧电解液所提供的快速动力学效应，故碱性燃料电池可获得很高的效率。尤其是氧的反应（O^{2-} > OH^-）比酸性燃料电池中氧的还原反应容易得多，因此，活性损耗非常低。

（3）性能可靠，可用非贵金属作催化剂，是燃料电池中生产成本最低的一种电池。碱性燃料电池中的快速动力学效应使银或镍可用以替代铂作为催化剂。其电池本体可以用价格低的耐碱塑料制作，且使用的是廉价的电解液。这样，碱性燃料电池堆的成本显著下降。

（4）通过电解液的完全循环，电解液可以充当冷却介质，从而便于热管理。更为均匀的电解液的集聚，解决了阴极周围电解液浓度分布问题；提供了利用电解液进行水管理的可能性。若电解液已被二氧化碳过度污染则有替换电解液的可能性。当电解液循环时，燃料电池可称为"动态电解液的燃料电池"，这种循环使碱性燃料电池动力学特性得到了进一步的改善。

3. 碱性燃料电池的部件

AFC 部件主要由电极、电解质组成。

（1）电极。对于碱性燃料电池电极而言，一般要求有：①电极需具备良好的导电性，以降低电流通过时的欧姆电阻，从而提升整体能量转换效率；②电极材料应展现出充分的机械稳定性和适当的孔隙率，以确保在运行过程中能够承受物理应力并有效地支持气体和液体的传输；③电极在碱性电解质中的化学稳定性也是必不可少的，以防止腐蚀或其他化学反应导致性能下降；④长期的电化学稳定性，包括催化剂的耐用性和与电极结构的结合稳定性，亦是电极性能的重要指标。

在电极的构造中，阳极和阴极的选择及其制造方式与所采用的催化剂类型密切相关。催化剂主要可分为贵金属催化剂与非贵金属催化剂两种类型。贵金属催化剂通常以颗粒状形式沉积在碳载体上，或直接作为金属电极的一部分，而非贵金属催化剂则常采用雷尼镍粉末作为阳极催化剂，银基催化剂粉末则多用于阴极。

电极材料的润湿性同样至关重要。亲水电极一般由金属材料构成，而在碳基电极中，加入聚四氟乙烯（PTFE）能够有效调整电极的润湿性，从而维持适当的疏水性，延长疏水电极的使用寿命。此外，电极通常由多个不同孔隙率的层组成，以确保液体电解质、气体燃料（如氢气）或氧化剂（如空气或氧气）能够按需在电极内部流动或滞留。因此，电极技术的关键在于如何制造出这种具有层次结构的电极，常见的工艺包括将粉末混合后压制在膜上，并采用沉积技术、喷涂技术或高温烧结等方法，以确保良好的工艺稳定性。

（2）电解质。到目前为止，AFC 使用的电解质是高纯度的 KOH 水溶液，浓度为 6~8mol/L，以防止催化剂中毒。按照其流动方式可分为循环和静止两种类型。

电解质采用循环系统，其主要优点有：①循环的电解质可以为电池提供一个冷却系统；②电解质被不断地搅拌和混合，阳极产生水、阴极消耗水，会导致电极周围电解质浓度的变化和不均匀，可通过搅拌解决这个问题；③电解质循环就可以使产生的水进入循环，而无须在阳极蒸发；④如果电解质与 CO_2 反应过多，可以用新溶液来更换。

由于 AFC 系统通常以 KOH 溶液为电解质，KOH 与某些燃料可能产生化学反应使得 AFC 几乎不能使用液体燃料。碱性电解质对燃料气中 CO_2 十分敏感，一旦电解液与含 CO_2 的气流接触，电解液中会生成碳酸根离子，若含量超过 30%，电池输出功率将急剧下降。由于 AFC 工作温度低，电池冷却装置中冷却剂进出口温差小，冷却装置需有较大体积，废热利用也受到限制。为了保持电解质浓度需进行适当控制，从而导致系统复杂化，比如，对含碳燃料 AFC 系统中配备 CO_2 脱除装置的改进措施。

（三）磷酸燃料电池

磷酸型燃料电池（PAFC）是一种以磷酸为导电电解质的中温酸性燃料电池，其正负电极采用贵金属催化的气体扩散电极。这种电池依赖于酸性电解液有效传导氢离子，具有在 150~220℃ 范围内稳定工作的能力。作为目前应用最广泛的燃料电池之一，PAFC 是最早实现商业化的燃料电池技术之一，其在实际应用中已展示出可行性与可靠性。

随着技术的进步，基于天然气的 11kW 验证性电站已成功建成并投入运行，展现了其在小规模发电领域的潜力。PAFC 的综合热效率可高达 70% 至 80%，使其在能源利用方面表现出色。此外，利用 50~250kW 的独立发电设备，PAFC 能够作为分散发电站，满足医院、旅馆等特定场所的电力和热能需求。

尽管磷酸型燃料电池在固定应用场合表现优异，尤其是在满足大规模热电联供的需求方面，其在移动应用领域受到温度限制，导致在车辆中的应用较为稀少。然而，PAFC 依然为能源转型提供了重要的技术路径，尤其在推动清洁能源解决方案方面，其持续发展将为未来的能源市场带来新的机遇。

1. 磷酸燃料电池的原理

PAFC 是一种具有独特结构和功能的电化学装置，其工作原理主要依赖于电池组件之间的相互作用。PAFC 的电池片由燃料极、电解质层和空气极构成。燃料极和空气极均采用多孔碳素板电极，这些电极表面涂布有催化剂层，以促进反应。电解质层则负责保持液态磷酸，该层通常由经过浓磷酸处理的碳化硅基质材料构成。在氢气和氧气的作用下，电池内部发生电化学反应，电能得以生成。这一过程与 PEMFC 的反应机制相似。

2. 磷酸燃料电池的特点

PAFC 与其他类型燃料电池相比，具有以下特点：

（1）PAFC 不需要使用纯氢作为燃料，表现出较强的适应性和经济性。这种电池结构简单且稳定，电解质的挥发性低，允许使用更为廉价的电解液。此外，PAFC 的启动时间合理，适合在固定场所进行大规模应用，目前已在全球范围内安装了多个功率在 0.2~20MW 的发电装置，为医院、学校和小型电站等场所提供稳定的电力供应。

（2）PAFC 的工作温度高于 PEMFC 和 AFC，通常在 150~200℃，工作压力在 0.3~0.8MPa，单电池的电压为 0.65~0.75V。这一较高的工作温度赋予了 PAFC 更强的杂质耐受性，使其在反应物中含有 1%~2% 的一氧化碳和微量硫时仍能正常运作。尽管如此，铂催化剂在电极上的应用仍然不可或缺，以确保反应速率的提升和电池性能的优化。

（3）高运行温度（>150℃）引起的另一问题是与燃料电池堆升温相伴随的能量损耗。每当燃料电池启动时，必须消耗一些能量（燃料）加热燃料电池直至其达到运行温度；反之，每当燃料电池关闭时，相应的一些热量（能量）也就被耗损。若应用于车辆上，由于市区内驾驶情况通常是短时运行，该损耗是显著的。然而，在公共交通运输情况下，这一问题对于公共汽车而言是次要的，即 PAFC 可用作公共汽车的动力，并且有许多这样的系统正在运行，不过这种电池很难用在小轿车上。

（4）磷酸电解液的温度必须保持在 42℃（磷酸冰点）以上。冻结的和再解冻的磷酸将难以使燃料电池堆激化。保持燃料电池堆在该温度之上，需要额外的设备，这就需要增加成本、复杂性、重量和体积。就固定式应用而言这是次要的，但对车辆应用来说是难以相容的。

3. 磷酸燃料电池的部件

（1）电极。磷酸燃料电池的电极由催化剂层和碳载体组成。其作用除了导电还能排出阴极生成的水。

第一，催化剂层。通过用化学吸附法将催化剂沉积在载体表面，电化学反应就发生在催化剂层上。催化剂的发展是 PAFC 的一个重要的方面，过渡金属（铁或钴）的有机材料现已用作阴极电极催化剂；另一开发方向是 Pt 与过渡金属如 Ti、Cr、V、Zr、Ta 等形成的合金，例如将铂镍合金用作阴极电极催化剂可使性能得到 50% 的提高。

第二，碳载体。目前，高表面积的铂是首选的催化剂材料，而碳则是首选的载体材料。其技术关键为在高比表面积的炭黑上担载纳米级高分散的 Pt 微晶。铂源一般采用氯铂酸，按制备路线可分为两类不同方法：①先将氯铂酸转化为铂的络合物，再由铂的络合物制备高分散 Pt/C 电催化剂；②从氯铂酸的水溶液出发，采用特定的方法制备纳米级高分散的 Pt/C 电催化剂。

碳载体的主要功能包括分散催化剂、为电极提供丰富的微孔结构以及增强催化剂层的导电性。作为电催化剂的载体，碳材料需具备高化学及电化学稳定性、良好的电导性、适当的孔径分布、高比表面积及低杂质含量。在多种碳材料中，无定形炭黑被广泛应用，因其具备上述理想特性并在 PAFC 的工作条件下表现出相对的稳定性，直接影响电极的性能与使用寿命。

当前，碳载体主要包括两种类型的炭黑：乙炔炭黑和炉炭黑。相较于炉炭黑，乙炔炭黑的比表面积较小，导电性较差，但其抗腐蚀能力较强。这些不同特性在一定程度上影响了电极的初期性能与持久性。因此，在实际应用中，对这两种载体材料进行适当的处理至关重要。例如，通过蒸汽活化处理可以增加乙炔炭黑的比表面积，而炉炭黑则可通过热处理提高其抗腐蚀性能。电极性能通常会随着运行时间的延长而逐渐退化，主要由于铂催化剂的烧结和催化剂层的堵塞，从而阻碍了气体的有效扩散。

在 PAFC 的工作条件下，铂微晶电催化剂中的铂表面积逐渐减少。除了磷酸电解质和空气中杂质的影响，以及磷酸与阴离子在铂表面吸附所造成的有效活性表面积降低，铂的溶解—再沉积现象及铂在碳载体表面的迁移和再结晶也是主要原因。此外，铂微晶与碳载体之间的结合力较弱，使得小的铂微晶能够在碳表面迁移和聚合，最终形成较大的铂微晶，进一步导致铂表面积的下降。为了解决铂微晶的溶解、迁移和聚合引起的表面积损失，科研人员通过多种方式加强铂与碳载体之间的结合力。一方面，采用一氧化碳处理 Pt/C 催化剂，通过在铂微晶周围沉积碳以实现铂的锚定；另一方面，试图通过引入合金元素与铂形成合金，以增强铂与碳的结合力，同时提高铂的电催化活性。这些方法不仅有助于改善催化剂的稳定性和性能，还有望延长其使用寿命。

（2）电解质。磷酸（H_3PO_4）是一种黏滞液体，它在燃料电池中通过多孔硅碳化物基体内的毛细管作用予以储存。磷酸在常温下导电性小，在高温下具有良好的离子导电性，所以 PAFC 的工作温度为 200℃左右。磷酸是无色、油状且有吸水性的液体，它在水溶液中可离析出导电的氢离子。浓磷酸（质量分数为 100%）的凝固点是 42℃，低于这个温度使用时，PAFC 的电解质将发生固化。电解质的固化会对电极产生不可逆转的损伤，电池性能会下降。所以，PAFC 电池一旦启动，体系温度要始终维持在 45℃以上。

在磷酸燃料电池中，燃料中的氢原子在燃料极释放电子成为氢离子。氢离子通过电解质层，在空气极与氧离子发生反应生成水，其电极反应与 PEMFC 一样。将数枚单电池片进行叠加，为降低发电时内部的热量，每枚电池片中叠加进冷却板，输出功率稳定的基本电池堆就构成了。基本电池堆再加上用于上下固定的构件、供气用的集合管等构成 PAFC 的电池堆。磷酸在反应层中适宜的比例为 40%~80%时，不仅对形成大的三相界面有利，而且此时的阴极、阳极过电位均比较低。

（3）连接部分。在磷酸燃料电池中，关键连接部分主要由隔膜和双极板等材料构成。电池的电解质被封装在隔膜内部，当前普遍采用的隔膜材料为微孔结构，通常由硅碳化物和聚四氟乙烯组合而成，称为 SiC-PTFE。该新型 SiC-PTFE

隔膜具有直径极小的微孔结构，能够有效平衡分隔效果与电解质的传输能力。其设计孔径远小于磷酸燃料电池中氢电极和氧电极所使用的多孔气体扩散电极的孔径，从而确保浓磷酸能够有效地保持在电解质隔膜内，发挥离子导电与气体分隔的双重功能。

在隔膜与电极紧密组装后，饱和的浓磷酸隔膜与氢电极和氧电极的组合形成了电池。此时，电池的阻力使得部分磷酸电解液渗透入氢、氧多孔气体扩散电极的催化层，形成稳定的三相界面。双极板的主要功能是分隔氢气与氧气并有效传导电流，从而确保两电极的导通。因此，双极板材料通常选用玻璃态碳板，其表面平整光滑，以促进电池各部件的均匀接触。此外，为了降低电阻和热阻，双极板材料需要保持一定的厚度。同时，连接部分必须具备足够的气密性，以防止反应气体的渗漏；在高温、高压以及磷酸环境中保持良好的化学稳定性；具备良好的导电和导热性能；以及足够的机械强度。在 1000~2000℃ 的高温下，通常采用热固性树脂（如酚醛树脂、环氧树脂）经过碳化处理所制得的玻璃碳，因其具有高强度和优良的气密性，从而成为理想的选择。

（四）熔融碳酸盐燃料电池

熔融碳酸盐燃料电池（MCFC）作为一种高温燃料电池，其工作温度范围在 600~700℃。该技术以其独特的电解质体系为核心，电解质主要由锂和钾或锂和钠的二元碱金属碳酸盐混合物构成，这种熔融态碳酸盐被嵌入偏铝酸锂陶瓷基膜中，从而赋予其优异的导电性与化学稳定性。熔融碳酸盐燃料电池的结构包括多孔陶瓷阴极、多孔陶瓷电解质隔膜和多孔金属阳极，整个系统被金属极板所封闭。该设计能够有效促进电化学反应的进行。

1. 熔融碳酸盐燃料电池的原理

在 MCFC 的单电池中，阳极由多孔镍构成，而阴极则是多孔氧化镍，这些电极的设计旨在优化反应界面的接触和离子传导。电解质板通常是由浸注锂和钾混合碳酸盐的 $LiAlO_2$ 多孔陶瓷构成，常见的电解质比例为 62% 的 Li_2CO_3 与 38% 的 K_2CO_3。这种组成不仅提高了离子导电性，还保证了电池在高温下的稳定运行。电解质中的主要离子导体是碳酸根离子，其在电化学反应中起着关键作用。

电催化剂的选择上，MCFC 不依赖于贵金属，而是以雷尼镍和氧化镍为主要催化材料，这一选择不仅降低了成本，同时也确保了良好的催化性能。在此电池中，电化学反应发生在气—液—固的三相界面上，MCFC 依赖于多孔电极内的毛细管压力来维持稳定的三相界面，进而实现高效的电能转化。

在阳极，H_2 与电解质中的 CO_3^{2-} 反应生成 CO_2 和 H_2O，同时将电子送到外电路。在阴极，空气中的 O_2 和 CO_2 与外电路送来的电子结合生成 CO_3^{2-}。为保持电解质成分不变，将阳极生成的 CO_2 供给阴极，实现循环。其阳极发生的电化学反应式为：$H_2+CO_3^{2-}\longrightarrow CO_2+H_2O+2e^-$，阴极发生的电化学反应式为：$\frac{1}{2}O_2+2e^-+CO_2\longrightarrow CO_3^{2-}$，总的电化学反应式为：$\frac{1}{2}O_2+H_2\longrightarrow H_2O$。在这一反应中，$e^-$ 从燃料极放出，通过外部的回路返回到空气极，由 e^- 在外部回路中不间断地流动实现了燃料电池发电。另外，MCFC 的最大特点是必须要有有助于反应的 CO_3^{2-} 离子，因此，供给的氧化剂气体中必须含有碳酸气体。并且，在电池内部充填触媒，从而将作为天然气主成分的 CH_4 在电池内部改质。另外，在电池内部直接生成 H_2 的方法也已开发出来了。而在燃料是煤气的情况下，其主成分 CO 和 H_2O 反应生成 H_2，因此，可以等价地将 CO 作为燃料来利用。为了获得更大的出力，隔板通常采用 Ni 和不锈钢来制作。

2. 熔融碳酸盐燃料电池的特点

（1）高工作温度与较小的电极反应活化能使氢的氧化和氧的还原反应不再依赖于贵金属催化剂，从而显著降低了催化过程的整体成本。这一特性不仅优化了反应条件，还增强了催化剂的经济性，为相关技术的广泛应用提供了可能性。

（2）能够利用高含量的燃料气体，如煤制气，这种灵活性扩展了可用燃料的种类，提高了资源的利用效率。

（3）电池在运行过程中所排放的余热温度可高达 673K，为底循环或热回收利用提供了有利条件，从而使整体热效率达到 80%，显著提升了系统的能量利用率。

（4）采用空气冷却代替传统的水冷却方式，尤其适合缺水的偏远地区，这种设计不仅节约了水资源，还优化了冷却系统的可靠性和适应性，进一步促进了可持续发展目标的实现。

3. 熔融碳酸盐燃料电池的部件

（1）电极。MCFC 的阴极材料通常采用的是多孔 NiO，它是通过将多孔金属 Ni 在高温条件下氧化而成。MCFC 对阴极材料提出了多个要求，包括良好的导电性、优越的结构强度以及在熔融碳酸盐中低溶解度。当前的 NiO 电极在导电性和结构强度方面表现良好，但其溶解性和沉淀特性对电池性能造成了不利影响，尤其是在电池的电解质基底中形成的枝状晶体，会显著降低电池的整体性能和使用寿命。阴极材料的溶解现象被认为是限制 MCFC 寿命的主要因素，尤其是在加压运行的条件下。为了解决这一问题，可能的策略包括开发新型阴极材料、增加基底厚度、在电解质中添加助剂以提高其碱性等。此外，$LiFeO_2$电极在阴极环境中显示出良好的化学稳定性，几乎没有溶解现象。然而，与 NiO 电极相比，$LiFeO_2$的反应动力学性能相对较差，但在加压条件下其性能有所改善。在特定条件下，例如 NiO 电极表面涂覆 5% 的锂，厚度为 0.2mm，电流密度为 $160mA/cm^2$ 时，电压能够提升 43mV。此外，涂覆钴的 $LiFeO_2$ 电极目前也在积极研究中。

MCFC 阳极一般采用 Ni-Cr、Ni-Al 合金。典型的阳极环境气氛是（80%）H_2 +（20%）CO_2，并经 60℃ 水湿化处理。阳极材料的腐蚀问题，即合金材料的腐蚀导致接触电阻增大，电解质损失。Ni-Cr、Ni-Al 阳极材料成本偏高，需改进制造方法以减少材料用量，并寻找更廉价的阳极材料。加入 2%~10% 的 Cr，可防止烧结，但 Ni-Cr 阳极极易发生蠕变。Cr 还能被电解质锂化，并消耗碳酸盐。减少 Cr 的含量可减少电解质损失，但蠕变增大。Ni-Al 阳极蠕变小，电解质损失少。MCFC 的镍基阳极存在的主要问题是电极结构的稳定性，微孔性镍基阳极的烧结和机械变形，导致性能严重降低。MCFC 系统的耐硫能力很受重视，尤其是用煤作燃料对硫的耐受力高，可减少或取消净化设备，提高效率，降低成本。特别是需要低温除硫时，重整后的燃料气体温度降低，需再加热到电池温度。这会导致系统效率降低，成本上升。

目前还没有理想的耐硫电极。未来研究的焦点是提高电极的性能，开发耐硫的阳极材料。

（2）电解质。熔融碳酸盐型燃料电池采用特定的电解质材料，通常为62%的 Li_2CO_3 和38%的 K_2CO_3。电解质材料的选择对燃料电池的性能和寿命至关重要。其中，$LiAlO_2$ 作为多孔陶瓷电解质隔膜基板材料，展现出良好的长期化学和物理稳定性，结合其优异的机械强度及相对低廉的成本，使其成为理想的选择。

电解质成分的变化会显著影响 MCFC 的电化学性能，特别是离子电导率与欧姆极化的关系。相较于 Na_2CO_3 和 K_2CO_3，Li_2CO_3 展现出更高的离子电导率，有助于降低电池的欧姆极化。然而，Li_2CO_3 在气体溶解度、扩散系数及腐蚀速率等方面的不足，也需引起重视。为了优化电池的工作环境，有效减缓阴极溶解，适当调整电解质的化学成分是必要的。其中，向电解质中添加适量的碱性添加剂被认为是一种可行的策略，这一过程需精确控制，确保添加剂的量不会对电池性能产生负面影响。同时，提升电解质中某一组分的比例，或通过引入 Li-Na 二元碳酸盐替代当前的电解质配比，也是值得探索的方向，以期实现更优的电池性能和更长的使用寿命。

（3）连接部分。双极板在燃料电池中扮演着重要的角色，既充当电池集流器，又作为隔离板。其位置位于隔离板和电极之间，主要用于实现隔离板与电极之间的电连接。隔离板的设置位于各个单电池之间，其主要功能在于分隔单体电池，承担着三重作用：①能够有效地将阳极气氛与阴极气氛隔离，防止气体的交叉混合；②隔离板提供了单体电池之间所需的电接触，从而确保电流的有效传导；③为各单电池提供了必要的密封空间，保障系统的整体密闭性。

在选择双极板材料时，其性能要求极为严格。理想的材料不仅应具有良好的导电性，还应具备抵抗表面腐蚀的能力。此外，腐蚀产物在熔盐电解质中的低溶解度、优良的力学性能以及较低的生产成本同样是必须考虑的重要因素。目前，不锈钢是普遍采用的双极板材料，然而，其耐腐蚀性能仍未能达到实际应用的要求。在实际工作环境中，双极板材料将面临阴极区、阳极区以及湿封区三种不同的腐蚀环境，单一材料或涂层往往无法有效应对这些多变的腐蚀条件。在湿封区，由于对导电性没有特殊要求，通常采用铝化物涂层（如 70μm 的铝涂层），在电池工作过程中，铝会氧化为铝氧化物（Al_2O_3）。而在阳极环境下，尽管不锈钢容易发生严重腐蚀，但镍涂层在这一环境中的耐腐蚀能力明显优于阴极环境。

针对阴极一侧的双极板，常用涂层包括氮化钛（TiN）、碳化钛（TiC）及铈基陶瓷涂层，这些材料能够有效提高耐腐蚀性，并保障电池的稳定运行。

（五）固态氧化物燃料电池

固体氧化物燃料电池（SOFC）属于第三代燃料电池，是一种在中高温下直接将储存在燃料和氧化剂中的化学能高效、环境友好地转化成电能的全固态化学发电装置，普遍认为在未来它会与质子交换膜燃料电池（PEMFC）同样得到广泛普及应用。SOFC 是一种将燃料气和氧化剂的化学能直接转换成清洁电能的发电装备。其应用性，如管状结构 100kW 燃料电池热电联供系统成功运行两年多未出现性能下降的案例，证明了 SOFC 技术上的可行性和可靠性。

1. 固态氧化物燃料电池的原理

固体氧化物燃料电池由用氧化钇稳定氧化锆（YSZ）那样的陶瓷给氧离子通电的电解质和由多孔质给电子通电的燃料和空气极构成。其工作温度为 600～1000℃。电解质采用固体氧化物氧离子（O^{2-}）导体（如 Y_2O_3 稳定的氧化锆，简称 YSZ），起传递 O^{2-} 及分离空气和燃料的双重作用。其工作原理是空气中的氧在空气极/电解质界面被还原形成氧离子，在空气燃料之间氧的分压差作用下，在电解质中向燃料极侧移动，通过燃料极电解质界面和燃料中的氢或一氧化碳的中间氧化产物反应，生成水蒸气或二氧化碳，放出电子。电子通过外部回路再次返回空气极，此时产生电能。由于电池本体的构成材料全部是固体，可以不必像其他燃料电池那样制成平面形状，而是制成圆筒形。其阳极发生的电化学反应式为：$H_2 + O^{2-} \longrightarrow H_2O + 2e^-$，阴极发生的电化学反应式为：$\frac{1}{2}O_2 + 2e^- \longrightarrow O^{2-}$，总的电化学反应式为：$\frac{1}{2}O_2 + H_2 \longrightarrow H_2O$。

2. 固态氧化物燃料电池的特点

多年来，随着 SOFC 固体氧化物材料、结构与工艺的不断改进，在电池性能稳定、结构模块化、装置大型化方面有了新的突破。平板式 SOFC 以中温高密度输出功率、低内阻、结构简单、制备方便等优势，发展迅速。这种燃料电池除了具有一般燃料电池的高效率、低污染的优点，还具有以下特点：

（1）SOFC 的工作温度可达到 1000℃，是当前所有燃料电池中工作温度最高的类型。这一特性使得 SOFC 能够通过热回收技术实现热电合并发电，达到超过 80% 的热电合并效率，极大地提高了能源的利用效率。

（2）SOFC 采用固体电解质，这一设计有效避免了电解质蒸发和泄漏的风险，同时电极的耐腐蚀性也使得设备的运行寿命得以延长。由于其结构材料均为固态，SOFC 在形状上具备灵活性，便于模块化组装，满足了多样化的应用需求。

（3）在高温条件下，SOFC 能够高效进行化学反应，且无须依赖贵重金属作为催化剂。此外，其内重整能力使其具备了广泛的燃料适应性，可以直接使用氢气、烃类及甲醇等多种燃料，从而简化了电池系统的构成。

（4）SOFC 能够提供高质量的余热，支持热电联产，燃料利用率高达 80% 左右，且在运行过程中几乎不产生污染，这使得 SOFC 成为一种清洁高效的能源系统，符合可持续发展的要求。

（5）SOFC 展现出较高的电流密度和功率密度，使其在性能上更具优势。系统设计方面，SOFC 具有较为简洁的构造，发电容量较大，应用领域广泛，几乎覆盖了所有传统电力市场，包括住宅、商业、工业以及公共事业等发电领域。此外，SOFC 还可用于便携式电源、移动电源、偏远地区供电以及高品质电源等场景，甚至可作为船舶动力电源和交通车辆动力电源。尤其是在静置型商业用电源、工业用热电合并系统及小型电源市场上，SOFC 的应用前景被普遍看好。

3. 固态氧化物燃料电池的部件

（1）固态氧化物燃料电池的结构类型。固态氧化物作为电解质，可根据其结构分为管式、串接式、基块式和平板式四种类型。在这些类型中，平板式固体氧化物燃料电池（SOFC）因其较高的电功率密度和优异的电池性能，特别适合大规模生产。

第一，管型结构以其显著的机械强度、良好的抗热冲击性能和出色的密封特性而受到重视。此外，管型结构的模块集成度高且易于组装，这使其在某些应用中具有明显的优势。然而，管型结构的制备工艺相对复杂，面临着较大的技术挑战。其支撑方式可分为阴极支撑、阳极支撑、电解质支撑等多种形式。然而，阳极支撑和电解质支撑因工艺限制难以保证涂覆质量，仍处于研发阶段。与此同时，管型结构在电池运行过程中，阴极阻抗及氧化剂的传质阻抗较大，直接导致输出功率密度的降低。伴随微管技术的发展，阳极支撑管型 SOFC 采用了小直径和薄壁的设计。由于电堆采用串联方式，电池内阻有所增加，为了提高电池效率，当前的结构改进趋向于扁管型和套管型设计，这些改进旨在进一步提升电池的功率密度。虽然此类电池堆电压较高，但其工艺及密封问题的复杂性也不容忽视。

第二，平板型结构因其简单的设计和便于规模化生产而备受青睐。然而，平板型 SOFC 在生产过程中必须克服封接技术的挑战，以确保电池的长期稳定性和性能表现。平板型的工艺流程相对成熟，能够满足大规模生产需求，适应工业化发展趋势。通过不断优化封接工艺，平板型结构有望在实现高效能和经济性方面取得显著进展，从而在未来的能源应用中发挥更加重要的作用。

（2）电极。SOFC 主要部件有固体电解质、阳极、阴极、连接材料、密封材料、双极板、配气板等。部件材料的化学特性决定了 SOFC 的导电性能。燃料电池的发展总是与半导体材料的研发紧密联系。半导体电解质电化学性能的优越性使 SOFC 受到市场的特别关注。SOFC 产生电流循环的关键在于固体氧化物的离子电导性，即陶瓷在高温下的半导体特性。纯 $LaGaO_3$ 在室温下为正交晶系，在 150℃发生相变而转化为菱形晶系。由于晶格中 GaO_6 八面体的倾斜度，引起两者结构偏离理想的立方钙钛矿结构。随温度升高，其倾斜度降低更为明显。换言之，其结构趋向于理想的立方钙钛矿结构。

据高温粉末中子衍射发现，当掺杂 Sr、Mg 元素后对 $LaGaO_3$ 母体结构产生影响，低价的 Sr、Mg 部分取代 La^{3+}、Ga^{3+} 后产生氧空位，氧离子通过氧空位进行迁移。

第一，阳极。在固体氧化物燃料电池中，阳极材料的设计与选用是提升电池性能的关键因素。其主要功能是为燃料的电化学氧化反应提供有效的反应界面，因此要求阳极材料在还原气氛中具备良好的稳定性。这种稳定性不仅体现在化学性质的保持上，还应包括形貌和结构的完整性。此外，阳极材料必须具备足够的电子导电性，以降低欧姆极化，同时要具备高的氧离子导电率，以促进电极的立体化和提高反应效率。

对于阳极材料的相容性要求，阳极必须与其他电池组件在整个温度范围内保持良好的化学兼容性，确保在从室温到工作温度的过程中不会产生负面影响。同时，热膨胀系数的匹配也显得尤为重要，以防止温度变化导致的机械应力，从而影响电池的长期稳定性。此外，阳极材料应具备足够的孔隙率，以确保燃料的有效供应和反应产物的及时排放。这种孔隙结构不仅促进了反应物的扩散，还提升了反应的整体动力学。同时，阳极材料必须具有较高的催化活性，以提升燃料的电化学氧化速率，实现更高的电池能量转换效率。最后，考虑到实际应用的需求，阳极材料还需具备较高的强度和韧性，并便于加工，成本也应保持在合理范围内，以确保其在大规模生产和应用中的可行性。

常见的 SOFC 阳极材料如下：

Ni 粉弥散在 YSZ 中的金属陶瓷。当 Ni-YSZ 金属陶瓷作为阳极时，其阳极催化剂有镍、钴和贵金属材料，其中金属镍具有高活性、价格低的特点，应用最广泛。在 SOFC 中，阳极通常由金属镍及氧化钇稳定的氧化锆（YSZ）骨架组成。其中，在 Ni 中加入 YSZ 的目的是使发生电化学反应的三相界向空间扩展，即实现电极的立体化，并在 SOFC 的操作温度下保持阳极的多孔结构及调整电极的热膨胀系数使其与其他电池组件相匹配。YSZ 作为金属 Ni 的载体，可有效地防止在 SOFC 操作过程中金属粒子粗化。而 Ni 和 YSZ 在还原气氛中均具有较高的化学稳定性，在 $1000℃$ 以下几乎不与电解质 YSZ 及连接材料 $LaCrO_3$ 发生反应。在室温至 SOFC 操作温度范围内无相变产生。此外，Ni-YSZ 金属陶瓷阳极的导电率和其中的 Ni 含量密切相关。当 Ni 的比例低于 30% 时 Ni-YSZ 金属陶瓷的导电性能与 YSZ 相似，说明此时通过 YSZ 相的离子导电占主导地位；而当 Ni 的含量高于 30% 时，由于 Ni 粒子互相连接构成电子导电通道，Ni-YSZ 复合物的电导率增大三个数量级以上，说明此时 Ni 金属的电子电导在整个复合物电导中占主导地位。最后，Ni-YSZ 复合金属陶瓷阳极的热膨胀系数随组分不同而发生改变。随着 Ni 含量的增加，Ni-YSZ 的热膨胀系数增大。由于严重的热膨胀系数不匹配会在电池内部引起较大的应力，造成电池组件的碎裂和分层剥离，可通过在电解质中掺入添加剂的方法降低应力。

Ni-SDC 金属陶瓷阳极。与 YSZ 相比，由于 SDC（Ni-Sm_2O_3 掺杂的 CeO_2）具有较高的离子电导率，且在还原气氛中会产生一定的电子电导，因此，将 SDC 等掺入阳极催化剂 Ni 中，可以使电极上发生电化学反应的三相界得以向电极内部扩展，从而提高电极的反应活性。

第二，阴极。阴极在燃料电池系统中的角色至关重要，它为氧化剂的还原反应提供了必要的场所，同时实现电子的传递和氧的扩散。因此，在氧化气氛中，阴极必须保持稳定，并在固体氧化物燃料电池（SOFC）操作条件下具备足够的电子导电率。此外，阴极材料还需展现出卓越的高温抗氧化性和热稳定性，并且与电解质材料之间不应发生任何不利的化学反应。因此，理想的阴极材料应当具有多孔的结构，以便于电子导电性薄膜的功能实现。

为满足 SOFC 中对阴极材料的要求，几个基本要素不可或缺：①稳定性是关键。阴极材料需在氧化气氛中保持足够的化学稳定性，其形貌、微观结构及尺寸等在电池长期运行过程中应保持不变。②电导率也是一个重要指标。阴极材料应具备足够高的电子电导率，以降低在 SOFC 操作过程中出现的欧姆极化。③阴极应具有一定的离子导电能力，以便于氧化——还原产物向电解质的有效传递。催化活性则是另一个重要的考量，阴极材料必须在 SOFC 的操作温度下对氧化还原反应展现出足够高的催化活性，从而降低电化学活化极化过电位，提升电池的输出性能。④相容性。阴极材料必须在 SOFC 的制备和操作温度下与电解质材料、连接材料、双极板材料及密封材料保持良好的化学相容性。⑤热膨胀系数的匹配也极为重要。阴极材料需在从室温到 SOFC 操作温度及更高的制备温度范围内与其他电池材料的热膨胀系数相协调。⑥阴极的多孔性亦不可忽视。SOFC 的阴极必须具备足够的孔隙率，以确保活性位点上氧气的有效供应。

常见的 SOFC 阴极材料如下：

Sr 掺杂的 $LaMnO_3$（LSM）。LSM 具有在氧化气氛中电子电导率高、与 YSZ 化学相容性好等特点，通过修饰可以调整其热膨胀系数，使之与其他电池材料相匹配。其结构是 Mn 和 O 离子构成 MnO_6 八面体结构，而 8 个 MnO_6 通过共用 O 离子分布于立方体的 8 个顶点上。La 离子位于立方体的中心。而 $LaMnO_3$ 为本征半导体，电导率很低。如在室温下 $LaMnO_3$ 的电导率为 $10^{-4}\Omega^{-1} \cdot cm^{-1}$，700℃ 时为

$0.1\Omega^{-1} \cdot cm^{-1}$。但是，在 $LaMnO_3$ 的 A 位和 B 位掺杂低价态的金属离子，会使材料的电导率大幅度提高。在 $LaMnO_3$ 中掺杂 SrO，Sr^{2+} 会代替 La^{3+} 从而增加 Mn^{4+} 的含量，进而大幅度提高材料的电子导电率。此外，掺杂 Sr 可以增加 $LaMnO_3$ 的热膨胀系数，且随着掺杂量的增加 ISM 热膨胀系数增大。

Sr、Mg 掺杂的 $LaGaO_3$（LSGM、$La_{1-x}Sr_xGa_{1-y}Mg_yO_3$）。$LaGaO_3$ 具有扭曲的钙钛矿结构，倾斜的 GaO_6 八面体位于正六面体的 8 个顶点上，La 位于正六面体的中心，组成正交结构的晶胞。LSGM 的电导率随温度的升高而增大，这是随着 Sr 和 Mg 对钙钛矿结构中的 A 位 La 和 B 位的 Ga 进行取代而产生的，Sr 和 Mg 对电导活化能有不同影响，增加 Sr 的含量会降低电导活化能；与此相反，增加 Mg 的掺杂量会使电导活化能增加。这种差异与两种离子的离子半径/电荷比的不同有关。当 LSGM 用作 SOFC 的阴极材料时，对 LSGM 与各种电池材料的化学相容性及材料本身在氧化——还原气氛中的稳定性必须予以重视。Ni 是 SOFC 中最普遍采用的阳极材料，因此 LSGM 与 Ni 或氧化态的 NiO 的化学相容性显得尤为重要。LSGM 的热膨胀系数随着掺杂量的增大而增大，掺杂量与其中的氧空位浓度成正比。$LaGaO_3$ 因在 421℃ 发生正交到斜方晶系的物相结构转变而产生大的收缩，通过掺杂 Sr 和 Mg，可将收缩降至很低。而在室温下，LSGM 的弯曲强度随 Mg 掺杂量的增加而降低，因为 Mg^{2+} 的离子半径为 0.086nm，而 Ga^{3+} 的离子半径仅为 0.076nm，这种离子半径差异会导致晶胞参数的增大，进而造成机械强度的下降。

其他阴极材料。$La1-xSm_xCoO_{3-\delta}$（LSC）既具有很高的离子导电性，又具有足够高的电子导电性，很有希望作为中温 SOFC 的阴极材料。LSC 在以 SDC 为电解质的 SOFC 中作为阴极材料有很高活性。但是，LSC 由于其在高温下会与 YSZ 发生反应而不能作为以 YSZ 为电解质 SOFC 的阴极。而 $La_{1-x}Sr_xCo_{1-y}Fe_yO_{3-\delta}$（LSCF）的电导率随 Fe 掺杂量的增加而下降，电导率峰值产生的温度也从 200℃ 升高到 920℃。La 和 Sr 的掺杂比例对材料的性能也有较大影响。$x=0.4$ 时 LSCF 的峰值电导率达到 350S/cm，而对 $x=0.2$ 的材料，其电导率的峰值为 160S/cm。

（3）电解质。SOFC 的性能在很大程度上依赖于其固体电解质的性质。固体电解质作为核心组件，其优劣直接影响到整个燃料电池的工作效率与稳定性。在高达 1000℃ 的运行温度下，SOFC 面临多种挑战，如电极烧结、界面反应以及热膨胀系数的不匹配等问题。因此，降低操作温度而不损害 SOFC 性能，成为当前研究的重要方向。低温运行有助于减缓界面反应，降低对材料的要求，进而简化设计结构。

固体电解质的主要功能是有效传导氧离子，而其内部的电子导电现象可能导致短路现象，消耗能量，从而显著降低电池的电流输出功率。因此，对于 SOFC 中电解质的基本要求十分严格：①电解质必须具备高度致密性，以有效隔离氧化气体与还原气体，防止其相互渗透，确保三相界面反应的有效进行；②电解质应当是良好的电绝缘体，要求其对氧离子的导电能力尽可能高，同时对电子的导电能力则要尽量低，以减少能量损失；③电解质的厚度应尽量减小，以降低欧姆阻抗，提升电池性能；④由于电解质一侧与阴极接触，另一侧与阳极接触，并且需在氧化性或还原性气体中工作，因此，其在高温环境中的化学稳定性是关键考量因素；⑤电解质的晶体稳定性也不可忽视，晶体相变伴随的体积变化可能导致裂纹或断裂，这将影响电解质的整体性能与寿命。

目前 SOFC 所使用的电解质的主要成分为掺入摩尔分数为 3%~10% 的三氧化二钇锆（YSZ）。在 SOFC 中，YSZ 的最重要用途是制备成致密的薄膜，用于传导氧离子和分隔燃料与氧化剂。SOFC 阴极—电解质—阳极 "三合一" 组件有两种基本结构：电解质支撑型和电极支撑型。两种不同结构 "三合一" 组件的电解质薄膜厚度不同。电解质支撑型的 YSZ 薄膜厚度一般在 $200\mu m$ 以上，电极支撑型的 YSZ 薄膜厚度一般为 $5~20\mu m$。YSZ 薄膜的制备方法分为两类：一类是基于 YSZ 粉体的制备方法，另一类是沉积法。而常温下的纯氧化锆属于单斜晶系和绝缘体，在 1150℃ 不可逆转地变为四方结构，2370℃ 时进一步转变为立方晶石结构，并一直保持到熔点 2680℃，引入三氧化二钇等异价氧化物后可以使萤石结构的氧化锆从室温一直到熔点温度范围内保持结构稳定，同时晶格中一部分 Zr^{4+} 被 Y^{3+} 取代，当 2 个 Zr^{4+} 被 2 个 Y^{3+} 取代，相应地，3 个 O^{2-} 取代 4 个 O^{2-}，空出一个 O^{2-} 位置，因而，晶格中产生一些氧离子空位。O^{2-} 通过氧空位在电解质中输送，从而保持材料整体的电中性。

YSZ 的离子导电行为受多种因素的影响，这些因素包括掺杂浓度、温度、气氛和晶界等：①稳定剂掺杂量的影响：ZrO_2-9%（mol）Y_2O_3的电导率最高。其他浓度时，每一个氧空位均被束缚在缺陷复合体中，迁移比较困难；②温度的影响：Y_2O_3稳定的ZrO_2的电导率随温度的变化符合阿伦尼乌斯方程；③气相分压的影响：YSZ在很宽的氧分压范围内离子导电率与气相氧分压无关，且离子传递系数接近于1；④晶界的影响：对小晶粒YSZ陶瓷，其晶界电导率不受晶粒尺寸大小的影响，对于大晶粒YSZ陶瓷，晶界电导率随晶粒尺寸的增加而下降。

此外，在SOFC的操作温度范围内，YSZ不与其他电池材料发生化学反应。然而在高温下，YSZ与LSM发生反应，在界面处生成不导电相。必须将这种反应降至最低，以免造成电池性能的下降。未掺杂的ZrO_2在20~1180℃温度范围内的热膨胀系数为$8.12×10^{-6}$cm/（cm·K），掺杂的ZrO_2通常具有较高的热膨胀系数。YSZ在室温下的弯曲强度为300~400MPa，断裂韧性为$3MPa·m^{1/2}$。在SOFC的研究与开发过程中，迫切需要提高电解质材料的强度和韧性，采用最多的方法是在YSZ中掺入一种或几种其他氧化物。

（4）连接部分。连接材料在单电池之间的作用至关重要，它有效地将阳极侧的燃料气体与阴极侧的氧化气体（如氧气或空气）进行隔离。在固体氧化物燃料电池（SOFC）中，连接材料必须在高温条件下表现出优异的稳定性。这包括在氧化与还原气氛中保持晶相的稳定性和化学性能的稳定性。此外，连接材料的热膨胀性能需要与电解质材料相匹配，以确保整体结构的完整性。同时，该材料应具备良好的气密性和高温下的导电性能，且必须具备绝缘特性，以防止离子导电。

近年来，钙钛矿结构的铬酸镧（$LaCrO_3$）被广泛应用于SOFC的连接体材料，同时其他材料如NiO也频繁被采用。高温低膨胀合金材料以及含有稀土元素和其他微量元素的铁素体不锈钢作为平板型SOFC的连接材料，正成为研究的重要方向。随着单电池设计的优化、工作温度的降低以及电解质性能的提升，连接体不仅在物理上隔离相邻单电池的介质流，还在导电和导热方面发挥着关键作用。这一变化促使研究者们将传统的陶瓷材料转向更具性能优势的合金材料。

在中低温（500~850℃）级别的应用中，选择性能稳定且适合的SOFC材料显得尤为重要。制造薄而致密的氟化钇稳定的锆氧化物（YSZ）膜，以及研发各方面匹配性高的电解质与电极，将为高效率和低成本燃料电池的生产提供坚实的基础。

4. 固态氧化物燃料电池的制备

高温 SOFC 可分为管型和平板型，其电解质厚度较大，通常采用陶瓷材料作为连接体。相比之下，中低温 SOFC 则倾向于采用平板结构，其电解质采用薄膜设计，连接体则为合金材料。在未来的发展方向上，中低温 SOFC 将成为研究和开发的重点，其中薄膜 YSZ（$Zr0.92Y0.08O2$）的制备技术及其封接技术是实现基体、薄膜与连接体之间稳定连接的关键因素。

固体氧化物电解池（SOEC）作为 SOFC 的逆向运行装置，具有在高温条件下高效电解水蒸气以制氢的能力，其效率可达到 45%~59%。SOFC 与 SOEC 的核心元件为固体电解质，其性能不仅依赖于电解质的电导率、晶体形态的稳定性和热膨胀特性，还与电极材料及制备技术的选择密切相关。在多年的探索中，具有萤石结构的稳定氧化锆（YSZ）已成为高温电解质的首选材料。为降低高温界面处的副反应，并减少对连接体及密封材料的要求，研究者们纷纷转向中低温领域，从而促进薄膜固体电解质元件的制备。通常而言，薄膜的厚度要求应小于 $50\mu m$，以适应 700℃ 的操作温度。从 SOEC 的角度来看，降低欧姆阻抗的要求也促使电解质的阻抗进一步降低。因此，固体电解质的薄膜化趋势已显而易见。

YSZ 电解质薄膜的制备工艺存在显著差异，这些差异主要体现在基片的温度、前驱体材料、沉积速率、薄膜质量、制备系统及生产成本等方面。其中，电泳沉积法（EVD）、溅射法、热喷涂法及喷雾热解法虽然能够一次性形成致密薄膜，但其工艺复杂且成本较高，限制了其产业化进程。相比之下，Sol-gel 法（溶胶-凝胶法）及陶瓷制备法（如流延成型、浆料涂覆法和注浆成型法）则具备沉积多种混合物及复杂化学配比的能力，且设备简单、成本较低，便于产业化。然而，这些方法在膜的附着力、致密度及烧结过程中产生的缺陷等方面也存在挑战，这些问题的解决将是推动产业化的重要环节。

5. 固态氧化物燃料电池的封接

平板式 SOFC 结构因其优点而成为工程首选。然而大尺寸、厚度薄且质量高的 ZrO_2 隔膜结构以及气密性良好的高温封接技术成为必须解决的难点。

目前 SOFC 封接，主要采用氧化物焊料法，包括玻璃焊料和微晶玻璃焊料。

（1）密封方法。目前采用的密封方法有玻璃/玻璃陶瓷封接、压力密封和活性金属密封。

第一，玻璃/玻璃陶瓷封接。玻璃的黏结性、浸润性以及操作简单、价格低廉使其成为致密封接的首选材料。通过组分和结构的改变，可改善或优化玻璃的 CTE（热膨胀系数）、T_g（玻璃化温度）和 T_s（软化温度）的性能指标。

用于封接的氧化物玻璃主要有三种：B_2O_3 系、P_2O_5 系和 SiO_2 系；B_2O_3 系易挥发；P_2O_5 系可降低挥发但强度较低；SiO_2 系中 BACS（$BaO-Al_2O_3-CaO-SlO_2$）受到关注。

非氧化物陶瓷（SiC、Si_3N_4 等）需要更高温度与（或）压力才能形成致密体。一些有机前驱物在高温下分解，原子间强的共价键作用可增强封接材料的抗腐蚀性和机械强度。两者的结合有利于克服各自的缺陷和弱点。

第二，压力密封。它是一种动态密封，无须热膨胀匹配，但工艺装备复杂且加压装置易氧化。

第三，活性金属密封。在真空或还原气氛的环境下，利用熔融金属填充金属与陶瓷的间隙。

（2）封接控制指标。在平板结构上进行高强度、高气密性的高温封接是一道关键工序，必须满足以下三项控制指标：

第一，焊料与电解质及连接体的热膨胀系数匹配，其热膨胀系数差≤7%。

第二，化学稳定性，确保焊料和焊缝在氧化、还原性气氛下长期工作，在氧分压变化范围内（$1\times10^{-13}\sim2.1\times10^4$ Pa）要求性能稳定。

第三，在温度变化范围内，保持足够的连接强度和气密性。

（3）软硬封接法。玻璃焊料法又称为软封接，在整个封接和使用过程中保持玻璃态，不析出晶体。通常封接温度高于工作温度，以确保电池堆在运行中的结构和强度。

采用微晶玻璃焊料称为硬封接法，在组分和工艺设计上保证封接焊料中有一定比例分布的微晶体，属于玻璃陶瓷或微晶陶瓷的一种多相结构。例如氟金云母玻璃—陶瓷焊料封接适用于 1000℃，氟金云母玻璃易于析晶，而陶瓷便于机械加工成型。

（4）封接基本原则与类型。对于固体氧化物燃料电池（SOFC）的两种主要形式，即管式和平板式，管式燃料电池已在实际应用中得到广泛采用，其封接设计并不需要实现完全密封。管式燃料电池面临着低电流密度及电解质膜制备成本高等挑战。相对而言，平板式 SOFC 的功率密度较高，但其设计要求在高温条件下有效隔绝和密封燃料与氧化剂。这就意味着，在高温环境中使用的封接材料必须具备良好的化学稳定性、热稳定性、气密性及绝缘性。因此，通过优化设计和材料改性，以最小化封接量和封接面积，已成为封接设计的重要原则。同时，不同支撑形式（如电解质支撑、阴极支撑及阳极支撑）所采用的封接方式也有所不同，进一步增加了封接设计的复杂性。

关于封接类型，可以将其分为金属—陶瓷和陶瓷—陶瓷封接两种主要形式。封接方法主要包括压缩封接和封接材料封接。压缩封接是通过施加机械力荷载将燃料电池组件及其附加材料紧密结合。这种方法在高温下几乎不会导致封接材料与组件之间发生化学反应，因此不需要形成强化学键或黏合剂。云母复合压缩封接目前是一种较为常用的技术，通常在云母的两侧涂覆玻璃或玻璃陶瓷层，以及陶瓷层或金属银。根据在 800~1000℃ 下经过 350~700 小时热循环测试的结果，该方法的气密性表现出极低的漏气率，通常低于 0.001sccm。此外，以银丝为添加层的混合压缩封接系统在 800℃ 条件下经过 300 小时热循环后也展现出优异的气密性，其漏气率可达到 0.006sccm。

高温封接材料则采用玻璃或玻璃陶瓷材料实现电池组件之间的连接。这些材料通常具有优越的性能，能够在较大范围内调节热膨胀系数，展现出高强度和良好的耐磨性，同时具备化学稳定性与热稳定性。封接材料的玻璃体系主要集中在磷系、硼系和硅酸盐类材料。在 800~1000℃ 的高温环境下，这些材料的漏气速率在 10^3~10^4Pa·m^3/s，显示出良好的气密性，确保了燃料电池的可靠性和稳定性。

（六）新型燃料电池

新型燃料电池主要包括直接醇类燃料电池和生物燃料电池等。它们都采用了质子交换膜。

1. 直接甲醇燃料电池

直接甲醇燃料电池（DMFC）是以甲醇为燃料进行阳极反应的质子交换膜燃料电池。[①] 与目前常用的二次电池如锂离子电池或镍氢电池相比，DMFC 具有高能量密度的优势。DMFC 的理论能量密度是 4710W·h/L，相对于镍氢的 200W·h/L、锂离子的 310W·h/L，其非常占优势。另外，与二次电池蓄电—再放电的原理不同，DMFC 可以说是能源转换器，只要将燃料持续供应即可源源不断地产生电力，不会有电力中断或更换电池的问题。

由于整个 DMFC 系统具有结构简单、方便灵活等特点，故具有广阔的应用前景。例如，其有可能发展成为海岛荒漠等偏远地区使用的小型独立电站，可用于国防通信、单兵作战电源以及其他军事领域的特殊电源，也可作为家庭、商店、医院、学校、工厂等使用的不间断电源，还可用于手机、摄像机、笔记本电脑等使用的移动电源以及军民通用的传感器件等。DMFC 的研究与开发，不仅会促进能源工业和电池工业的发展，而且必将推动电子产业、新材料产业以及通信产业等领域的技术进步，同时对提高资源利用率和解决环境污染问题等具有积极意义。

2. 微生物燃料电池

微生物燃料电池（MFC）作为一种新兴的能量转化技术，凭借其独特的生物电化学机制，实现了生物质资源的高效利用与环境污染物的有效降解。这一系统通过将生物化学代谢能转化为电能，不仅能够有效处理污水，还能够在处理过程中产生电力，从而展现出极大的资源化与能源化潜力。微生物燃料电池的分类可依据其结构、发电原理及电子传递机制等多方面进行细分，具体包括双室型与单室型、氢 MFC、光能自养 MFC 和化能异养 MFC，以及无介体和有介体 MFC，最后根据微生物的组成可分为纯菌 MFC 和混菌 MFC。

在微生物燃料电池中，微生物被作为催化剂，直接利用可生物降解的有机和

---

① 辛梦瑶，董志博，赵凯旋，等. 直接甲醇燃料电池中 Pt 基催化剂研究进展 [J]. 当代化工研究，2024（18）：86.

无机化合物进行电流的产生。这一过程不仅促进了有机物及废物的降解，还有效产生了可利用的能量。通过去除废水中的有机污染物，微生物燃料电池能够转化为清洁电能，展现出其在污水处理领域的广泛应用前景。反应中，微生物通过捕捉电子并将其传递至阳极，促使外部电路形成电流。同时，质子在阳极反应中生成，经过质子交换膜向阴极转移，与电子和氧化剂共同生成还原产物，实现了电池内部电荷的有效传递。活性微生物的催化作用是微生物燃料电池的一大优势，阳极与阴极的氧化还原过程在空间上分离，从而提升了反应的效率。

微生物燃料电池无须依赖昂贵的化学催化剂，显著降低了系统的整体成本，并能够利用污水中的有机物产生电能，同时有效解决了一部分环境问题。阳极室内的活性微生物具备自我更新与繁殖的能力，避免了化学催化剂常见的钝化现象。微生物燃料电池不仅实现了持续的污水处理，还能并行进行电能的产生，体现了其在废水处理技术领域相较于传统方法的显著优势。这一技术的不断发展有望为可持续发展提供重要的解决方案。

三、燃料电池的耦合发电技术

以大量消耗不可再生燃料的发电方式难以持续地支撑国家经济的高速发展，可再生能源的引入成为必然发展趋势。燃料电池的耦合发电技术能够有效地缓解用电高峰时的压力，还能充分利用可再生能源，在未来具有很好的前景。

燃料电池耦合发电是一种高效、洁净的发电方式，已经成为当今电力可持续发展的研究热点。燃料电池包括低温态的碱性型（AFC）、质子交换膜型（PEMFC）、中温态的磷酸型（PAFC）、高温态的熔融碳酸盐（MCFC）和固态氧化物型（SOFC）。通过 FC 与常规动力装备联合循环发电或者分布式冷热电多联产运营，燃料电池耦合发电技术将是重要的绿色发电方式之一。

一般而言，燃料电池发电效率高。FC 本体发电效率达 50% 左右，高温 FC 配燃气—蒸汽联合循环，其效率为 60%~70%（LHV）；它具有变负荷率高（8%~10%）/min、负荷变化的范围大（20%~120%）、电力质量高、电流谐波和电压谐波均满足 IEEE519 标准等优点。

（一）SOFC-PEMFC 联合发电系统

当前开发的不同类型的 FC，功率范围很大，从 1kW 以下到 10MW 以上。质子交换膜型燃料电池（PEMFC）较成熟，仅适用于低温；而 SOFC 与 PEMFC 联合发电是一种选择。

SOFC-PEMFC 联合发电依靠 SOFC 内重整燃气组分，为 PEMFC 提供净化重整气体，节省外置重整器，使之具有更高的能量转换效率。研究人员以 SOFC 与质子交换燃料电池联合发电系统为研究对象，以其系统操作参数为不确定参数，采用基于拉丁超立方体抽样的不确定分析方法——适宜的概率分布函数表述和量化不确定因素，反映到确定性的模型上，输出概率分布规律的结果，以此分析系统净功率。

研究者在管式 SOFC（IRSOFC）基础上通过耦合质量、能量平衡方程和电化学分析建立 SOFC-PEMFC 的模型，包括 PEMFC 的电化学模型、空气侧和燃料侧的压气机所用的等熵效率模型、热交换器基于 ε-NTU 方法的零维模型、系统中辅助设备基本的节点稳态热力学模型，并建立质量、能量平衡方程，研究相关因素的影响。SOFC 电堆高的工作温度、低燃料流量和低的利用率有利于减少系统净电功率因不确定因素引起的偏差和波动，可借以评判设计参数的合理性。

燃料电池（FC/AIP）系统直接将氢能转换为电能，它与柴油机组合具有军事上的特殊用途，如用于潜艇。其优点是装置的转换效率很高，省去了热机复杂的转换过程，减少能量损耗，实际效率可达到 70%；对外热辐射较少，有效地降低潜艇的热辐射；噪声较小，用于潜艇可提高潜艇在航行时的隐蔽性；过载能力强，其短时过载能力可达额定功率的 2 倍，装备 FC/AIP 系统的潜艇可进行短时内加速航行；系统配置灵活，便于安装。

FC 堆是由若干个电池单元串并联而成，可按任意需要布置，灵活选择 FC 的配置方式；效率随输出功率变化特性较好，特别适合潜艇对于动力装置需要功率范围宽而效率高的要求。其缺点是燃料危险性非常大，系统比功率较小，目前质子膜燃料电池的比功率只有 100W/kg，与柴油机的比功率 300W/kg 相差较远，要想达到相同功率，FC 所需重量要大于柴油机；其工作寿命短、价格较高，是柴油发电机组价格的 3~6 倍。但是将 AIP 系统与当前潜艇的"柴电"动力装置组合在一起，构成混合推进装置可使常规潜艇隐蔽性提高。此外，燃料电池也可与太阳能光伏等新型清洁能源产业联合发电，这更加开拓了燃料电池的应用空间。

在环保指标方面，它能有效降低火力发电的污染物、噪声和温室气体排放量。与常规燃煤发电机组相比，燃料电池发电中几乎没有燃烧过程，NO_x 排放量很小，一般可达到 0.139~0.236kg/（MW·h）以下，噪声低。

在综合指标方面，燃料电池可使用多种燃料，包括氢气、甲醇、煤气、沼气、天然气等；燃料电池为模块化结构，体积小（小于 $1m^2/kW$）、系统容易扩容，自动化程度高，可实现无人操作；系统供电灵活、可靠，是理想的分布式电源；FC 发电系统符合国家能源和电力安全的战略需要。

为此，FC 发电快步进入工业化规模应用阶段，将成为继火电、水电、核电后的第四代发电方式。

（二）SOFC-MGT 间接式混合系统

SOFC-MGT 间接式混合系统的工作原理是，空气经压缩后在回热器中加热，高压高温空气进入汽轮机，做功后的空气进入 SOFC 阴极作为氧化剂和冷却气体。来自余热锅炉的蒸汽与燃料混合进入预热器加热，进预重整器进一步重整，生成的富氢气体进入 SOFC 阳极再重整。在 SOFC 电极三相界面处发生电化学反应，电子经外电路构成电子回路，通过 DC/AC 转换器并入电网。

（三）FC-热机机组驱动系统

FC-热机机组驱动系统是很重要的混合动力驱动系统，相比于质子膜燃料电池，其不仅可以极大地提高经济性，还能够提供很强的动力，具有很大的优势。

燃料电池（FC/AIP）系统是最具竞争力的 AIP 系统，它与柴油机组合在军事上具有特殊用途。

目前的质子膜燃料电池的工作寿命只有 5000h，距离 40 000h 的目标寿命相距较远，同时其价格约为 3000 $/kW，是柴油发电机组的 3~6 倍。

微型燃气涡轮机与燃料电池的耦合装置该系统于 2009 年 9 月在斯图加特举办的国际燃料电池论坛上正式公布，其长期目标是在分布式供能中实现最高发电转换效率，发电功率达 1MW。

第三节　分布式能源系统的智能集成与构建

分布式能源系统的概念提出于 20 世纪 80 年代，最早开始于冷热电联产系统（CCHP），它是应用能源梯级利用原理的必然选择，能源利用率很高，所以技术发展迅速。到目前为止，分布式能源的利用形式仍然以发电为主，能量来源形式多样化，因资源禀赋条件和终端用能需求而异。从发电形式看，主要包括三大类：一是天然气分布式能源，主要是热电联产和冷热电多联供等；二是可再生能源分布式发电，主要包括小型水能、太阳能、风能、生物质能及地热能等；三是废弃资源综合利用，包括工业余压、余热、废弃可燃性气体及城市垃圾、污泥发电等。

一、分布式能源对储能的要求

分布式能源的突破关键在于如何实现用户端的智能利用，并使其在能源供应系统中得到优化，从资源、环境和经济效益最优化来确定机组配置和容量规模。其最大优势在于能够利用物联网和区块链技术在本地组合不同的资源，以最大限度地满足客户的需求，同时提供清洁的、可靠的和价格合理的能源供应。

（一）并网运行的要求

分布式能源所产生的电能具有显著的随机性和不确定性特征，而并网对系统的影响主要取决于其穿透功率极限，穿透功率达到 10% 是可行的，所以，要保证很大的电量负荷在并网逆变器附近完全被大电网吸收。要达到维持发电/负荷动态平衡的目的，储能必须具有大容量能量/功率吞吐能力；而为了保持系统电压/频率稳定，储能就得具有微秒级响应速度和一定容量的功率补偿能力。

（二）独立运行的要求

单个分布式电源独立运行很难维持整个供电系统的频率和电压的稳定性。因此，在大电网难以达到的边远或孤立地区，目前一般采用分布式电源联合运行来为这些地区提供可靠的电力供应。它们包括但不限于风—光互补联合发电系统、光—柴联合型发电系统、微型燃气轮机—燃料电池混合系统等。联合运行的共同特点就是利用互补特性，获得比较稳定的总输出，在保证同样供电稳定性和可靠性的情况下，大力减少储能的容量，一般从数百千瓦到数兆瓦。以光伏—柴油联合发电系统为例，虽然柴油发电机与光伏发电相结合能够确保连续 24 小时不间断供电，并且资金花费低于蓄电池作后备，但是当光伏输出发生变化时，柴油发电机并不能快速做出响应。而通过储能的过渡作用，可满足负载对快速响应的要求。

（三）特殊要求

1. 抑制输出功率波动

太阳能、风能等可再生能源受天气等自然因素的影响，输出电能具有随机性，而储能系统可以平抑功率波动，提高系统电压和频率质量。从实际风力发电的角度出发，发电功率一般以秒级周期随机波动，因此要求储能具有秒级响应速度和一定的功率补偿能力。随机性带来的输出不稳定性是分布式电源并网所造成的不利影响的本质原因。研究分布式电源发电功率预测技术，并以此为依据优化储能容量，对储能在分布式电源并网中的应用具有重要的实际意义。

2. 规划性发电

从操作上看，从根本上改变分布式电源间歇性投资巨大且无必要性，目前可将目标定位在使包含分布式电源的局部网络潮流曲线按照计划推进，储能技术只是填补分布式电源输出与预期曲线之间的差额部分，而不是对分布式电源的功率波动做出完全补偿。这对电网的调度控制和安全经济运行具有重要作用，可极大降低所需的储能容量。

二、分布式能源系统的智能集成

分布式能源系统的智能集成是能源领域的一个重要发展趋势，它旨在通过先进的智能化技术，实现多种分布式能源资源的高效整合与优化调度，从而推动能源系统的低碳、智慧和可持续发展。

分布式能源系统作为一种清洁高效的新型能源利用技术，具有环保性能好、能源利用率高、安全可靠等优点。它打破了传统建筑能源系统主要依靠单一热力系统的格局，能够同时提供冷、热、电三种形式的能量，一次满足用户的多种能量需求。这种系统主要应用于建筑能源领域，而建筑领域的能量需求种类繁多，且具有不同功能的建筑其能量需求也存在较大的差异。分布式能源系统通过科学用能，根据"分配得当、各得所需、温度对口、梯级利用"的原则对能源资源进行优化配置，从而改善建筑领域的能源供应和使用状况。

在分布式能源系统的智能集成过程中，智能化的概念被赋予了新的内涵。它不仅仅是简单的自动化控制，更是通过大数据、云计算、人工智能等先进技术，实现对能源系统的高精度监测、分析和控制。通过即时获取和传输各个分布式能源资源的数据，智能电网可以实现对能源的高精度监测、分析和控制。同时，智能电网还需要采用先进的人工智能技术来优化能源的分配和调度，以实现能源的高效利用和供需平衡。这种智能化的集成方式，不仅提高了能源系统的灵活性和可靠性，还大大降低了运行维护成本，提升了能源系统的整体效益。

分布式能源系统的智能集成面临着多个挑战，包括电力质量管理、能源供需平衡、功率控制以及电力系统的稳定性等。首先，为了实现分布式能源集成和优化，必须建立起可靠的数据通信和智能控制系统。其次，分布式能源资源的不确定性和间歇性使得能源的供需平衡变得复杂。为了应对这一问题，需要借助先进的预测模型和优化算法来预测和调度能源供应和消耗。例如，可以利用天气预测和用电负荷预测等数据来提前做出能源调配决策，以确保能源的平衡和供应稳定。此外，分布式能源集成还需要解决电力系统的稳定性问题。因为分布式能源的间歇性和波动性，当分布式能源的供应增加或减少时，可能对电力系统的稳定性产生不利的影响。为了避免这种情况的发生，需要通过合理设计和布置分布式能源资源，以保证电力系统的稳定运行。同时，可以利用高效的能量储存系统和灵活的功率调控技术，来应对分布式能源资源的波动性。

分布式能源系统的智能集成促进了能源的高效利用和环境保护。通过将分布式能源资源纳入智能电网中，可以最大限度地减少能源损耗和传输损耗，并提高能源的利用效率。此外，分布式能源集成还可以减少对传统化石能源的依赖，降低对环境的污染，推动可持续发展。这种智能集成的方式，不仅提高了能源系统的经济性和可靠性，还为实现绿色低碳的发展目标提供了有力支持。

三、分布式能源系统的构建

分布式能源系统的构建是能源领域的一项重要课题，旨在通过小型化、分散化的能源供应方式，提高能源利用效率，降低能源传输损失，并增强能源系统的灵活性和可靠性。这一体系的构建不仅涉及技术层面的创新，还涵盖管理、政策、经济等多个维度的考量。

分布式能源系统是一种临近用户端的小型能源供应系统，其核心优势在于能够减少电、热、冷等能量的远距离输送损失及相应的输配系统投资，为用户提供高品质、高可靠性和清洁的能源服务。与传统的集中式供能系统相比，分布式能源系统采用分散式布局，直接面向用户，根据用户的实际需求就地生产并供应能量。这种系统通常由能源转换设备（如风力发电机组、太阳能光伏板、微电网等）、储能设备（如电池、储能塔等）、控制系统（包括监测、调度、优化等子系统）和传输网络（如电力网络、热力网络等）构成。这些组成部分之间需要实现协调和优化，以保证整个系统的稳定性和高效性。

分布式能源系统的构建过程中，能源转换设备是关键环节。这些设备负责将可再生能源转换为可用的电能或热能，是实现能源分散供应和利用的基础。随着技术的不断进步，能源转换设备的效率和可靠性不断提升，为分布式能源系统的广泛应用提供了有力支持。同时，储能设备在分布式能源系统中也扮演着重要角色。它们能够储存多余的能量，并在需要时释放出来，保证系统的持续运行和供需平衡。

控制系统是分布式能源系统的"大脑"，负责协调整个系统的运行。通过先进的监测、调度和优化技术，控制系统能够实时掌握系统的运行状态，并根据实际需求进行动态调整。这不仅提高了系统的运行效率，还增强了系统的适应性和灵活性。传输网络则是连接能源转换设备和终端用户的桥梁，负责将能量从生产端传输到用户端。在分布式能源系统中，传输网络的设计需要充分考虑地理分布、能量类型等因素，以实现能量的高效传输和分配。

分布式能源系统的构建离不开先进的管理体系和技术支持。分布式能源管理体系是一个集现代信息技术、计算机技术、自动控制技术于一体的计算机监控体系，它能够实现对生产过程中所需要的能源数据的采集与分析，为能源管理提供多种可行的方案。通过运用分布式能源管理体系，企业可以实现对能源的合理分配与使用，提高能源的有效利用率，达到节能减排的生产目标。

此外，分布式能源系统的构建还需要政策、经济等多个方面的支持。政府应加大对分布式能源系统的政策支持力度，鼓励企业和个人使用分布式能源系统。同时，通过采取合理的经济激励措施，降低分布式能源系统的建设和运营成本，提高其市场竞争力。

分布式能源系统的构建是一个复杂而系统的工程，需要技术、管理、政策、经济等多个方面的协同推进。随着技术的不断进步和应用的不断拓展，分布式能源系统将在全球范围内得到更广泛的应用和推广。未来，我们应继续深入研究和探索分布式能源系统的构建方法和技术手段，为推动全球能源结构的优化和可持续发展做出更大的贡献。

第六章 能源高质量发展的未来格局
——能源互联网

第一节 架构未来：能源互联网的体系设计与构建

能源互联网建设对于提高能源资源配置效率、促进能源产业转型升级和保障国家能源安全，推动能源高质量发展具有重要意义。加强政策引导、完善市场机制和推动技术创新对推动能源互联网发展至关重要。我国可充分借鉴各国经验，不断推动能源绿色低碳转型和高质量发展。[①] 能源互联网发展的核心目的是利用互联网技术，促进以电力系统为核心的大能源网络内各类设备的信息交互，实现能源生产与消耗的实时平衡。依托发达的互联网技术，兼顾动态能源价格和能源市场制度支撑，消费者能够自动调整能源消费行为和储能设备的运行状态，以吸引投资者，甚至普通家庭都能积极参与到能源市场，推动需求响应在能源互联网中的高效运行。

一、能源的获取

按照形成条件（是否经过复杂加工或转换），能源可分为一次能源和二次能源。以天然形态存在于自然界中，可直接取得而不需改变其基本形态的能源，称为一次能源。简单地说，一次能源就是自然界中现成存在的天然能源，如煤炭、石油、天然气等化石燃料，以及风能、地热能、核能、潮汐能、生物质能等新能源。自然界中一次能源的初始来源，大致有三种情况：一是来自地球以外天体（主要是太阳）的能量，例如，以光和热的形式直接利用的太阳能，以化石或生物体等物质形式存储的能量，以风、水流、波浪等形式体现的能量；二是来自地

---

① 唐炳文. 能源互联网推动能源高质量发展 [J]. 中国外资，2024 (17)：92.

球内部的能源，主要是核能和地热能；三是地球与其他天体相互作用产生的能量，如月亮、太阳引力变化形成的海洋潮汐能。

为了满足生产和生活的需要，有些能源通常需要经过加工进行直接或间接的转换才能使用。由一次能源经加工转换而获得的另一种形态的能源，称为二次能源，如焦炭、沼气、液化气、酒精、汽油和其他各种石油制品，以及蒸汽、氢能、激光等。

（一）一次能源的获取技术

1. 煤炭获取

根据煤炭资源埋藏深度的不同，煤炭的获取通常有露天开采和矿井开采两种采煤方法。

（1）露天开采。露天开采是指移去煤层上面的表土和岩石（覆盖层），开采显露的煤层。这种采煤方法，习惯上被称为剥离法开采，此法在煤层埋藏不深的地方应用最为合适。在地形平坦的地区，矿层水平延展，可进行大范围剥离，此种矿区开采煤炭最为经济。

（2）矿井开采。对埋藏过深不适于用露天开采的煤层可用矿井开采。矿井开采根据通向煤层的通道不同分为竖井、斜井、平硐三种方法。

2. 石油获取

采油方法主要有自喷采油和人工举升两种。在油井的开发过程中，当对油井试油后，会根据油井的油层物性、压力，选择合适的开采方式。

对油层物性好、压力高的油井，油气可自喷到地表，即自喷采油。油井自喷生产，一般要经过四种流动过程：原油从油层流到井底、从井底沿着井筒上升到井口、原油到井口之后通过油嘴、沿着地面管线流到分离器和计量站。

对油层物性差、压力低的油井，当地层能量不足以将油气举升到地表时，应人工补充能量，进行人工举升。

3. 天然气获取

把天然气从地层采出的全部工艺过程简称采气工艺。它与自喷采油法基本相似，都是在探明的油气田上钻井，并诱导气流使气体靠自身能量（源于地层压力）由井内自喷至井口。天然气密度极小，在沿着井筒上升的过程中能量主要消耗在摩擦上，而摩擦力与气体流速的二次方成比例，因此管径越大，摩擦力越小。在开采不含水、不出砂、没有腐蚀性流体的天然气时，气井上有时甚至可以用套管生产，但在一般情况下仍需下入油管。

4. 太阳能获取

太阳能即太阳的热辐射能，其获取方式有以下两种：

（1）利用集热装置将太阳辐射能收集起来，再通过与介质的相互作用转换成热能，进行直接或间接的利用。

（2）利用光伏效应（当光照在不均匀半导体或半导体与金属组合材料上，在不同的部位之间产生电位差的现象），将太阳能转化为电能，进行直接或间接的利用。

5. 风能获取

风能是由于地球表面大量空气流动所产生的动能。地面各处受太阳辐照后气温变化不同以及空气中水蒸气的含量不同，引起各地气压的差异，使得在水平方向上高压空气向低压地区流动，即形成风。风能的获取就是利用风来直接带动各种机械装置，将风能转换为机械能，进行直接或间接的利用。

（二）二次能源的获取技术

1. 电能获取

利用热能产生的蒸汽驱动蒸汽轮机发电的技术，包括了火力发电、核能发电以及地热能发电等多种形式。这些方法通过高温蒸汽的膨胀作用，推动涡轮机旋转，进而通过发电机转化为电能。此外，自然界的机械能，如水流、风力、潮汐能和波浪能，也被广泛用于驱动电机发电，这些可再生能源的开发利用，为电力供应提供了一种清洁且可持续的途径。太阳能直接转换为电能，通过光伏效应实现，是太阳能利用技术中最为直接和高效的途径之一。

2. 热能获取

在热能获取方面，技术手段同样多样化。直接加热方法利用热媒与被加热介质的直接接触，实现热量的传递。间接加热方式则通过换热设备，如热交换器，将热媒的热量传递给水，产生热水。电能通过电加热器转换为热能，为水加热，提供了一种快速且可控的热能获取方式。太阳能转换为热能的技术，通过太阳能集热器将太阳辐射能转化为热能，用于水的加热，这一技术在太阳能资源丰富的地区尤为适用。

二、能源的传输

（一）一次能源的传输技术

1. 煤炭传输

煤炭作为一种重要的化石燃料，其传输技术对于能源供应具有至关重要的作用。传统上，煤炭的运输主要依赖于水路、公路和铁路三种方式。水路运输以其大规模和低成本的优势，成为长途大宗煤炭运输的首选，尤其是在沿海地区，通过江河与海港的联运，实现了煤炭资源的高效调配。然而，水路运输的时效性较差，且在北方地区由于水运条件的限制，其应用受到一定限制。公路运输在短途运输中具有灵活性，但在长途运输中成本较高。铁路运输则以其快速和经济的特点，成为长距离煤炭运输的主要方式。

随着技术的进步，管道运输作为一种新兴的煤炭运输方式开始得到应用。管道运输通过将煤炭转化为适宜的形态，利用压力输送系统实现煤炭的长距离输送。其中一种方法是将煤炭粉碎后与水混合，形成浆状物质，在管道中通过泵站加压输送。到达目的地后，通过脱水处理恢复煤炭的原始形态。这种方法虽然用水量大，但能够有效解决长距离运输的问题。另一种方法是将煤炭磨成细粒后与少量重油和水混合，形成易于分离的煤粒。这种方法不仅减少了用水量，而且简化了脱水过程，提高了运输效率。第三种方法是利用气体输送，通过燃烧部分煤炭产生的气体作为输送介质，实现煤炭的输送。这种方法不仅减少了环境污染，而且通过气体的循环使用，降低了运输成本，同时节约了水资源。

2. 天然气运输

目前天然气实际应用或具有应用前景的储运方式有：通过管道高压输送天然

气；利用低温技术将天然气液化，以液体的形式进行储存、运输；利用气体水合物高储量的特点储存天然气等。

（1）管道储运方式。用管道将气田天然气输送到城市用户，是人们大规模使用天然气的最初选择。1925年，美国铺设了第一条天然气长输管道。这条管道的建成，使天然气首次作为大宗商品推向市场，开创了人类利用天然气的新时代。随后，随着天然气管道的不断建设，天然气的利用规模和应用领域逐步扩大，人们对天然气的认识也不断提高。

尽管管道输送技术已相对成熟，但其应用仍受到气源、运输距离及投资等条件的限制。此外，越洋运输较为困难，且输送过程中需要保持较高的压力，导致运行和维护费用较大。

（2）液化天然气（LNG）储运方式。管道输送方式应用虽然广泛，但在某些情况下，如由于海洋、高山等阻隔，无论从技术方面还是从经济方面考虑都不适合铺设输气管道，而液化天然气输送技术解决了这个问题。液化天然气是将天然气低温冷却液化后得到的产品。LNG液化后的体积远比气体小，在运输方面具有极大的优势。

LNG输送方式在大规模、长距离、跨海船运方面应用广泛，其储存密度高、压力低，系统的安全性和可靠性比较高，但建设初期成本巨大，而且由于要采用低温液化技术，运营费用较高。

（3）天然气水合物（NGH）储存方式。天然气水合物（NGH）作为一种新型的能源储存方式，因其较高的储存密度和较低的储存压力，在全球能源储存领域受到了广泛关注。NGH的储存技术相较于传统的压缩天然气和液化天然气，不仅提高了系统的安全性和可靠性，还因其较低的储存成本而展现出巨大的市场潜力和应用前景。

在NGH的储存技术研究中，强化制备方法成为提升NGH储气密度和加快反应速率的关键。这些方法包括搅拌法、喷雾法、喷射法和鼓泡法等，它们通过增加气液接触面积来促进水合物的形成。此外，添加剂的引入和外场的应用也是加速水合物生成的有效手段。这些强化方式能够显著提高天然气水合物的储气密度，从而满足工业化生产的需求。

（二）二次能源的传输技术

1. 电能传输

输电和变电、配电、用电一起，构成电力系统的整体功能。通过输电，把相距甚远的（可达数千千米）发电厂和负荷中心联系起来，使电能的开发和利用超越地域的限制。与其他能源的传输（如输煤、输油等）相比，输电的损耗小、效益高、灵活方便、易于调控、环境污染少；输电还可以将不同地点的发电厂连接起来，实行峰谷调节。输电是电能利用优越性的重要体现，在现代化社会中，它是重要的能源动脉。

（1）输电线路按结构形式可分为架空输电线路和地下输电线路。前者由线路杆塔、导线、绝缘子等构成，架设在地面上；后者主要使用电缆，敷设在地下（或水下）。

（2）输电按所送电流性质可分为直流输电和交流输电。19 世纪 80 年代首次成功地实现了直流输电，后因受电压难以提高的限制（输电容量大体与输电电压的二次方成比例），19 世纪末为交流输电所取代。交流输电的成功，迎来了 20 世纪电气化时代。20 世纪 60 年代以来，随着电力电子技术的发展，直流输电又有新发展，它与交流输电相配合，形成交直流混合的电力系统。

2. 热能传输

（1）热能主要有两种传输方式：蒸汽供热和热水供热。

第一，蒸汽供热。蒸汽供热系统是指城市集中供热系统中以水为供热介质，以蒸汽为热媒，从热源携带热量，靠蒸汽本身的压力输送，经蒸汽管道进入散热器，放热后凝结水经疏水器由凝结水管流入凝结水箱，然后由凝结水泵送入锅炉重新加热产生蒸汽。低压蒸汽供热系统的工作半径都较小。

第二，热水供热。热水供热系统以热水为热媒，是目前广泛使用的一种供热系统，由锅炉、输热管道、水泵、散热器和膨胀水箱等组成。其工作原理是水在锅炉内被加热后，密度减小，同时受从散热器流回来的密度较大的回水驱动，沿着供水管路流入散热器，如此循环流动。因为水泵可以产生很大的压力，所以这种供热系统的供热范围可以很广。

（2）两种热能传输方式的比较。

第一，蒸汽供热系统与热水供热系统相比，管道造价低，初期投资少；散热设备小，散热器内热媒的温度等于或高于100℃，因此，散热器传热系数也高，散热器的片数更少。

第二，热水供热系统散热器表面温度低，从卫生角度考虑采用热水供热较好。而低压蒸汽供热系统的散热器温度始终在100℃左右，对卫生很不利。

第三，由于蒸汽供热系统间歇工作，管道内时而充满蒸汽、时而充满空气，管道内壁的氧化腐蚀要比热水供热系统快，所以蒸汽供热系统的使用年限更短，特别是凝结水管更易损坏。

第四，一般的蒸汽供热系统不能调节蒸汽温度，所以当室外温度高于供暖室外设计温度时，蒸汽供热系统必须运行一段时间停止一段时间，间歇调节会使房间温度上下波动。

第五，蒸汽供热系统的热惰性差，即系统的加热和冷却过程都很快，对于人数骤增骤减或要求迅速加热的建筑物如车间等是比较适合的。

三、能源的存储

储能技术作为能源互联网中的重要组成部分，直接关系能源互联网能否实现，是可再生能源大比例使用的关键支撑技术，是实现分布式能源、微电网广泛应用的基础。[①] 在不同的能源网中，储能的形式不尽相同：天然气本身具有可压缩性，因此燃气管网本身具有大规模能量存储的能力；热力系统主要通过液体、固体的温度和相态的变化实现能量的交换以及存储；而能量不能在电力网络中大规模存储，往往需要将能量转化为其他的形式进行存储。

（一）储电技术

1. 机械储能技术

机械储能技术历史悠久且相对成熟，主要包括抽水蓄能、压缩空气储能和飞

---

① 来小康，王松岑. 能源互联网背景下的储能技术及产业发展 [J]. 高科技与产业化，2016（4）：28.

轮储能三种形式。抽水蓄能广泛应用于电力系统的调峰、调频和紧急备用等功能。压缩空气储能通过消耗电能对空气进行压缩并储存，释放时利用高压空气与燃气混合燃烧驱动涡轮发电。飞轮储能则由飞轮转子、电动机、发电机等组成，通过电力转换器将电能转化为机械能储存，外部负荷需要能量时再将机械能转化为电能。抽蓄电站的运行依赖于上下游蓄水库的配合，能够在负荷低谷时储存能量，并在高峰时释放。

2. 化学储能技术

化学储能技术以电池为代表，种类繁多且发展迅速，能够满足电力系统的多样化需求。电池储能系统通过正负极的氧化还原反应进行充放电，常见的电池类型包括铅酸电池、锂离子电池、镍电池等。铅酸电池以其可靠性和成熟技术受到青睐，但循环寿命较短且存在环境污染问题。锂电池则因其高能量密度和长循环寿命而被广泛应用，但安全性和生产条件要求较高。钠硫电池和钒液流电池被视为新兴的高效储能解决方案，尽管它们在安全性和材料成本方面仍面临挑战。

3. 电磁储能技术

电磁储能技术以其高效率和高能量密度而受到关注，主要包括超级电容器和超导磁储能系统。超级电容器作为一种介于传统电容器和蓄电池之间的储能装置，依据储电原理的不同可分为双电层电容器和法拉第准电容。超导磁储能系统通过直流电流流经超导线圈产生磁场，实现高效储能，具备快速响应和高转换效率的优势。

（二）储热技术

1. 显热储热技术

显热储热技术依赖于材料的比热容，通过材料温度的变化来储存和释放热量。该技术原理简洁、成熟，且成本效益高，因此在热能储存领域得到了广泛应用。显热储热技术进一步分为固体和液体两种形式。

固体显热储热系统由储热材料、高温传热流体和换热管组成，通过热流体在换热管中的流动实现热量的储存和释放。

液体显热储热则根据储热机理的不同，分为单一流体储热、直接接触储热和间接接触储热三种方式。单一流体储热通常采用双罐系统，通过工作流体在集热器和储热罐之间的循环来实现热能的储存和释放。直接接触储热则通过高温换热流体在储热罐内形成斜温层，利用多孔介质材料如碎岩石或沙砾来增大储热罐的储热效率。间接接触储热通过换热器将换热流体与储热材料隔离，避免了直接接触可能引起的化学反应，有助于维护系统的长期稳定运行。

2. 潜热储热技术

潜热储热技术利用材料相变时的潜热来进行能量的存储与释放。在相变过程中，材料的温度保持不变或变化极小，这使得潜热储热技术易于控制和管理。高温相变储热装置通过材料的固—液相变来实现热能的储存，当相变材料从固态变为液态时，热能被转化为潜热储存；而在放热阶段，低温流体通过换热盘管，由相变材料对其进行加热，直至满足热负荷需求。

3. 化学储热技术

化学储热技术通过可逆的化学反应实现热能与化学能之间的转换。这种储热方式具有高储热密度和长期储存能量的潜力。尽管化学储热技术在实验室研究中显示出巨大潜力，但由于其技术复杂性、高初始投资和相对较低的整体效率，目前尚未大规模商业化应用。未来的研究需要集中在提高化学储热技术的经济性和效率上，以促进其在热能储存领域的实际应用。

（三）储气技术

1. 地上罐储气技术

在城市天然气生产和供应中，地上罐储气应用较为广泛。地上罐储气一般采用高压金属储气罐。

天然气高压储气罐又称定容储气罐，即其几何容积固定不变，依靠改变罐内的压力储存燃气。优质钢材的出现和焊接技术的提高为建设高压储气罐开拓了广阔的前景。高压储气罐按其形状分为圆筒形和球形两种。圆筒形储气罐是两端为碟形、半球形或椭圆形封头的圆筒形容器，按安装方法的不同，可分为立式和卧式两种。球形储气罐一般是在工厂压制成型的球片，试组装后运到现场拼装、焊接而成，焊缝需退火处理。

2. 地下储气库技术

地下储气库是一种将从天然气田采出的气体注入可以保存气体的地下空间而形成的人工气田或气藏。

地下储气库主要建设在下游天然气用户城市的附近，用途是保障下游用户的调峰需要。目前主要的天然气地下储气库类型包括枯竭油气藏储气库、含水层储气库、盐穴地下储气库以及岩洞与废弃矿井型储气库。其中含水层储气的原理是将气体注入含水层的孔隙空间形成人造气田，气体通过驱替储层的水来充满岩石的孔隙。为避免注入气体漏失，孔隙储层需要被不渗透的盖层覆盖。为增大库容量，储层的孔隙度和渗透率必须达到相关标准。而盐穴地下储气库是利用地下较厚的盐层或盐丘，采用人工方式在盐层或盐丘中通过水溶形成洞穴储存空间来存储天然气。

3. 管道储气技术

管道储气实质上是一种高压管线储气罐，是将一组或几组钢管埋在地下，对罐内储存的天然气加压，因管径较小能承受更大的压力，可利用能量传输介质的可压缩性及其高压下和理想气体的偏差实现输气与储气的双重功能，使储气量大大增加。

一般来说，在输气量、管道长度和最大起点压力一定的情况下，管道末端的压力越高，管道储气量越小。在其他参数不变的情况下，管道越长，管道容积越大，越有利于提高储气能力，但也增大了阻力，相同压力下又减少了出气量，所以应根据需要详细设计管道的长度。

(四) 能源互联网中的储能技术比较

在能源互联网的框架下，储能技术的形式多样，涵盖了储电、储热和储气等不同领域。储电技术以其丰富的形式和快速响应能力而著称，包括铅酸蓄电池、锂电池、镍镉电池等多种电池储能方式。储热技术则主要分为显热储热、潜热储热和化学储热三大类，每一类都依据储热介质和绝热材料的不同而有所区别。相比之下，天然气系统中的储能形式较为单一，主要包括管道储气和罐（库）储气两种形式。

从技术成熟度来看，天然气的存储技术相对成熟，管道储气利用了传输介质的可压缩性，而储气罐和储气库的建造技术也已十分成熟。储氢技术尽管存在能量转换效率和管道输气的技术经济性等问题，但仍在不断发展之中。在储热技术领域，显热储热已经得到大规模应用，潜热储热依赖于材料的热化学性能，而化学储热则正处于发展阶段。

储电技术因其相对较低的技术成熟度而面临更高的投资建设和运行维护成本。储气库虽然建设投资巨大且周期长，但单位投资成本低，设备折旧慢，运维成本也相对较低。储热技术的运行维护成本较高，主要是由于需要经常更换储能介质和添加消耗的化学反应材料。

在应用场景方面，电力系统中的发电厂商、电网运营商和用户均能从储能技术中获益。储能技术在发电侧可以减少发电容量需求、辅助风光接入和提供旋转备用等；对于电网公司，储能技术能够平衡电力供需、缓解网络拥塞、推迟电网升级改造需求，同时快速响应的储能装置能够改善电力系统的动态性能，提高电网运行的稳定性；在用户侧，通过储能动态地调节电压、频率等，能够提升供电可靠性和电能质量，提高用电品质。储气和储热的应用场景相对单一，主要用于平衡能量的供需，但在发电和大型工业生产过程中，碳排放的捕获存储以及工业废热的回收存储再利用是节能减排的重要手段。

四、能源的使用

在能源使用的多样化背景下，负荷的分类显得尤为重要。依据用能种类，负荷被划分为电负荷、热负荷和冷负荷。电负荷涵盖了广泛的用电设备，包括但不限于电动机、电弧炉、整流装置和照明设施等。热负荷则指为维持室内热平衡所需供给的热量，尤其在冬季，供热系统向建筑物供给的热量成为设计的关键。冷负荷涉及为保持建筑物热湿环境所需的空调系统带走的热量，包括显热和潜热两部分。

根据负荷的自主响应能力，负荷被分为基荷类负荷、温控负荷、可控电力负荷和用能替代型。基荷类负荷由于缺乏调节能力，其需求近似刚性，对生产或生活的影响较大。温控负荷（TCLs）如空调和热水器，可通过温度控制指令进行调节，因其柔性控制特性，在实际应用中更为广泛。可控电力负荷根据响应特性分为可平移负荷、可削减负荷和可转移负荷，涉及洗衣机、电动汽车等多种设备。用能替代型则提供了不同能源间的转换能力，有助于匹配能源网络的需求并提升用户的用能舒适度。

需求响应在能源互联网中的作用不容忽视。它不仅是电力需求侧管理的延伸，更是能源用户对市场价格信号或激励机制的响应行为。需求响应的分类多样，基于价格信号和激励机制的需求响应允许用户根据能源价格调整使用需求，以此降低能源费用。市场导向型和系统导向型需求响应分别由能源价格变化和能源系统的紧急情况引起。基于单一资源和多种资源的需求响应则涵盖能源类型内的调整和跨能源类型的协同调整。

在能源互联网的推动下，需求响应与能源互联网的目标高度一致，体现在合理满足能源需求、发展可再生能源和促进能源网络安全运行等方面。需求响应通过用户信息采集系统和双向互动营销手段，实现用户侧的精细化管理，合理满足多样化的能源服务要求。同时，需求响应项目通过智能控制用能设备，改变负荷时间和大小，降低需求侧的负荷波动，提高能源互联网消纳新能源的能力。此外，需求响应项目的实施利用分布式电源、需求侧资源与传统能源的时空互补性，提高系统运行效率和供能可靠性，为需求响应的发展和应用提供了技术和平台支持。

第二节　智能运维：能源互联网的运营
管理与策略

能源互联网的运营管理与策略是一个复杂而多维的议题，它涉及能源的生产、存储、传输、分配和消费等各个环节，并借助互联网、物联网、大数据、云计算等先进技术实现智能化管理。

一、能源互联网的运营管理系统

(一) 能源互联网能量管理系统的技术挑战

与传统智能电网的能量管理相比，能源互联网能量管理面临新的技术挑战，主要体现在以下三个方面。

1. 多能流耦合

能源互联网的核心特征在于其由多种不同质的能源流系统构成，并且这些系统之间实现了相互耦合。电力、热能、冷能以及气体等能源流通过诸如联合热电生产（CHP）/联合冷却热电生产（CCHP）、电解水制氢、热泵等设备实现转换与耦合。这些不同性质的能源流具有各自独特的模型结构和特性，因此需要不同的建模、分析和控制策略。它们之间的相互转换和相互作用进一步增加了系统的复杂性，形成了一个高度耦合的大系统。随着耦合程度的加深，系统特性的变化变得更加显著和复杂。传统的仅适用于单一能源流的建模、分析和控制方法已不再适用。因此，迫切需要对多能流耦合情况下的建模、分析、优化和控制方法进行深入研究，以充分发挥多能源流协同作用的优势，并减少耦合可能带来的不利影响。

2. 多时间尺度动态

能源互联网中的各类能源流系统展现出各自独特的动态特性，这些特性在不同的时间尺度上得到体现。电力系统以其最小的惯性和快速的调节能力而著称；天然气系统的调节速度紧随其后；而热力系统等的调节速度则相对较慢。当这些具有不同动态特性的能源流系统整合成一个多能源流系统时，其整体特性便呈现出多时间尺度的特征，这增加了不同能源流之间相互作用的复杂性，这是传统单一能源流系统所不具备的。因此，深入探究不同能源流之间在时间尺度上的相互作用关系显得尤为重要。基于此，可以发展出最优的时间尺度协调策略，以提升能源供应的安全性评估的科学性，并充分挖掘综合能源管理的效益潜力。

3. 跨行业管理与协同

由于电力、热能、冷能和气体等能源系统传统上由不同公司和行业分别管理，行业间的壁垒导致了信息共享和资源整合的障碍。随着能源互联网的发展，虽然预期会出现能够同时管理多种能源的综合能源服务公司，但可以预见的是，众多公司仍将分别负责不同层级、类型和环节的能源及设备管理，这将涉及多个管理主体。在这种多元化的管理环境中，信息隐私、操作权限和目标差异等问题成为能量管理面临的主要挑战。

（二）能源互联网能量管理系统的设计要求

能量管理系统是保证能源互联网安全可靠高效运行的重要组成部分。相对于传统电网，能源互联网是一个有大量新能源接入的、双向互动的能源互联系统，必然要求实现一个能源信息实时采集、处理、分析与决策且协同式的新一代智能能量管理系统。对此提出了以下三点要求。

第一，要考虑各产能、用能、储能节点的可调度范围，能够根据各产能节点充裕量分别向上聚合并通过公共输配线传输至用能单元、储能单元，并能根据各用能单元的需求信息将汇聚的能量分派至各用能单元。同时，结合供需信息、电价信息等，能够调节储能单元（如蓄电池储能单元的充/放电状态、充/放电量）及可调度用能单元（如可中断负荷的中断率），从而在保证可再生能源利用最大化的基础上尽可能地通过节点内部的自调节实现供需平衡。

第二，要考虑部分节点仅依靠自身有限的调节能力难以实现实时供需平衡的情形，因此需要通过外部节点或提供能量或消耗能量。同时，还要考虑不同能量分配方案对节点间能量供需经济性、稳定性和可靠性的影响。在此过程中，节点内部及不同节点之间需要实现信息的双向流动：一方面确保可调配能量流信息及时上传至各管控决策单元，实现对各节点充裕量的准确把握，即收集区域性能源均衡调配的信息并据此形成可执行的调度指令；另一方面确保调度决策信息能够及时下达至各调度执行单元，以实现预期的调度任务，即通过对不同充裕量的各节点进行统一的优化调度与能量经济分配，促使整个区域性能源系统尽可能达到实时供需平衡。

第三，当遇到一些极端恶劣气候条件或出现预判不准确、决策不周详及实施不到位等危及系统安全稳定运行的重大失误时，区域能源网络往往也难以通过自身有限的调节能力实现实时供需平衡。此时，需要借助更大地域范围、更高电压等级的能源调度中心协作，以保证整个地区级能源网络的最终供需平衡，这也需要在能源互联网系统能量管理架构设计过程中予以考虑。

（三）能源互联网管理系统架构

1. 整体框架

（1）EMS 家族。能源互联网的智能将广泛存在于各个环节，包括源侧、网侧、负荷侧等，形成众多的智能体。每个智能体都将具备一个 EMS，根据自身的目标和获取的信息进行自主决策，并和其他智能体进行互动，形成多能协同的 EMS 家族。

从空间角度看，EMS 家族包括底层的家庭 EMS（H-EMS）、楼宇 EMS（B-EMS）、工厂 EMS（F-EMS），以及逐层往上的微网 EMS（MG-EMS）、配电网 EMS（D-EMS）、城市 EMS（C-EMS）、全国 EMS（N-EMS）。

从能量传输环节看，EMS 家族包括燃煤电厂 EMS（T-EMS）、风电场 EMS（W-EMS）、光伏电站 EMS（P-EMS）、变电站 EMS（S-EMS）、燃气发电 EMS（G-EMS）、热电联供 EMS（CHP-EMS）、储热 EMS（ST-EMS）等，形成分布式 EMS。此外，不同能源系统的管理可能分属不同的企业，如燃气企业、电力企业、供热企业，每个企业都可能存在各自的 EMS。

如果每个 EMS 只追求自身的最优运行，则可能导致整个系统的运行并不处于最优状态，这就要求不同 EMS 之间的协同。不同 EMS 之间交互信息，实现就地自律和系统协同，在满足自身利益的同时实现全局利益的优化。这种协同，可能存在协调层，协调层 EMS 分别和下层的 EMS 单独交互，如 C-EMS 可以作为 D-EMS 的协调层；也可能不存在协调层，不同 EMS 之间直接交互。

（2）功能架构。能源互联网能量管理系统的功能架构主要指高级应用的分类，包括建模与态势感知、安全评估、安全控制、优化调度四大功能模块。

在具体实现中，每个功能模块需要由一系列的子模块组成，如优化调度包括日前计划、日内滚动、实时校正等模块。在四大功能模块中，建模与态势感知是基础模块，利用 SCA-DA 提供的冗余实时量测数据，实现完整、可信的全局实时建模并得到一致的状态解，为后续的安全评估、安全控制和优化调度提供支撑。安全评估和安全控制是保障多能系统安全的重要模块，安全评估可以在线判断系统的安全状态。当系统处于不安全状态时，需要通过安全控制将系统重新拉回安全状态。安全评估结果也可以为优化调度提供安全约束。优化调度模块可以提高系统的运行效率、经济性和绿色性。

（3）体系架构。多能协同能量管理平台的构建旨在适应多能源系统调度的需求，满足电力、热能、冷能、天然气等多种能源的综合管理需求。该平台采用基于冗余的开放式分布应用环境，其软硬件体系结构遵循开放性、安全性、标准化和模块化的设计原则。各模块突破了单一以电为管理对象的局限，将多能源系统纳入管理范畴，旨在解决由此产生的复杂性问题，并实现能量管理系统（EMS）的升级。

该平台的体系结构建立在跨平台支撑平台的基础上，实现多能协同 SCADA、建模与态势感知、安全评估与控制以及优化调度等功能。系统支撑平台以中间件技术为核心，采用多层体系结构，包括硬件层、操作系统层、支撑平台层和应用层四个层次。该结构具有功能全面、接口灵活、信息共享、标准规范和安全高效的特点。支撑平台层在体系结构中占据核心地位，其设计合理性直接影响系统的结构、开放性和集成能力。支撑平台进一步细分为集成总线层、数据总线层和公共服务层。集成总线层提供规范化的交互机制，数据总线层提供数据访问服务，而公共服务层则为应用系统提供图形界面、告警服务等功能。

面向多能源的通用信息模型（CIM）是多能协同能量管理平台的关键需求，以实现不同应用间的集成。虽然电力领域已有成熟的 CIM 标准，如 IEC61850 和 IEC61970，但多能协同系统目前尚缺乏相应的标准，未来需制定相关标准以促进多能源系统的协同管理和信息集成。

2. 控制结构

传统电力系统能量管理系统主要分为集中式、分布式两种结构。考虑到能源互联网系统能量管理的实际需求，其通常采用分层递阶式的控制结构。分层递阶式的能量管理构架兼有集中式和分布式的优点，同时在较大程度上克服了两者的缺点，在工业控制领域获得了广泛的应用。

基于分层递阶式的能源互联网能量管理系统采用"分解—协调"原则将复杂的能源互联网大系统能量管理问题分两步解决，以降低通信与计算量。通过能源互联网调度中心发挥全局协调仲裁者的作用，而各能源局域网智能能量管理器间采用分布式能量管理方式进行局部协调。局域网内部既可以采用集中式，也可以采用分布式。分层递阶式控制中每个局部管理系统（能源局域网或独立系统）需要处理的信息量不是很大，快速稳定同时又可以分解大系统的风险，提高可靠性，增强即插即用性。

分层递阶能源互联网系统能量管理总体架构自底向上分为局域供需管控层、区域集中调度层和广域需求匹配层三个层次，分别负责能源局域网内部、不同能源局域网之间和整个可调度区间内系统能量的优化调度与能量分配问题。

（1）局域供需管控层。局域供需管控层（服务半径不大于100m）实现家庭、楼宇、厂房级能量经济分配及优化调度，并结合各自业务需求面向实际应用创新，比如考虑分时电价的生产资源灵活调度、各类楼宇的柔性负荷潜力挖掘、家庭智能能效管理等。

局域供需管控层由诸多结构类似、功能趋同的能源局域网组成。该层中不同的能源局域网均具有完整的产能、用能、储能设施，每个能源局域网系统在局域能量控制器（如能量路由器）的调度与管理下既能够通过自协调方式实现自平衡，也可通过转换开关、连接线路等在产能不足或产能"过剩"的情况下与其邻域/非邻域能源局域网、公用电网进行有限的能量交互。

第一，能源局域网产能端分为可再生能源产能单元和非可再生能源产能单元。前者主要包括潮汐电站、地热电站、风力发电机、光伏发电机等；后者则以火力发电机、核电站为主。在上述产能方式中，非可再生能源向清洁能源转换已是大势所趋。在这些清洁能源中，风力、光伏发电的容量和新增装机容量所占比例较大，而潮汐、地热因受地理位置、技术条件等限制，目前尚未大规模、广泛应用。

第二，能源局域网用能端按照负荷等级的重要性程度分为关键负荷、可中断负荷和可转移负荷。其中，关键负荷的负荷等级最高，往往需要通过设立双（多）电源、双（多）回路并支付较高比例的电价，以保证其在任何状况下及时、足额、稳定的用电需求，比如卫星发射基地用电、医院急救设施用电以及其他中断供电可能造成重大人员伤亡、设备损坏、经济损失或社会失稳的用电负荷。可中断负荷和可转移负荷统称为可调度负荷，其负荷等级相对较低，可在产能端产能不足的情况下通过中断或转移部分用电负荷的方式缓解甚至消除供需紧张的矛盾；其中，中断或转移部分的负荷可根据不同的中断、转移比例获得对应时段及补偿费率下的电价优惠；可中断负荷和可转移负荷的主要区别为：可中断负荷的中断部分负荷量就此消失，而可转移负荷的转移部分需要在其他时段获得等量的补充。

第三，能源局域网储能端在维持自平衡的过程中起到有限调节的作用：当产能过剩时进行充电，产能不足时进行放电；也可在供需矛盾不是十分紧张的情况下，根据不同电价下的调度策略调整充/放电的频次和数量，以实现整个系统的经济调度。按照工作机理的不同，能源局域网储能单元可分为电磁类储能、机械类储能和电化学类储能。

第四，能源局域网调度端是一个兼具即时量测、分区监视、动态分析、独立决策和在线调控功能于一体的局域性自控装置。能量路由器是调度端的核心部件，包括固态变压器和智能能量管理系统，主要发挥平衡网内供需以及协调网内/网外能量、信息交互关系的作用。能量路由器含多路交、直流能量交互总线，可对流经各端口的功率进行即时量测，并将量测结果以一定频次发至对应的决策处理单元；分区监视指的是能量路由器采用模块化设计，既便于能源局域网网内源端、网端、荷端、储端及网外各单元的灵活接入，又可以对故障部分采取及时隔离措施，确保非故障部分的安全、稳定运行；动态分析表示能量路由器有能力对各类采集数据进行加工、处理并据此形成可供决策的依据；独立决策是指能量路由器能够综合系统当前运行工况信息、各个组件对未来一段时间内需求的反馈信息以及上级调度单元下发的增/减负荷指令，独立地制订出比较完备、经济的可执行方案，据此指导网内各单元在下一调度周期内的功率分配；在线调控功能表示能量路由器需要对偏离调度预期的各类非正常运行工况进行在线跟踪、及时调整。

（2）区域集中调度层。区域集中调度层（覆盖范围介于 $10 \sim 50 \text{km}^2$）实现不同街区、园区、社区级能量选调,即通过不同区域间多源异构信息集采集/传输与双向互动,实现多能流互通互换与协同管控,建立健全不同区域间能源互补互济与开放共享机制。区域集中调度层通过区域能量控制器实现辖区内各能源局域网间能量的经济分配和优化调度。

具体而言,各能源局域网采用分布自治的能量管控方式,具备一定的自调节、自平衡能力。

随着分布式可再生能源渗透率的不断提高及其发电总量占区域用电需求的比例不断攀升,其产能相对于用能的不确定性进一步加大。一旦出现数日阴雨无风的恶劣天气,将导致可再生能源产能量出现全面锐减的状况。此时,即使可调度产能单元(如天然气发电机)满负荷运行、蓄电池储能单元最大限度放电、可调度负荷资源全部被利用也可能难以避免供不应求、供需失衡的情形。为此,通过区域集中调度层对辖区内产能过剩或产能不足的各能源局域网进行合理的能量调度,能够有效克服仅靠能源局域网一己之力难以确保自身长期供需平衡的不足,也有利于大规模分布式可再生能源的就地利用、就近消纳。

区域集中调度层的提出和应用能够有效克服单个能源局域网自协调、自平衡能力有限的弊端,它以能源局域网为可调度资源(节点),实时收集各节点在每时段自平衡后能量富余与缺额的反馈信息,并经决策分析后将这些多余或不足的能量在各节点间精准、经济调配,既可以保证单个能源局域网在任一时段内实现供需平衡,又可使区域内能源在不同节点间得到经济调度。其中,每个能源局域网的反馈信息由能量管理系统汇集到区域级的信息中心、调度中心和电力辅助服务市场。同时,结合自身的实际供需情况和调度中心发出的指令信息,每个能源局域网通过能量路由器(ER)与其邻域/非邻域能源局域网和区域外直连的公用电网进行必要的能量交互。

(3)广域需求匹配层。广域需求匹配层(供能服务范围介于 $100 \sim 500 km^2$)实现对城市级能源设施统筹规划、数据综合利用、服务协同创新的总体指导,进而促进地区经济发展和环境改善、增强高可再生能源渗透率下的区域能源网络容灾抗扰动能力。

广域需求匹配层从系统整体的角度明确了能源互联网系统能量管理的顶层设

计内容，以总揽全局的视角对不同层面的构成要素进行统筹管理、协调各方关系，使能源互联网系统在能量管理过程中既谋全局又不失一域，兼顾整体与局部、长期与短期的利益。

第一，系统组成。在系统组成上，广域需求匹配层形成了由物理域和信息域深度融合的信息物理系统。

物理域由大规模产能集群、大规模用能集群和多能源局域网集群三方面组成。其中，大规模产能集群不但汇聚了大量传统产能单元（如火力发电、核电、水电等），而且包括了数量庞大的新型产能单元（如光伏电站集群、风电场集群等），这些产能集群中的大多数是靠近资源密集地或需求密集地而建设，也有少部分是为了保证系统的安全、稳定运行而安插在系统生产能力相对薄弱的环节，如视电网供需情况而启停的调峰电厂；大规模用能集群主要集中在用电量大、用电密度高而产能量相对匮乏的场所，如大型工业园区、智能楼宇集群、人口密集的居民区等；多能源局域网集群将广域范围内分散、波动的产能/用能单元互联起来，兼具"源""荷"的双重属性。

信息域包括大规模的量测控制系统、信息通信系统和展示应用系统。其中，量测控制系统一方面通过布设在终端的量测装置对广域需求匹配层生产侧、输配侧和用户侧的各个集群进行实时信息采集，并通过专用的传感器网络将信息上传至数据处理与分析决策单元；另一方面将决策后形成的可执行调度指令下发至对应的执行器。信息通信系统为处于不同层面、不同区域的节点构建起了彼此双向交互的信息通道，使得相关重要信息能够在各个同级节点之间、上级与下级节点之间进行流通、共享。展示应用系统对数据处理、信息融合、分析决策、交易交互等过程中产生的关键信息进行抽提并以生动、形象的可视化方式将决策分析结果呈现出来，供计算中心、交易中心、控制中心等管理部门决策参考。

第二，功能作用。在功能作用方面，广域需求匹配层能够满足不同层面用户产能外送、用能供给方面的需求，并实现整个管控系统内能量供需的最终平衡。除此之外，广域需求匹配层还能够在现有技术、服务水平上进行创新创造，以顺应"电改"形势下能量经济、可靠输配的新需求，起到提质增效的作用。广域需求匹配层的功能作用主要包括：

着力于能量供需的最终平衡。多能源局域网集群可以通过协调不同能源局域网间的交互关系，在一定程度上实现区域内供需平衡。但是，当遇到极端恶劣气候条件、特殊用电季节以及突发事件时，它也会像单个能源局域网一样出现产能过剩或产能不足的情况。此时，由于供需差额远远超出区域集中调度层自协调的能力范围，多能源局域网集群需要借助大规模产能集群、大规模用能集群的调节优势，在能源互联网调度中心的统一管理、协调下进行优化调度，实现最终的供需平衡。在此过程中，三大集群经由安装在产能端、输配端和用能端的数据监测系统采集各自的运行工况信息、需求信息及可调度信息；对采集到的原始信息进行分类、汇总、预处理后上传至信息骨干网，并经信息路由器分别转发至信息处理中心进行加工处理，形成可供决策单元调用的参考信息；决策单元经过统筹全局的一系列分析、决策后，形成可执行的调度指令，并经过层层下发后由不同的能量路由器贯彻落实。

丰富服务类型、深化服务改革、完善服务体系。广域需求匹配层能够有效应对大量分布式可再生能源接入、售配电侧有序放开和源—荷互动频次增加等背景下，现有能源网络在网架结构、管理理念、营销模式等方面面临的压力与挑战，并据此丰富能源网络的服务类型、深化服务体制机制改革、完善整个服务体系。可以说，广域需求匹配层相关功能的谋篇布局与贯彻落实已经迫在眉睫、刻不容缓。①广域需求匹配层通过引入能源借贷、能源团购、能源担保、能源托管、能耗点评、能源众筹等富含"互联网+"韵味的新观念、新理念，能够凝练出更多让广大消费者喜闻乐见的能源新产品、新服务，以满足能源互联网背景下用户用能多样性和个性化的需求；②针对现有能源网络在规划设计、业扩报装、计量缴费、信息管理等服务项目执行过程中面临的多发、频发问题，广域需求匹配层提供不断引入创新要素的互动平台，支持在深化服务改革的过程中不断挖潜增效；③还可以在广域需求匹配层逐步建立、健全覆盖各层各区运营、交易、管控环节的体制机制，据此鼓励并支持供电企业、互联网公司、交易市场等功能主体开展形式多样、类型丰富的辅助服务业务，以完善整个能源互联网系统能量管理服务体系。

二、能源互联网发展的策略

（一）优化调度模型

1. 优化调度的意义

在能源系统的协同优化调度领域，核心目标是确保能源供应的安全性，同时在充分利用各种能源和运行设备能力的基础上，实现能源的高效利用、降低系统的综合运行成本，并增强对可再生能源的消纳能力。这一目标的实现对于提高能源利用效率和推动可再生能源的规模化应用至关重要，是解决能源问题的根本途径。

人类对能源的需求可以概括为冷能、热能和电能三种基本形式，而基于能量的同质性，不同形式能源之间的互补和替代性为多能协同的高效优化运行提供了可能性。目前，多数供能系统是独立设计、建设和运行的，未能充分发挥多能源的互补替代性，导致能源利用效率低下和浪费。随着风能和太阳能等可再生能源的快速发展，弃风和弃光问题日益严重，电网侧的可再生能源消纳问题已成为可再生能源发展的关键瓶颈。因此，深入研究多能系统的优化与经济运行问题具有重要的社会意义。

多能系统协同优化调度是多能协同分析的一个重要分支，涉及电力系统潮流分析、工程热力学、数学优化理论、运筹学和信息科学技术等多个学科的交叉。研究的核心问题在于，在满足冷、热、电负荷需求的前提下，如何优化配置系统资源（如联合热电生产系统、多类型储能、可调控负荷等）以及调度系统内设备的运行状态，以实现系统运行总费用或总能源消耗的最小化。协同优化的研究不仅有助于提升多能系统的经济效益，促进多能市场的健康发展，还能提高多能系统运行控制的自动化水平，对于实现能源系统的高效、经济和环保运行具有重要意义。

2. 优化调度模型的构建

多能系统协同优化调度可以在一定程度上解决传统分布的能源系统耦合不紧密导致的综合能源利用效率低下和可再生能源消纳不足的问题。通过利用各供能、用能系统在生产、输配、消费、存储等不同环节之间的时空耦合机制和互补替代性，可以实现多能系统的高效优化调度。多能系统协同的运行方式一方面有助于实现不同品位能源的阶梯利用，提高能源的综合利用效率；另一方面可以弥补可再生能源（如风能、太阳能等）能流密度低、分散性强及间歇性明显等缺陷，提高其规模化开发利用水平，从而支撑人类社会能源的可持续发展。建立多能系统协同优化调度模型，需从以下三个方面进行考虑。

（1）考虑多能系统不同能量形式的耦合性，充分考虑能量在输入输出过程中的数量及质量损耗，按照"温度对口、热能梯级利用"原理及能的"质与量"相结合的原则，基于热力学第一定律和热力学第二定律，综合热效率、烟效率、节能率等指标，确定多能系统的效率识别指标体系和定义规则。在此基础上，建立多能源供给系统联合运行效率识别模型，可以采用未确知测度识别、模糊综合评判、灰色聚类分析、物元分析、BP人工神经网络和数据包络分析等算法求解多能系统联合运行效率识别模型，从而进一步构建综合能效优化的多能系统协同优化模型的目标函数和约束条件。

（2）考虑多能系统的多时间尺度特性，不同能源结构各异、动态过程差异较大，多能系统会表现出复杂的多动态特性。电能、热能、天然气以及风电等不同能源的不同惯性时间尺度使多能系统的动态过程相互影响，这种多动态的变化过程体现了不同能流的互补性和灵活性。此外，为了应对不同优化周期对多能系统协同优化调度的影响，可以采用不同能流的差异化优化周期，建立基于混合时间尺度的多能协同优化调度模型，形成基于模型预测控制的热—电联合系统的多时间尺度优化调度和控制模式及框架，充分挖掘效益潜力并降低求解规模。通过将多能协同优化调度分解为日前计划、日内滚动以及实时校正三个时间尺度上的协同调度，可以协调不同资源调节速率的差异，逐级消除预测误差和扰动的影响。

（3）在多能系统协同优化调度的研究领域，可再生能源的高效消纳构成了一项重要挑战。为了充分利用系统的灵活性，关键在于深入挖掘联合热电生产（CHP）机组的热电调节潜力。通过对CHP机组在基准工况下的热平衡进行计算，构建燃煤或燃气CHP机组在变工况下的模型，依据机组的最大和最小出力条件，设定变工况计算的边界条件，进而计算在不同热负荷需求下机组的电负荷可调范围及其效率。

进一步的研究涉及供热系统的时滞性和储热特性，以及建筑物的热惯性，旨在挖掘管网和建筑负荷的调节潜力。同时，对不同储能系统，如储电、储热、压缩空气等的动态特性进行研究，分析它们的运行约束和在调峰及消纳可再生能源方面的潜力。此外，对供热系统模型的简化校核也是研究的重点，包括根据简化前后温度延迟一致性和等价流动阻力不变的原则，对复杂流网拓扑结构进行简化，以及基于建筑物用热规律对热负荷模型进行简化，等价为流网中具有独立热特性的节点。通过关键参数的辨识，获得流动阻力特性系数、管道热损失系数与换热设备换热系数等关键参数，这对于促进多能系统进一步消纳可再生能源具有重要意义。

因此，研究应综合考虑多能系统多能流耦合、多时间尺度、多管理主体的特征，以及不同设备和能量传输过程的动态特性。基于供热管网与建筑物的热惯性规律，以及多能系统综合运行效率识别模型和当前的运行状态，以系统的运行稳定安全为约束条件，以经济成本最优化、综合能效最优化、消纳可再生能源容量最大化为目标，进行混合时间尺度的多能协同优化调度。这样的研究不仅能够提高多能系统的经济效益，还能促进多能市场的健康发展，并提升多能系统运行控制的自动化水平。

3. 优化调度的主要算法

已有的电力系统优化调度中应用的很多优化算法也可以应用到多能系统协同优化调度中，这些算法主要可以分为两大类：传统的数学规划方法和现代的智能优化算法。

（1）传统的数学规划方法。传统的数学规划方法可以按照以下两点来分类：优化模型凸或非凸、是否包含整数。

第一，按优化模型凸或非凸进行分类。

凸优化是指目标函数为凸函数、变量可行域是凸集的一类优化问题。具体到约束条件，凸优化要求等式约束是仿射函数，不等式约束是凸函数。凸优化问题的局部最优解就是全局最优解。

常见的凸优化问题包括线性规划、二次规划、半正定规划、几何规划等。梯度下降法、牛顿法、障碍函数法、内点法都可以用于求解凸优化问题。其中内点法是目前应用最普遍的一种方法，有超线性的收敛性，而且可以有效处理线性和非线性的凸优化问题。一般来说，多能系统优化调度模型是非凸的，无法直接用内点法求解。

以电热耦合多能系统为例，不仅电力系统的潮流方程是非线性的，热力系统的水力模型和热力模型也都包含非线性等式。潮流方程在优化问题中作为等式约束，因此电热耦合优化模型一定是非凸的。为了使得优化问题可以用内点法求解，需要对模型进行一些近似。电力系统的潮流约束可以用直流潮流模型近似成线性方程。热力系统运行在质调节模式（管道流量不变）时，热力系统的水力模型不出现在优化模型中，热力模型变为线性模型。在以上假设下，电热耦合多能系统的优化调度模型变为凸优化模型，可以用内点法求得全局最优解。对于一般化的热力系统运行模式，可以尝试对水力模型和热力模型中的非线性等式约束进行凸松弛，将模型变为一个凸优化问题。

对于非凸的优化问题，目前还没有统一有效的求解方法，往往采用局部优化的方法，放宽对解的最优性的要求，不再要求搜寻全局最优解，而是寻找局部最优解。在实际工程中经常应用局部优化方法，梯度下降法、牛顿法等都可以用作局部优化方法。

和凸优化方法不同，局部优化方法对初始值和参数的选取较为敏感，取值的好坏会在很大程度上影响最后得到的局部最优解。

第二，按是否包含整数进行分类。在实际的优化问题中，整数变量的存在是一个常见的特征，例如在传统的机组组合问题中。在多能系统优化调度领域，除了机组组合问题，考虑热力系统动态特性和储能系统的互补约束（例如储能设备不能同时进行充电和放电操作）也常常导致整数变量的引入。这些因素使得多能系统优化调度模型成为一个非线性混合整数优化问题，其中部分优化变量被限制为整数。

针对混合整数非线性优化问题，常用的求解策略包括分支定界法、广义Benders分解法、外点法和广义外点估计法等。此外，可以通过近似技术将模型转化为混合整数线性优化问题，后者的求解方法相对更为成熟。对于混合整数线性优化问题，常用的求解策略有分支定界法、割平面法和 Benders 分解法等。这些方法在处理混合整数线性优化问题时显示出较高的效率和可靠性。

（2）现代的智能优化算法。现代的智能优化算法可以求解各类优化问题，包括模糊算法、模拟进化算法、模拟退火算法、人工神经网络算法、禁忌搜索算法以及混沌优化算法等。

模糊算法通过将确定性约束条件以模糊逻辑的形式重新表达，有效地处理了约束条件，不仅能够表示可行解，还能对不可行解进行模糊处理，依据其与可行域的距离进行评估，从而在优化过程中发挥重要作用。

模拟进化算法，包括遗传算法、蚁群算法、进化规划法和协同进化法等，通过从初始点群出发，利用概率转移规则引导搜索，特别适用于处理非平滑、非连续、不可导函数的优化问题。这些算法能够在复杂和不确定的环境中寻找全局最优解，尽管计算效率相对较低，且对初始值的依赖度较高。

模拟退火算法，基于蒙特卡洛原理，模拟固体退火过程，是一种启发式的随机搜索算法，特别适用于求解大规模优化问题。该算法通过模拟退火过程中的随机性，增加了跳出局部最优解的可能性，从而有助于寻找全局最优解。

人工神经网络算法，尤其是 BP 网络和 Hopfield 网络，作为并行分布式系统，能够克服传统基于逻辑符号的人工智能在处理直觉、非结构化信息等方面的局限。这些网络具有自适应、自组织和实时学习的能力，使其在优化问题中表现出独特的优势。

禁忌搜索算法作为一种亚启发式随机搜索算法，从一个初始可行解出发，通过选择特定的搜索方向作为试探，利用目标函数值的变化来指导搜索过程。该算法在搜索过程中积累知识，能够以较大的概率跳出局部极值区，从而获得全局最优解。

混沌优化算法基于混沌理论，是一种新型的直接搜索优化算法。该算法利用混沌变量在解空间中进行搜索，依据混沌运动的遍历性、随机性和规律性，寻求最优解，为优化问题提供了一种全新的搜索策略。

这些算法在优化问题中的应用，展示了在处理复杂优化问题时的多样性和有效性，为寻找最优解提供了不同的途径和方法。

多能系统由原来只关注供电转换为关注多种类型的能源，而不同类型能源及设备组成又具有极大的差异性，因此，多能协同优化调度问题将具有更多样的特性、更复杂的模型以及更庞大的规模。在求解过程中，需要针对研究问题的实际特点，对问题中各类时变参数进行简化，寻求满足工程精度需要并且能够快速有效地获取多空间多时间尺度下多能协同优化调度的算法。

（二）运用先进的能源互联网能量管理技术

1. 先进的量测技术

全面精确的态势感知是实现高效管理调度的基础。与传统电网环境下的能量管理系统相比，能源互联网环境下能量管理系统需要考虑的能源类型更多、可以检测的物理设备范围更广、粒度更细、频率更高，对"即插即用"要求更严。因此，需要在自动抄表技术基础上，发展更加先进的智能感知技术、高级量测传感器、通信技术、传感网络系统以及相关标识技术，制定量测传递技术标准。

2. 高速可靠通信技术

能源互联网通信系统负责监控多类型数据的高速、双向、可靠传输。能源互联网能量管理系统采用的分层递阶式架构对通信系统提出了新的要求。同时，能源互联网应用环境、成本、"即插即用"设备的动态变化等也会对通信技术的选取产生影响。因此，能源互联网通信技术的选取，主要根据所传输的数据类型、通信节点数量、设备地理位置分布、能源局域网数量、各能源局域网运行目标以及能源互联网总体运行目标等因素综合决定。

覆盖区域上，能源互联网通信网络需要局域网、区域网、广域网三种网络支持，实现与数据中心、电力市场、调度中心等机构信息互联。由于能源局域网间的能量共享一直处于动态变化中，多能源局域网间的能量协调对通信带宽、通信速率、通信可靠性的要求更高，部分能源局域网地处偏远地区，无法单独建立通信网络，要求能源互联网在充分利用现有的通信基础设施的基础上，发展新一代通信技术。

针对能源互联网多种能源形式融合的特点，需要研究建立多能源网络信息通信交互接口与标准协议。此外，如何保障用户的隐私、降低用户数据泄露的风险，以及增强通信系统抗干扰、防非法入侵的能力对未来能源互联网的安全运行、保障用户隐私及经济利益具有重要意义。

3. 节点能量可调度能力预测技术

对各类能源局域网节点可调度能力的准确预测是实现能源互联网能量优化管理与调度的基础。可调度能力预测，一方面需要针对节点系统结构，建立部分因素之间的关系模型；另一方面有必要结合历史实际发生的数据，通过基于大数据的机器学习，更新完善天气、发电、用电和可调度能力之间的关联关系模型，并综合聚合得到节点能量可调度能力的预测数据。

（1）将能源互联网系统按照电压等级划分为若干层次，根据地区、网络结构等因素划分为若干区域，从而将能源互联网当作由诸多节点及节点关系构成的网络化体系。

（2）对节点内部能量的产生、消耗、储存能力进行建模，建立相邻节点间的能量交互规则，以描述节点间能量转移的信息流、能量流和控制流。

（3）运用关联度分析、特征提取、聚类识别等方法建立节点可调度能力与影响因素（包括历史天气数据、历史产能数据、历史用能数据、历史调度执行数据等各类数据）之间的关联关系模型。

（4）通过分析包括单位产能与费用、环保等指标的关系，同工况不同节点及同节点不同工况下可调度能力与成本的关系，构建节点可调度能力与成本的关系模型，从而能够在实际调度中迅速预测节点的实际可调度能力。

4. 模型预测控制下的能量优化调度技术

在能源互联网的背景下，传统的能量管理策略，即基于日前规划配合实时调整的模式，在安全性和经济性方面已不足以满足能源互联网的复杂需求。因此，能够整合预测模型并具备滚动优化与反馈校正功能的模型预测控制方法适应性较强。该方法在每个采样周期内，采用基于系统实际状态的有限时域滚动优化，替代了传统的开环优化方法，并通过场景生成与削减技术减少预测误差对调度结果的影响。

在能量管理系统的执行过程中，系统仅发布下一个时段的控制指令，并根据实际运行结果持续修正预测模型中的参数以及后续计划序列的偏差。当涉及冷、热、气等多种能源形式时，必须整合能源转换模型和用户的冷热负荷模型以实现精确的能量管理。

针对能源互联网系统能量管理的多目标鲁棒优化模型，这些模型通常具有非线性、不连续、带约束和多变量的特点，传统的数学规划方法，如牛顿法和单纯形法，已不再适用。随着决策变量数量的增加，动态规划和遗传算法、粒子群优化等智能优化算法的求解效率急剧下降，搜索空间迅速扩大。因此，研究这些算法中大规模决策变量的处理方法，以及优化算法设计中的个体编码、交叉变异操作和适应度评价等问题变得尤为重要。

在能源互联网中，随着可再生能源出力渗透率的提高，为了最大限度地减少可再生能源出力的随机性和不确定性对系统安全运行的影响，采用基于随机性模型预测控制的优化调度或基于鲁棒模型预测控制的优化调度方法显得尤为必要。基于随机性模型预测控制的优化调度方法能够在降低预测不确定性对能源互联网运行影响的同时保持较好的经济性。鉴于基于机会约束规划的模型预测控制方法与标准模型控制方法相似，能源互联网环境下主要考虑基于场景的模型预测控制方法。

第三节　产业先锋：我国能源互联网的发展形态及路径

一、我国能源互联网的发展形态

（一）能源互联网的含义

能源互联网作为一个多维度的概念，其含义涵盖了技术、系统和产业三个层面。在技术层面，能源互联网代表了一种融合了智能电网与信息技术的创新体系。这一体系以特高压电网为骨干，构建了一个全球互联的智能电网，为清洁能源的全球开发、输送和使用提供了基础平台。随着技术的发展，能源互联网已经从最初的概念化设想，逐步发展成为一个涉及能源生产、传输、存储和消费等主要环节的复杂技术体系。这一体系不仅包括能源与信息技术的融合，还涵盖新能源技术、储能技术、数字孪生和新型电力技术的应用。

在系统层面，能源互联网被定义为一种新型的生态化能源系统，它将能源的生产、传输、存储、消费和市场深度融合。这种定义的扩展使得能源互联网的概念从技术层面延伸到了应用层面，形成了如区域综合能源系统等多种形态。研究内容也相应扩展，不仅包括能源互联网的功能体系和评价指标体系，还涉及在这一系统环境下传统能源的发展、减排路径选择、相关产业发展和产业生态系统等课题。

在产业层面，能源互联网被视为能源产业发展的新形态，研究视野进一步拓展至企业、产业范畴以及商业管理领域。商业竞争、企业绩效、商业模式、业态发展、创新机制和产业政策等方面成为新的研究焦点。这表明能源互联网正在逐步形成产业规模，并在实践中面临发展瓶颈。

能源互联网的含义演进，从技术到系统再到产业，引发了相关研究内容的快速增长和多样化。尽管如此，能源互联网的本质是技术创新应用，技术层面的内容始终是发展的重点。同时，物理层的联通和应用层的创新都需要体制机制的完善和配套的政策、制度和规范。当能源互联网发展到产业级别时，技术到商业的转化应用、市场运行中的形态与模式成为新的研究焦点。因此，技术发展、政策机制和市场运行模式是能源互联网产业发展中需要深入讨论的三个核心要素。通过建立技术—机制—模式分析模型，可以深入剖析能源互联网产业发展的形态，分析各要素的互动关系及其对产业发展的影响，从而探讨适宜的发展路径，推动能源互联网产业的健康发展，加速能源转型进程。

（二）能源互联网产业发展形态分析模型

能源互联网作为一种前瞻性产业发展形态，融合了多种创新能源技术、机制和模式，旨在回应未来能源发展的复杂需求，其广泛的覆盖范围与深刻的技术影响力标志着其在能源领域的重要性。然而，在其健康发展的过程中，技术、机制和模式层面的问题显著制约了这一新兴产业的潜力。

技术层面，能源供给与需求的物理匹配仍面临诸多挑战。例如，电动汽车充电技术和电热转换与储能技术的成熟度不高，导致系统整体效率难以提升。此类技术瓶颈不仅影响了能源的高效利用，还阻碍了能源互联网的推广与应用。机制层面存在的政策和制度问题同样不可忽视。在"双碳"目标的驱动下，现有的考核方式多集中于经济效益的追求，缺乏对低排放、低污染技术的有效政策支持，这使得产业在绿色转型的道路上举步维艰。市场层面的模式问题则涉及传统的商品与价值交换机制，当"能源产消者"模式逐渐取代以往的交易方式时，产业的运行逻辑也需相应调整，以适应新的市场环境。

构建技术—机制—模式分析模型，为理解能源互联网的产业发展状态提供了一种系统化的视角。通过对现有要素的成熟度和可行性进行分类，模型明确了各要素在产业发展中的积极与消极方向。技术方面，例如，某些光伏技术的高可行性与市场适应性，使其处于正向发展状态，而其他尚处于实验阶段的技术则被归为负向，反映出其在实际应用中的局限性。这种分类方法不仅揭示了技术成熟度对产业发展的关键影响，还为政策制定提供了明确的指导方向。

正负方向的组合形成的"吊钟"模型，能够有效地展示能源互联网技术的发展状态。每个三角形的形态代表了产业不同的状态，且各个形态之间的转换过程反映了产业向理想状态的演进。尤其是，通过单要素和双要素的调整区，可以观察到产业在各层面调整过程中的复杂性和动态性。提升至少一个层面以向正向发展调整的过程，既是产业转型的体现，也是实现可持续发展目标的重要路径。

（三）能源互联网产业形态评价

1. 模式探索型形态

在能源互联网产业的发展中，模式探索型形态的构成要素包括技术、机制政策以及应用模式的成熟度。该形态下的技术相对成熟，且具备规模化发展的潜力，同时，各级管理部门提供了相对完善的配套政策支持。然而，该形态在应用层面的高效运行方式，如商业模式、商业环境和盈利模式等方面，仍存在短板，需要进一步完善。

在模式探索型产业的发展实践中，可再生能源增量配网项目和面向可再生能源的"隔墙售电"业务等应用较为常见。这些应用体现了能源互联网产业在技术成熟度和政策支持方面的进展，同时也暴露了在市场运行模式方面需要补强的紧迫性。尽管技术层面的进步为产业发展提供了坚实的基础，但在商业模式的创新和市场环境的适应性方面，仍需进一步探索和完善。

2. 政策引导型形态

政策引导型形态相对于模式探索型，技术可行性是弱项，但较完善的机制政策、较低成熟度的应用模式组合特点不变。政策对产业发展起到重要推动作用，从国家层面的产业政策、财税政策、科技政策、金融政策、人才政策到地方层面甚至单一工业园区的配套制度措施，都为特定产业的发展提供了良好的环境空间；政策引导可以扶持产业发展，但产业发展结果并不一定以政策导向为转移。我国光伏发电、风电产业就是从这一组合起步，在技术落后、市场空白、仅有政策支持的情况下，逐步壮大产业规模。

3. 技术研发型形态

在技术研发型形态中，政策机制具有较好的完善性，而技术可行性较弱、商业模式成熟度较高。技术替代式发展最为常见，原有的市场和机制相对成熟、运行稳定，新技术的出现不打破运行框架，仅对技术进行替代升级就能促进产业发展。当前，我国动力电池行业正在经历这一形态演变，半固态、固态电池在技术成熟后将替代液态电池，但无须打破现有稳定的政策机制和市场模式组合。

4. 模式成熟型形态

在模式成熟型产业形态中，技术可行性相对较低，而商业模式的成熟度则相对较高，这一特点与技术研发型产业形态形成对比。在政策机制的完善性方面，模式成熟型产业形态表现出一定的不足。该产业形态缺乏优势技术的支持，同时在配套机制政策方面也不够完善，但在产业界已经形成了稳定运行的应用模式。向理想形态的发展，本质上是一个技术替代的过程，这一点与技术研发型产业形态相似。然而，这一过程缺乏政策的支持，往往难以获得充分的发展空间。

5. 政策缺位型形态

政策缺位型形态是技术可行性强、政策机制完善性差的组合，而商业模式的成熟度较高。其中，能源技术、运行模式相对成熟，但是在政策机制不完备的情况下相关能源转型只能缓慢推进，表现在技术信息传播速度、企业引进新技术和初期投入等决策均缓慢；如果政策完善性良好，则技术信息传播提速并可缓解企业管理者的决策顾虑。当前，我国石油工业正在将可再生能源发电与油气生产相结合，处于这一形态中。

6. 技术优势型形态

技术优势型形态是技术可行性强、政策机制完善性差的组合，而商业模式的成熟度较低。该形态中技术具有相对优势，而支撑未来能源转型的相关技术可能面临推广困境。由于市场、政策均缺位，该形态不利于新兴技术发展。例如，压缩空气储能技术在储能市场应用前景相对不明朗，处于政策支持较为有限的阶段，导致落地项目数量较少。

二、我国能源互联网产业发展路径

能源互联网是实施能源革命战略、推动能源转型的重要工作之一，已实现从技术到系统再到产业的跨层面、多维度发展；然而涉及技术、政策、商业等领域且覆盖面较宽，加大了理论探讨产业内部复杂协调关系的难度。

（一）能源互联网产业路径分析方法

能源互联网产业的发展是一个多维度、动态演化的过程，其中技术、机制和模式三个层面的相互作用和驱动效应尤为显著。在实际的发展轨迹中，往往可以看到在一到两个层面上首先实现突破，随后其他层面逐步跟进和完善。

在"吊钟"模型的框架下，单要素调整区的三种形态代表了偏强的组合，即两个要素指标强而一个要素指标弱；双要素调整区的三种形态则代表了偏弱的组合，即一个要素指标强而两个要素指标弱。产业形态从偏弱向偏强的转换被称为正向转换，这表明产业发展正在升级；相反的转换则被称为负向转换，意味着产业发展可能出现衰退。

在分析能源互联网产业的发展路径时，关键在于评估关键时间节点上的产业形态。评价方法的选择至关重要，通常采用的是定性而非定量的评价方法。这是因为技术可行性、政策完备性、模式成熟度这些变量难以用绝对数值进行量化。在"吊钟"模型中，评价侧重于同类要素之间的相对值，而非绝对值。因此，模型分析使用的是相对值，量化数据指标在这一过程中并没有实际作用。

评价的作用在于区分和界定不同的产业形态，并从中发现产业发展的改进重点。在微观层面进行的高精确度量化评价，对于研判产业发展的总体态势并无太大帮助。从中观层面出发，通过准确判断产业发展的形态及进程，明确能源转型过程中的着力点和主要方向，可以进行有针对性的调整，从而高效促进产业发展。因此，各个产业形态之间的评价是相对的，而不是根据具体指标的绝对排序。

评价的动态性特点也是不可忽视的。产业形态的相对强度评价是针对具体技术和产品细分领域的，因此某个组合形态可能在同一产业的发展过程中多次出现，但其中要素的相对强度可能不同。每个产业形态都不是固定不变的，也不是单向不可逆的。只要技术、机制、模式三个方向的相对强度发生变化，产业形态就可能随之变化。通过将同一能源互联网产业中的不同形态按照时间序列排列，可以展示出产业在发展路径上的动态过程，从而为能源互联网产业的健康发展提供指导。

（二）我国能源互联网产业发展路径的建议

能源互联网产业发展需要技术、机制、模式层面要素从负方向往正方向转化，即完成短板补强的过程。

1. 技术补强

在能源互联网产业的多个形态中，技术补强被视为推动产业发展的关键因素。政策引导型、技术研发型和模式成熟型三种产业形态均需通过技术补强来实现其发展潜力。然而，技术革新并非总能在工程应用和产业发展中取得预期效果，因为这些领域涉及的变量比实验室研究更为复杂和不可预测。

对于政策引导型产业形态，技术补强的实现难度相对较低。一旦技术攻关成功，由于政策支持的广泛性和力度，相关技术更易在实践中获得成功，且市场上缺乏成熟模式的限制，为新技术的应用提供了创造新模式的空间。技术研发型产业形态的技术补强难度则相对较高，因为需要突破现有成熟商业模式对新技术应用的限制，这往往需要政策机制层面的支持。模式成熟型产业形态的技术补强难度最大，尤其是当新技术旨在替代旧技术时，旧技术的商业模式惯性和政策的不完善构成了明显的障碍。

针对技术补强方式的发展路径，建议企业在政策倾向明确的新兴市场上全力投入技术研发，迅速扩大市场份额，并创新商业模式以巩固市场地位。在政策不明确的既有市场上，企业应考虑商业模式对技术的限制，通过技术升级而非替代来实现发展。对于政策制定者而言，为技术发展前景良好的新兴市场设计配套政策，其效果可能优于为既有市场设计政策。通过这种方式，可以促进技术补强在不同产业形态中的有效实施，进而推动整个能源互联网产业的健康发展。

2. 机制补强

政策缺位型、技术优势型、模式成熟型需要进行机制补强。从技术研发的视角看，机制补强相对容易，这是因为政策制定和发布的显性成本不高。然而，机制补强的实施难度并不亚于技术补强，若政策调整的方向和尺度把握不当，可能造成产业发展的重大失误并带来极高成本。

对于政策缺位型而言，机制补强的实现难度最小。在技术解决方案、商业模式均齐备的市场上，只要政策适时跟进并给予明确支持，产业界会迅速做出积极反馈，从而促进产业发展。然而，不当甚至错误的政策机制也会得到消极反馈，导致产业发展减速。

在技术优势型的发展情境中，政策补强对产业进步的促进作用是双刃剑，其成效取决于市场对技术优势的商业模式适配能力。以直流电力系统为例，尽管其技术参数显示出优越性，但在交流电力系统占据主导地位的市场中，直流电力的推广面临重大挑战。这种挑战主要源于从交流电力系统向直流电力系统转变所需的高昂转换成本。政策若单方面推动直流电力系统的应用，可能导致形成仅在特定区域内使用的"电力孤岛"，这些区域的设备与其他区域不兼容，导致使用和维护成本显著增加。长期维持一个高成本的电力系统，不仅违背市场规律，还可能会对产业发展产生负面影响，这与政策制定的初衷相悖。因此，政策制定者在推动技术优势型发展时，必须考虑市场的实际需求和成本效益，以确保政策的实施能够真正促进产业的健康发展。

对于模式成熟型形态而言，政策补强的难度最大。技术成熟度不高、商业模式成熟的组合，即使填补政策空白也较难产生良好效果，这是因为政策合理性、技术突破结果、新旧模式冲突等方面存在不确定性。如果最终技术突破不足以颠覆现有商业模式，政策实施相关投入趋向作废。政策制定者通常期望产业发展到政策缺位型形态阶段再给予必要的政策支持。新能源技术较为成熟，油气田开发中的电能利用模式成熟且处于可受油气田开发者控制的状态，因而新能源技术的推行阻力较小；新能源技术在政策引导下推广应用，加之商业模式调整成本较低，带来了较好的工程应用效果。当前，大型油气企业积极建设可再生能源项目以支持油气生产，说明该政策获得良好成效。

形成机制补强方式的发展路径建议是：①关于企业，当掌握较好创新技术时，应尽量避开已有成熟模式的市场，转而进入无既定模式且有政策支持的市场。②关于政策制定者，在技术突破性不强、市场模式稳固的情况下，应慎重实施有悖于既有模式的政策，转而采用政策机制推广成熟技术、升级模式稳定的市场。

3. 模式补强

模式补强的难度被认为是最大的，其核心难点在于缺乏明确的执行主体。在技术补强方面，技术提供商承担着突破和创新的主体责任；在政策引导型中，相关管理部门负责制定和执行政策；而模式补强则涉及众多受技术、政策和市场模式影响的市场参与者，这些参与者构成了市场模式的主体。商业运行和市场环境等应用模式缺乏具体的执行机构，这使得直接调控商业运行模式变得复杂。

商业模式的设计虽然可行，但其控制精度无法与技术和政策相提并论，因此，商业模式的改变结果具有较高的不确定性。政策层面推广的商业模式若设计不当，可能会导致资源的浪费。例如，在可再生能源领域，一些增量配网项目由于商业模式设计不合理，实际上处于停滞状态，这不仅影响了资源的有效利用，还对政策的有效性提出了挑战。因此，模式补强需要综合考虑市场参与者的多样性和复杂性，以及商业模式设计的不确定性，以实现资源的最优配置和政策的有效实施。

　　商业模式是多方互动、长期博弈形成的潜在运行规则，涵盖惯例、规范、标准等影响产业运行的非技术性和非政策性内容。市场中的单位可能既是现有模式的运行者，也是新模式的制定者，当前的行动会影响后续的模式演变，因而商业模式固化是长期市场选择的结果。以电动汽车市场为例，各种商业模式虽然博弈多年，但仍处于各自独立发展状态：换电模式、快充模式在多场景下继续"试错"，纯电模式、混动模式、增程模式的优势仍在比较优劣，市场上没有形成最终的选择。可见，成功的模式补强需要经历市场遴选。

　　形成模式补强方式的发展路径建议是：①关于企业，模式要素的强弱是针对技术而言的，需要根据自身技术特长选择对应模式空白的市场进入，进而建立匹配自身技术特长的专属模式；如果既有市场模式稳固，技术创新程度又不足以将其颠覆，则对现有模式中的技术进行优化以渗透市场是更佳选择。②关于国家政策制定，建议宜适度灵活，允许企业参与市场试错和博弈，避免以政策机制强制推行新市场模式，减少潜在损失；积极发现颠覆性新技术，在模式空白市场上为其制定政策机制，精准推动新兴产业发展。

参考文献

［1］孟根龙，杨永岗，贾卫列. 绿色经济导论［M］. 厦门：厦门大学出版社，2019.

［2］潘卫国. 分布式能源技术及应用［M］. 上海：上海交通大学出版社，2019.

［3］朱永强，吴茜. 能源互联网［M］. 北京：机械工业出版社，2021.

［4］王树众，徐东海. 能源战略与能源经济［M］. 西安：西安交通大学出版社，2020.

［5］邓彤. 新能源与第四次产业革命［M］. 北京：中国经济出版社，2019.

［6］郭昭君，陈浩. 中国绿色经济发展必要性探析［J］. 江苏省社会主义学院学报，2013（5）：69.

［7］连樱洹，林向义，罗洪云. 中国能源高质量发展的空间溢出效应及驱动因素［J/OL］. 环境科学，1-15（2024-08-20）.

［8］杨千福，张士刚，耿刚，等. 太阳能光伏发电系统中的问题与应对措施［J］. 新疆有色金属，2024，47（4）：87.

［9］叶华龙. 核聚变能源的开发与利用［J］. 中国高新科技，2020（23）：41.

［10］祁卫玺，窦明. 新能源产业发展探析［J］. 中国金属通报，2024（6）：1.

［11］费俊俊. 我国能源资源发展特征的研究［J］. 中外企业家，2017（22）：186.

［12］王润兰. 新能源技术的发展及应用探讨［J］. 中国设备工程，2022（2）：264.

［13］唐红义. 我国能源技术的发展趋势［J］. 科技资讯，2007（9）：115.

［14］饶宏，李立涅，郭晓斌，等. 我国能源技术革命形势及方向分析［J］. 中国工程科学，2018，20（3）：9.

［15］彭珍珍，朱斌. 绿色经济发展潜力中的能源利用效率实证研究［J］. 技术与创新管理，2015，36（1）：69-73，87.

［16］张敏. 欧盟的绿色经济：发展路径与前景展望［J］. 人民论坛·学术前沿，

2017（4）：79-84.

[17] 苑泽明，孙乔丹，李田. 实现我国经济循环与绿色发展的有效路径 [J].
理论与现代化，2016（5）：8-14.

[18] 沈满洪. 生态安全与经济发展 [J]. 国际经济评论，2023，166（4）：24-
27.

[19] 许勤华. 正确认识能源安全与发展 [J]. 国际经济评论，2023，166（4）：
32-37.

[20] 郭庆方，张红晨. 新能源在我国经济社会发展的双重功能研究 [J]. 价格
理论与实践，2023（9）：115-119.

[21] 陈国平，董昱，梁志峰. 能源转型中的中国特色新能源高质量发展分析与
思考 [J]. 中国电机工程学报，2020，40（17）：5493-5505.

[22] 李伟. 夯实能源高质量发展的基础 [J]. 新经济导刊，2018（10）：6-10.

[23] 袁家海. 发展煤炭新质生产力赋能能源高质量发展 [J]. 煤炭经济研究，
2023，43（11）：1.

[24] 国家发展改革委，国家能源局. 关于促进新时代新能源高质量发展的实施
方案 [J]. 大众用电，2022，37（6）：8-10.

[25] 李扬. 非常规油气资源开发现状与全球能源新格局 [J]. 当代世界，2012
（7）：47-50.

[26] 贾县民，王喜莲. 低碳经济下我国化石能源发展路径 [J]. 宏观经济管理，
2012（10）：63-65.

[27] 李婉君，张锦威，袁小帅，等. "双碳"目标下化石能源低碳转化方向探讨
[J]. 科学通报，2024，69（8）：990-996.

[28] 石小蒙，高樱梅，李婷. 中国当前的能源形势及今后的发展趋势 [J]. 资
治文摘（管理版），2010（3）：15.

[29] 赵晴. 能源的发展趋势 [J]. 青春岁月，2013（6）：473.

[30] 王敏，洪德基，徐栋. 浅谈未来能源的发展趋势 [J]. 投资与合作，2014
（4）：393.

[31] 朱蓉，徐红，龚强，等. 中国风能开发利用的风环境区划 [J]. 太阳能学

报，2023，44（3）：55-66.

[32] 岳霞，阿迪力·巴吐尔. 太阳能热化学转化技术研究进展［J］. 太阳能学报，2024，45（1）：56-66.

[33] 史宏达，王传崑. 我国海洋能技术的进展与展望［J］. 太阳能，2017（3）：30-37.

[34] 兰永利. 绿色发展理念构建低碳交通运输经济体系［J］. 商展经济，2024（16）：122.

[35] 吴亚斌. 节约型生活方式和消费模式亟待培育［J］. 学习月刊，2006（18）：45.

[36] 辛梦瑶，董志博，赵凯旋，等. 直接甲醇燃料电池中 Pt 基催化剂研究进展［J］. 当代化工研究，2024（18）：86.

[37] 唐炳文. 能源互联网推动能源高质量发展［J］. 中国外资，2024（17）：92.

[38] 来小康，王松岑. 能源互联网背景下的储能技术及产业发展［J］. 高科技与产业化，2016（4）：28.

[39] 孙宏斌，郭庆来，薛屹洵，等. 再论能源互联网：形态、使命与路径［J］. 中国电机工程学报，2024，44（18）：7104-7115.

[40] 徐双庆，张哲，张绚. 我国能源互联网产业发展形态与路径分析研究［J］. 中国工程科学，2024，26（3）：164-175.

[41] 李广朋，盛玮玥. 能源互联网背景下的电力储能技术应用研究［J］. 光源与照明，2023（11）：144-146.

[42] 李媛媛，王宇，赵雪莲，等. 基于能源互联网优化调度的仿真研究［J］. 长江信息通信，2023，36（7）：7-9.

[43] 杨锦成，骆建波，康丽惠，等. 区域能源互联网构架下的综合能源服务［J］. 上海节能，2017（3）：137-146.

[44] 桑德罗. 相关产业将借力全球能源互联网迅速发展［J］. 当代电力文化，2015（10）：29.